# 〈民主政治〉の自由と秩序

## マレーシア政治体制論の再構築

鈴木絢女 著

# ＜民主政治＞の自由と秩序

マレーシア政治体制論の再構築

鈴木絢女著

京都大学学術出版会

# 目　次

序　章　マレーシアの政治体制をどのように見るか？——— 1

　1 ── どのような政治体制か　2
　2 ── マレーシアの政治体制の持続性　5
　3 ── 政治体制の性質と持続性はどのように説明されてきたか　9
　4 ── 本書の議論─協議・相互主義的制度　10
　5 ── 本書の構成　12

第1章　協議・相互主義的制度から見るマレーシア
　　　　　　──先行研究の整理と本書の主張── 15

　1 ── 既存研究の概観
　　　　　　─準権威主義体制論，開発独裁論，民族間権力不均衡論　15
　2 ── 既存研究の問題点
　　　　　　─「支配集団」vs.「被支配集団」／「欠如態」としての政治体制解釈　24
　3 ── 定義・焦点・分析の枠組み　27
　4 ── 協議・相互主義的制度から見るマレーシア　36

第2章　マレーシア政治史の概観——————— 41

　1 ── 独立前の状況　41
　2 ── 独立後〜1969年の政治
　　　　　　─冷戦下の自由と民族の権利の争点化　46
　3 ── 1970年代の政治
　　　　　　─民族の権利に関する政治的権利の制限と新経済政策（NEP）　49
　4 ── 1980年代の政治─経済開発と政治的権利の漸進的制限　52

5 ── 1990年代の政治
　　　　―「民主化」運動と協議的決め方の制度化　56
6 ── アブドゥッラー政権成立後
　　　　―制度変更なき「自由化」とその帰結　61

## 第3章　1971年憲法（修正）法
　　　　―民族的属性に由来する権利をめぐる取引― ──────── 67

1 ── 5月13日暴動―連盟党間での独立時の合意への挑戦　69
2 ── 暴動後の政治―議会停止と民族的属性に由来する権利の争点化　71
3 ── 暴動後の経済政策―新経済政策（NEP）の策定　79
4 ── 国家諮問評議会における政治制度をめぐる議論　82
5 ── 議会再開へ向けた諸勢力の思惑　84
6 ── 1971年憲法（修正）法案の内容とインプリケーション　87
7 ── 法案に対する態度（1）―与党　90
8 ── 法案に対する態度（2）―野党とその他の主体　101
9 ── 1971年憲法（修正）法案をめぐる政治過程のまとめ　109
10── 新たな憲法規定はどのように運用されたのか―扇動法の適用と拡大版与党連合の成立　110
11── 小括―民族間の箍のはめ合いとしての憲法改正　112

## 第4章　1981年，1983年結社法（修正）法
　　　　―新興主体NGOの制御と包摂― ──────── 117

1 ── 1970年代の産業政策への社会の不満　118
2 ── NGO, 都市部中間層，民間セクターによる政治活動　121
3 ── 1981年結社法（修正）法案　125
4 ── 1981年結社法の修正へ向けた政府・結社間の協議　140
5 ── 1982年結社法（修正）法案の撤回と新たな法案に向けた協議　142
6 ── 1983年結社法（修正）法案　145
7 ── 1981年，1982年，1983年結社法（修正）法案を
　　　めぐる政治過程　153

8 ── 結社法はどのように運用されたのか　155
9 ── 小括―政府，政党，NGO によるルール形成と参加の拡大　156

## 第 5 章　1986 年国家機密法（修正）法
　　　　　―開発の時代の情報公開―　　　　　　　　　　　　　161

1 ── 機密法改正の背景―官民協力の深化と汚職問題の争点化　163
2 ── 1986 年国家機密法（修正）法案（1）― 1986 年 3 月上程　164
3 ── 1986 年国家機密法（修正）法案（2）― 1986 年 10 月上程　167
4 ── 1986 年国家機密法（修正）法案（3）― 1986 年 12 月上程　174
5 ── 1986 年国家機密法（修正）法案をめぐる政治過程　190
6 ── 国家機密法はどのように運用されたのか　191
7 ── 小括
　　　―情報公開のレファレンス・ポイントとしての国家機密法　193

## 第 6 章　1987 年印刷機・出版物法（修正）法／1988 年憲法（修正）法―自由主義制度と競争的政治過程の抑制―　　　199

1 ── 二つの裁判を通じた行政に対する異議申し立て　202
2 ── 経済政策をめぐる論争　206
3 ── 民族の権利をめぐる議論への発展　209
4 ── 1987 年印刷機・出版物法（修正）法案　214
5 ── 印刷機・出版物法はどのように運用されたか　227
6 ── 1987 年印刷機・出版物法（修正）法案をめぐる政治過程　229
7 ── 1988 年憲法（修正）法案をめぐる政治　231
8 ── 小括―自由の制限と非競争的決定過程の確立へ　239

## 第 7 章　国家経済諮問評議会の成立
　　　　　―長期経済計画の協議的な決め方の制度化―　　　　　243

1 ── マレーシアにおける協議会の軌跡　243
2 ── NECC の成立過程―大量逮捕と二つの立法の再解釈の提示　245

3 ── NECC は有効だったか？
　　　　　　―包括性，実質的参加，政策決定への影響力　247
4 ── NECC は実質的参加を実現したのか　249
5 ── NECC 報告書は OPPII にどれくらい反映されたのか　258
6 ── NECC の有効性　264
7 ── 小括―政治的自由の制限と協議会の制度化　265

終　章　結論
　　　　　―協議・相互主義的制度から見たマレーシア―────　267


別　　表　275

参照資料・引用文献一覧　279

あとがき　289

索　　引　295

# 略語一覧

ABIM：マレーシアイスラム青年運動（Angkatan Belia Islam Malaysia）
ACCC：華人商業会議所連合（Associated Chinese Chambers of Commerce）
ACCCIM：華人商工会議所連合（Associated Chinese Chambers of Commerce and Industry of Malaysia）
AMCC：マレー人商業会議所連合（Associated Malay Chambers of Commerce）
ASLI：アジア戦略・リーダーシップ研究所（Asian Strategy and Leadership Institute）
*AWSJ*：*Asian Wall Street Journal*
BA：代替戦線（Barisan Alternatif）
BBC：国民戦線議員クラブ（Barisan Nasional Backbenchers Club）
BMF：ブミプトラ・マレーシア・ファイナンス（Bumiputera Malaysia Finance）
BN：国民戦線（Barisan Nasional）
CAP：ペナン消費者組合（Consumers Association of Penang）
CIC：投資委員会（Capital Investment Committee）
CPM：マラヤ共産党（Communist Party of Malaya）
Cuepacs：公共セクター労働者組合（Congress of Unions of Employees in the Public and Civil Services）
CUF：共産主義戦線（Communist United Front）
DAP：民主行動党（Democratic Action Party）
DNU：国民統合省（Department of National Unity）
EPSM：マレーシア環境保護協会（Environmental Protection Society Malaysia）
EPU：経済企画局（Economic Planning Unit）
*FEER*：*Far Eastern Economic Review*
FMM：マレーシア製造業者連合（Federation of Malaysian Manufacturers）
FMS：マレー連合州（Federated Malay States）
FOMCA：マレーシア消費者組合連合（Federation of Malaysian Consumers Associations）
HICOM：マレーシア重工業公社（Heavy Industries Corporation of Malaysia）
ICA：産業調整法（Industrial Co-ordination Act）
ISA：国内治安法（Internal Security Act）
Keadilan：国民公正党（Parti Keadilan Nasional）
MARA：ブミプトラ殖産振興公社（Majlis Amanah Rakyat）
MCA：マラヤ／マレーシア華人協会（Malayan/Malaysian Chinese Association）
MEA：マレーシア経済連合（Malaysia Economic Association）
MIC：マラヤ／マレーシアインド人会議（Malayan/Malaysian Indian Congress）
MTUC：マレーシア労働組合会議（Malaysian Trades Union Congress）
NCC：国家諮問評議会（National Consultative Council）
NCCIM/NCCI：全国商工会議所（National Chamber of Commerce and Industry of Malaysia）
NDP：国民開発政策（National Development Policy）
NECC：国家経済諮問評議会（National Economic Consultative Council）
NEP：新経済政策（New Economic Policy）
NFPE：非金融系公営企業（Non-financial Public Enterprise）

NGC：国家親善委員会（National Goodwill Council）
NOC：国家運営会議（National Operations Council）
NPC：報道クラブ（National Press Club）
NUJ：全国ジャーナリスト連合（National Union of Journalists）
ONE：新聞編集者組織（Organization of Newspaper Editors）
OPPII：第二次長期展望計画（Outline Perspective Plan II）
PAP：人民行動党（People's Action Party）
PAS：汎マラヤ／マレーシアイスラム党（Parti Islam Se-Tanah Melayu/ Se-Malaysia）
PBDS：サラワクダヤク民族党（Parti Bangsa Dayak Sarawak）
PBS：サバ統一党（Parti Bersatu Sabah）
PCCC：ペナン華人商業会議所（Penang Chinese Chamber of Commerce）
PERNAS：国営企業公社（Perbadanan Nasional Bhd.）
PKR：人民公正党（Parti Keadilan Rakyat）
PNB：国営持ち株会社（Permodalan Nasional Bhd.）
PPP：人民進歩党（People's Progressive Party）
PR：人民同盟（Pakatan Rakyat）
PSRM：マレーシア人民社会党（Parti Socialis Rakyat Malaysia）
S46：46年精神党（Semangat '46）
SACC：結社法調整委員会（Societies Act Co-ordinating Committee）
SCAH：スランゴール華人大会堂（Selangor Chinese Assembly Hall）
SCCC：スランゴール華人商業会議所（Selangor Chinese Chamber of Commerce）
SCS：結社会議事務局（Secretariat for the Conference of Societies）
SDP：社会民主党（Social Democratic Party）
SEDCs：州経済開発公社（State Economic Development Corporations）
SGS：スランゴール大学院生会（Selangor Graduate Society）
SNAP：サラワク国民党（Sarawak National Party）
SUPP：サラワク統一人民党（Sarawak United People's Party）
UCC：全国商業会議所（United Chambers of Commerce）
UCSCA(M)：華語学校理事組合（United Chinese School Committees' Association (of Malaysia)）
UCSTA(M)：華語学校教師組合（United Chinese School Teachers' Association (of Malaysia)）
UDA：都市開発機構（Urban Development Authority）
UEM：ユナイテッド・エンジニアズ・マレーシア社（United Engineers Malaysia Bhd.）
UMNO：統一マレー人国民組織（United Malays National Organization）
USNO：統一サバ国民組織（United Sabah National Organization）

## 序章

# マレーシアの政治体制をどのように見るか？

　本書の目的は，1971年以降のマレーシアの政治体制について新たな見方を提示することにある。具体的には，政治制度，特に，政治的権利を制限する法の成立とその運用の観点から，「抑圧」や「恣意」といったキーワードでとらえられる傾向にある同国の政治体制を，「合意」や「ルール」によってとらえ直すことを試みる。

　マレーシアは，複数政党が参加する競争的選挙を定期的に実施する一方で，法律によって市民的，政治的自由を相当程度制限するという特徴を持つ政治体制を，1971年以降，40年近く持続させてきた。この間，9回の選挙が平和裏に実施され，与党連合国民戦線（Barisan Nasional: BN）による長期政権が実現した。また，安定的な政治の下で，高水準の経済成長が続き，1980年には1,812ドルであった一人当たりGDPは，2008年には8,140ドルにまで拡大し，2012年には「高所得国」入りすると予測されている。

　このような経済成長に支えられているとはいえ，マレーシアを取り巻く環境は，上で述べたような政治体制の持続にとって，必ずしも有利なものではなかった。たとえば，同国は，1960年代，70年代にラテン・アメリカ，アフリカ，アジアの国々で軍事政権や一党制をもたらした多民族社会，急速な経済発展，短い民主主義の実践の歴史といった条件を有していた。また，近隣諸国において大規模な大衆運動を引き起こし，政治体制の変更を迫った1980年代以降の人権や民主主義的価値の広まりや，アジア通貨危機は，マレーシアにも及び，しばしば「準権威主義」とも称される政治体制への非難も強まった。しかし，現在までのところ，競争的選挙と相当程度の自由の制限という政治体制の

基本構造に変わりはない。

　もっとも，2007年頃から，マレーシア政治の光景は少しずつ変わりつつある。たとえば，政治制度の自由化，選挙の透明性，少数民族の権利保護を求めるデモや集会が首都クアラルンプールで行われるようになった。また，2008年3月に行われた下院選挙では，BNが，1972年の結成以来初めて，憲法改正に必要な下院議席の2/3の過半数を割るという事態が起きた。

　現在進行中の変化の分析は今後の課題とするが，今日まで様々な内外の圧力に耐え持続してきた政治体制がどういったものなのかを明らかにすることは，今日のマレーシア政治の実態を理解するためにも有用であろう。民主主義実践の歴史を持たずに独立の共同体を形成し，多民族社会に由来する種々の対立や急速な経済発展に伴う社会構造の流動化を経験してきたマレーシアの人々は，どのような正当化原理の上に，どのように制度を構築し，運用し，政治共同体の秩序化を目指したのか。そのような政治制度とそれを核とする政治体制はなぜこれまで持続的たりえたのか。その問題点や限界は何か。本書は，このような問題意識のもと，1971年以降のマレーシアの政治体制に接近する。

## 1——どのような政治体制か

　マレーシアは，1957年8月に英国からマラヤ連邦として独立した後，1963年に，シンガポール（1965年に分離，独立）と英領北ボルネオを併合し，マレーシア連邦として成立した。マラヤ連邦の成立以来，野党も参加する普通選挙が定期的に実施され，その結果にもとづき立法府が構成され，またその信任によって行政府が組織されてきた。1969年5月13日に首都クアラルンプールで起きた民族対立を契機とする暴動に続き1年8ヵ月にわたり議会が停止した期間を除き，競争的選挙は今日に至るまで一度も中断することなく実施されている。

　独立過程と，独立以降の政権を担ったのは，人口の約5割強を占めていたマレー人を代表する統一マレー人国民組織 (United Malays National Organization: UMNO)，3割強の華人の利益を代表するマラヤ華人協会 (Malayan Chinese Association: MCA)，そして，約1割のインド人利益を代表するマラヤインド人会議 (Malayan Indian Congress: MIC) の三政党から成る連盟党 (Alliance Party) であった。1972年以降は，連盟党に複数の旧野党を加えたBNが，議会多数派

と政権を不断に担ってきた。

　ただし，マレーシアの政治体制は，競争的選挙や議会といった民主的機構に加えて，時代毎の様々な状況に対応するための政治的，市民的自由に対する法的制限によっても特徴付けられている。

　独立前から1960年代にかけては，反共を大義として市民的自由が制限された。たとえば，英国植民地政府がマラヤ共産党（Communist Party of Malaya: CPM）による武装闘争の鎮圧を最重要課題としていたという独立前の事情を反映し，独立憲法には，国家転覆や組織的暴力に対抗するための大権を議会と国王に対して付与する「国家転覆，公共の秩序を害する行為等に対する立法」（149条）や「非常事態宣言」（150条）に関する規定が盛り込まれた。さらに，1960年には，これを根拠として，行政府が容疑者を裁判なしに予防拘留する権限を認めた国内治安法（Internal Security Act: ISA）が国会で成立し，左派勢力の逮捕や拘束が常態化した。ISAは今日でも存続し，組織的暴力以外の要件でも適用されるようになっている。

　次に，政治的権利の制限として，憲法10条「言論，結社，出版の自由」を挙げることができる。まず，非常大権と同様の事情から，独立時に，連邦あるいはその一部の治安のために必要とみなされる場合には，これらの権利が議会立法によって制限されうることが定められた（10条2項）。これを根拠として，1960年代後半から1980年代にかけて，大学生の政党活動を制限する大学・大学カレッジ法（University and University Colleges Act），国内の結社活動の資金源や成員，活動内容を監視・指導する権限を行政に与える結社法（Societies Act），情報へのアクセスを制限・規律する国家機密法（Official Secrets Act），出版物の内容等によって出版免許を与奪する権限を行政に付与する印刷機・出版物法（Printing Presses and Publications Act），集会の自由を制限する警察法（Police Act）などが議会立法として成立し，運用されてきた。

　さらに重要な規定が，前述の1969年5月の暴動後に再開した議会で成立した憲法10条4項である。同規定は，市民権，国語としてのマレー語の地位，マレー人およびその他の先住民族（ブミプトラ ――「土地の子」の意）の特別の地位[1]など，民族的属性に由来する権利に関する憲法規定に異議を唱える自由を禁止している。もともと国語，市民権，特別の地位は，マレー人，華人，イン

---

1) マレー人およびその他の先住民族の特別の地位とは，バス，トラック，タクシー等免許，奨学金の優先的割り当て等を定めたものである。Means（1972），堀井（1998年，第1章）を参照。

ド人をそれぞれ代表する UMNO, MCA, MIC と，英国政府，憲法委員会，スルタンによる独立憲法制定時の合意の結果として，憲法に規定されたものであった。しかし，独立後に，より多くの人々が政治に参加し，独立時の合意当事者でなかった新たな政党が組織化された結果として，1969年選挙において，先住民族の特別の地位や非マレー語の使用の是非などをめぐり，民族対立が起こり，暴動へと発展した。憲法10条4項は，政治共同体の秩序化のための新たな対応として挿入されたが，経済的に後進的とされたマレー人に対する積極的差別政策の根拠となっていた先住民族の特別の地位を保護，硬性化するものであり，民族間の経済格差の是正を一つの目標とする新経済政策（New Economic Policy: NEP）の正当化原理となったことから，今日のマレーシア政治にも大きな影響を及ぼしている。

最後に，1980年代以降，議会立法によって，司法による個人の権利の救済の余地が漸次狭まっていったことが指摘できる。この傾向は，裁判所が連邦の司法権を有するとした憲法121条の文言を，裁判所は連邦法のもとで定められる権限を持つという文言に差し替える1988年の象徴的な憲法改正に帰結した。

敷衍すれば，マレーシアの政治体制は，民主的選挙によって構成される立法府とそれに責任を持つ行政府を有する一方で，治安維持を要件として市民的自由が制限されていることに加え，議会という民主的枠組みによって個人の政治的権利が制限されているという特徴を具えている[2]。

ただし，1960年代までは，共産主義勢力による組織的暴力への対抗という大義にもとづき，行政や議会が市民的自由を制限したのに対して，1971年憲法改正以降は，民族間対立や，NGOなどの新たなグループの台頭，さらには開発政策をめぐる論争の激化など，その時々の事情に対応するために，政治的権利が制限されるようになったという点において，それ以前の体制とは区別されうる。

---

[2] これらのほかに，ゲリマンダリング，選挙活動期間の制限，与党による主流メディアの所有などにより，選挙の公正性や競争性が十分でないという指摘もある。Lim (2003), Mustafa (2003) 他を参照。

## 2 ── マレーシアの政治体制の持続性

マレーシアの政治体制は，以上に述べたような特徴から，政府や議会によって個人の権利が制限，抑圧される「準権威主義体制」などと類型化され，自由民主主義の理念型からの「乖離」として位置付けられてきた。既存の政治体制研究においては，選挙や議会といった民主的機構を持つ一方で，自由を相当程度制限するこのような政治体制は，持続しにくいと考えられてきた[3]。

しかし，同国の政治体制は，このような主張に反して，1971年の憲法改正以降今日まで，基本的な性質を変えることなく，40年近く持続している。

他方で，マレーシアを離れ世界に目を転ずると，多くの国が，冷戦とその緩和，終焉という国際社会の動きに由来する共通した政治体制のダイナミクスを経験してきたことが分かる。たとえば，1960年代から1970年代にかけては，「反共」を大義とする権威主義体制や独裁がしばしば成立した。他方で，米ソイデオロギー対立の雌雄が決した1980年代半ば以降には，自由民主主義化への内外圧力が高まり，「反体制派」や「民主化勢力」と称される人々の運動によって推進される，人権や競争を正当化原理とする自由民主主義への移行が優勢となった。

このような国際社会の動向の中で，マレーシアに近接する東南アジア地域の

---

3) たとえば，オドンネル／シュミッターは，選挙を実施する一方で，政党エリートの「大連合」，特定の政党や有権者の排除，政治的争点の限定によって特徴付けられる「デモクラドゥーラ（制限された民主主義）」が，多数者の支配，市民の平等，直接参加，現職と挑戦者の交代可能性といった「民主主義の規範的基準」を曖昧にするものであり，「中，長期的な正当性の欠如」を招来するため，大衆からの圧力と連合内部からの不満によって「さらなる民主化」へと進むと論じる (O'Donnell and Schmitter 1986, 40–43)。これとは逆の組み合わせに関して，ハンティントンは，政治的権利を保障する一方で選挙を実施しないような「妥協点」の政治体制は安定化しえないと論じている (Huntington 1991, 137)。

これに対して，ダイアモンド／リンス／リプセットは，(1) 民選の公職者 (elected officials) の権限が限定されている，(2) 政党間の競争が制限されている，(3) 選挙の自由と公正さに問題があり，選挙の結果が人々の選好から著しく乖離している，(4) 市民的，政治的自由が制限されており，組織化，表明することができない政治的志向や利益がある，といった特徴のいずれかを有する「準民主主義」という類型を提示し，マレーシア，ジンバブエ，タイ，コロンビアをこの典型とした。しかし，同著の目的が，民主主義的規範が個人の自由を保護するという理由ゆえに世界規模での広まりを見せているということを主張することにあったため，準民主主義に対して体系的な関心が向けられることはなかった (Diamond, Linz and Lipset 1989, xvii–xviii)。

国々もまた、劇的な政権交代や政治体制の移行を経験した。

　たとえば、フィリピンでは、1965年に反共主義のマルコス大統領が就任し、1972年には戒厳令が施行され、立法府が停止された。マルコスは彼の取り巻きや軍、経済官僚の支持を得ながら農地改革や輸出産業の振興に着手したが、1970年に183ドルだった一人当たりGDPは1982年に735ドルまで増加した後、減少に転じ、経済成長率も1984年にはマイナス7％台になるなど、十分な成果は上げなかった[4]。このような状況で、1986年2月の大統領選挙不正疑惑を契機として、経済状況に危機感を抱く企業家や専門職、マルコス政権の権力集中に反発していた軍内の若手将校や労働者を中心に、数十万人の人々がマニラで結集し、「ピープル・パワー」によってマルコス政権は打倒された。その後のフィリピンは、2001年のエストラーダ大統領の辞任要求に典型的な実力行使による政治秩序変更の試みをはじめとする不安定要因を抱えつつ、上下両院選挙や大統領選挙をはじめとする民主的制度を持続させている[5]。

　インドネシアでは、1959年にスカルノの大統領令（Dekrit Presiden）によって、強い大統領権限と人権規定の欠如を特徴とする1945年憲法にもとづく「指導される民主主義」が成立した。数十万ともいわれる犠牲者を出した「9月30日事件」の翌年の1966年、この政治体制を継承する形で、反共主義を掲げるスハルトが権力を掌握した。スハルト政権下では、大統領による任命議員と与党ゴルカルが多数を占める議会による立法や大統領令によって、出版、言論の自由や、学生運動、政党活動など集会や結社の自由が制限された。また、国権の最高機関である国民協議会は大統領に従属しており、さらに、重要な政策は大統領決定（Keputusan Presiden）により策定されるなど、決定権限は大統領に集中していた。この間、開発体制が整備され、工業化が進み、80年代の経済自由化以降、1990年代半ばに向けて、インドネシアは急速な経済発展を遂げた。

　しかし、アジア通貨危機の影響を受けて、1996年には7.8％だった同国の経済成長率、1,242ドルだった一人当たりGDPが、1998年にはそれぞれマイナス13.1％、507ドルに低下すると、経済の自由化の中で拡大したスハルト大統領の取り巻きの利権構造の解体や政治の自由化を求める要求が噴出し、1998年5月のガソリン値上げに反対する暴動をきっかけとして、学生、知識人、野

---

4）経済統計は国連統計局ホームページを参照した
　（http://unstats.un.org/unsd/snaama/selectionbasicFast.asp）。
5）フィリピン政治については、浅野（2002年）、川中（2005年）を参照。

党議員らによるスハルト辞任要求が組織化され，拡大していった。結局，スハルトは，このような圧力と議会からの辞任勧告を受けて，32年間にわたり維持してきた政権の座から退き，政治体制の自由化と民主化がこれに続いた[6]。

　インドネシアとフィリピンに見られる反共権威主義体制の成立から民主化へ向かうダイナミクスに比して，タイは，より複雑な政治体制の変動を経験してきた。1957年にクーデタによって成立した軍事政権が1973年に崩壊してから2008年末までに，同国では，4回のクーデタ，6回の憲法制定，27回の政権交代が起こった（末廣2009年，2頁）。1973年に軍事政権に代わり成立した政党内閣は，反共勢力によって引き起こされた1976年の「血の水曜日事件」とその収拾を理由とするクーデタをもって崩壊した。翌年には，再びクーデタがおこり，軍事政権が復活し，左翼勢力の封じ込めを進める一方で総選挙の実施を含む再民主化に着手した。かくして再始動した政党政治は，80年代を通じた自由化のもとでの経済成長と安定したマクロ経済運営にも支えられ，定着したかのように見えたが，政党政治家の腐敗を理由とする1991年のクーデタと多数の死傷者を出した「五月流血事件」により，再び幕を閉じることになる。

　その後，1992年に選挙が再び実施され，アジア通貨危機の最中の1997年には，政治の腐敗防止や軍事政権の禁止などを狙いとする憲法が制定され，この憲法のもとで実施された選挙により，2001年にタクシン首相が就任した。しかし，2006年に，10万人規模の反タクシン集会とそれに続くクーデタの後，再び非民選内閣が組織される。翌年に選挙が再開したものの，人々による集会やデモなどの実力行使が常態化しており，不安定な政権運営が続いているのが現状である[7]。

　以上のように，フィリピン，インドネシア，タイは，複数回にわたる政治体制の移行と，クーデタやデモなどの実力行使による政治制度や政治体制，政権の変更を経験している。

　他方で，マレーシアは，1969年から一時的に議会が停止した時期を除けば，劇的な政治体制の変更や政権交代を経験することなく，前述の特徴を持つ政治体制を持続させてきた。また，これまでに成立した政治制度は，基本的な特徴を変えずに，現在でも運用され続けている。

---

　6）インドネシア政治については，梅澤（1992年），土屋（1994年），作本（1998年），佐藤（2002年a，2002年b），川村（2002年），増原（2004年）を参照。
　7）タイ政治については，浅見（2002年），玉田（2003年，2006年），末廣（2009年）を参照。

表序-1　与党議席占有率，得票率，歴代首相（1969年～2009年）

|  | 与党得票率 (%) | 与党議席占有率 (%) | 首相 |
| --- | --- | --- | --- |
| 1969 | 45.0 (*) | 64.1 | アブドゥル・ラーマン |
| 1974 | 60.7 | 87.7 | アブドゥル・ラザク・フセイン |
| 1978 | 57.2 | 84.4 | フセイン・オン |
| 1982 | 60.5 | 85.7 | マハティール・モハマド |
| 1986 | 57.3 | 85.5 | |
| 1990 | 53.4 | 70.6 | |
| 1995 | 65.2 | 84.4 | |
| 1999 | 56.5 | 76.7 | |
| 2004 | 63.8 | 90.4 | アブドゥッラー・アハマド・バダウィ |
| 2008 | 51.5 | 63.1 | |
| ― | ― | ― | ナジブ・アブドゥル・ラザク |

*1969年選挙は，半島部のみ
出典：得票率，占有率は、鷲田（2008年，174頁）を参照。

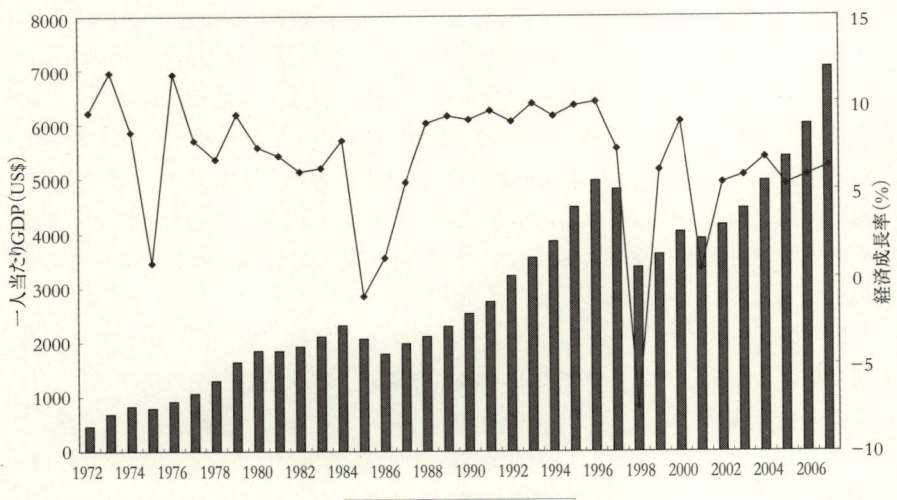

表序-2　一人当たりGDP，経済成長率（1972年～2007年）
出典：国連統計局ホームページ

スハルトやマルコスと並んで「独裁者」と称されたマハティール・モハマド（Mahathir Mohamad）元首相は，政権の座から引きずり降ろされることなく2003年に首相ポストをアブドゥッラー・アハマド・バダウィ（Abdullah Ahmad Badawi）に禅譲し，22年間にわたり保持してきた首相職を自ら退いた。この政権交代は，政治制度の変更にはつながらなかった。与党BNは，しばしば50％台にとどまる得票率にも明らかなように（表序-1），野党からの挑戦を受け続けているものの，今のところ与党の座を保持している。

マレーシアの政治体制が，国を越えて波及するイデオロギーや大国の意思，市場の動向に由来する外的なショックに耐え，40年近く持続するという強靭性を示してきたのはなぜか。そのような政治体制はいったい，どのような内容をもっているのだろうか。そして，それは，どのような限界を持ち，どのように変化に向かうのだろうか。

## 3──政治体制の性質と持続性はどのように説明されてきたか

マレーシアの政治体制の性質とそのダイナミクス，特に，持続性や強靭性は，これまでにも多くの研究によって説明されてきた。たとえば，比較政治体制論の枠組みにのっとった既存研究は，競争的選挙と個人の自由の保障を不可欠の要素とする民主主義（自由民主主義）を不完全にしか実現しないという理由で，マレーシアの政治体制を，「グレーゾーン」，「準権威主義」，「準民主主義」，「非自由民主主義」と類型化し[8]，民主主義と権威主義体制の中間形態，あるいは，民主主義的制度と権威主義的制度を併せ持つ体制として解釈している。これらの研究は，単純化を恐れずに言えば，権威主義的な志向を持つ支配集団が，その他の集団を抑圧する目的で，自由を欠いた政治体制や政治制度を成立させる

---

[8] 同国の政治体制は，「準民主主義（Semi-Democracy）」（Diamond, Linz and Lipset eds. 1989），「擬似民主主義（Quasi-Democracy）」（Zakaria 1989），「擬似民主主義」（武田2001年，左右田2006年），「非自由民主主義（Illiberal Democracy）」（Weiss 2006）などの限定的亜類型（diminished subtypes）として類型化されるか，もしくは，そもそも民主政とされるべきではないとして「権威主義」（Khoo 1997），「準権威主義体制（Semi-Authoritarianism）」（Ottaway 2003），「競争的権威主義（Competitive Authoritarianism）」（Levitsky and Way 2002），「ソフトな権威主義（Soft Authoritarianism）」（Means 1996），「選挙権威主義（Electoral Authoritarianism）」（Schedler 2006）とされてきた。政治体制の類型化については，Collier and Levitsky（1997）が参考になる。

と論じ，マレーシアの政治体制の持続性を，政府や与党，多数派民族といった支配的な集団による一方的な政治制度の構築や運用と，それに立ち向かうことのできない社会勢力や野党，少数派民族という，主体間の相対的権力の差によって説明してきた。

　言い換えれば，これまでの研究は，次のような論理の上に成り立っているといえよう。マレーシアの政治体制は，半分の民主主義（もしくは権威主義）である。通常，完全な民主主義への移行は，現政権を打倒しうる力を持つ反体制派が登場すれば起こる。マレーシアにおいて半分の民主主義が持続しているのは，現政権を打倒するだけの力を持つ反体制派が登場しないからである[9]。

　このような研究は，政府，与党 BN，多数派民族のマレー人とその他の先住民族といった支配的な集団の，野党や少数派民族を抑圧しようとする意志からマレーシア政治を理解し，権威的命令の束として政治制度を解釈しているととらえることができる。

　しかし，恣意的に形成され，権威的命令としての性格をもつ政治制度を核とする政治体制は，はたして持続的たりうるのだろうか。また，マレーシアでは，政府に批判的な勢力の参加が排除されないばかりか，様々な分野における政策決定に影響を与えているが，既存研究の提示する政治制度の見方は，このような包括的な参加の実態を十分に捉えきれているだろうか。

## 4 ── 本書の議論 ── 協議・相互主義的制度

　本書は，既存研究とは異なる政治制度の見方を提示することで，この問題を克服する。ここで提示されるのは，政府，議会多数派・少数派，多数派・少数派民族，議会内外団体といった立場の異なる主体が，自身の権利や権限を保障・実現するために互いに取引し，「合意」を形成する結果として政治制度が形成され，政府も含めた各主体がそれによって拘束されるという制度観である。本書はこれを，「協議・相互主義的制度」と呼ぶ。

---

[9] 主意主義的アプローチをとる民主化論を支える次のテーゼが想起される。「権威主義体制が存在するのは，政府が政治的に反対派より強いからである。その体制が転換するのは，政府が反対派より弱くなるときである。したがって，体制変革に必要なのは，政府に頑として抵抗し，権力バランスを変えようとする反対派が存在することである」（ハンティントン 1995 年，139 頁）。

2章以下で論ずるように，マレーシアは，あらゆる国家の例にもれず，政治参加要求や分配要求の拡大に由来する危機を経験してきた。各民族のエリート間で独立時に形成された民族的属性に由来する権利に関する合意は，1960年代の政治参加の拡大の波の中で挑戦を受けた。1970年代末から80年代初頭にかけては，民族政党を中心とした政治のあり方を克服するために登場した社会団体と既存政党との間に，人々の利益を真に代表するのは誰なのかをめぐる論争が起こった。産業構造の高度化に向けた政府主導の巨大プロジェクトが進められた1980年代後半以降には，政府の失策や汚職を告発するための手段として報道や裁判所が利用されるようになり，政府とこれらの機関との間に対立が生じた。

　危機が生じる度に，マレーシアの政府，与野党，報道機関，民族代表，NGO，弁護士協会，経済団体，労働組合は，綱引きをしながら，立法によって新たな政治のルールを作ってきた。通常，政府や与党は，挑戦者を制御するために自由の制限を肝とする法の制定をめざす。これに対して，少数派や社会団体は，自分たちの権利を擁護するために政府の権力の制限や，権力行使のルールの明確化を求める。このように様々な主体が政治的権利を制限する法について意見を表明するなかで，直接あるいは間接の協議がもたれ，政治的権利に関する法が，主体間の権力の差を反映しながらも，妥協点で成立する。

　かくして成立するルールは，政府，与党，多数派民族が，社会団体や野党，少数派民族を抑圧するために利用するものであるのみならず，社会団体や少数派が政府や多数派による権力行使を制限するためにしばしば援用するものとなる。政府が法律に従ってある主体を制御しようとする場合，制御される主体がこれに従わざるを得ない一方で，野党や社会団体が同じ法律に依拠して政府の権力行使を制限しようとするとき，政府はこの試みを恣意的に挫折させることはできないのである。つまり，政治のルールが，社会団体や少数派のみならず，政府や多数派をも拘束しており，一般的に遵守されているのである。

　このような一般的な遵守状況は，政治的権利を制限する法が，政治のルールに関して異なる選好を持つ主体間での協議を経て，いわば「箍のはめ合い」として成立することに由来している。ルールが様々な主体にとって妥協可能な点で成立するということは，ある主体がこのような妥協点から逸脱することが，他の主体の逸脱，ひいては主体間でのルールをめぐる対立を引き起こしうるということを示唆する。自らが妥協点から逸脱することが，相手の逸脱に帰

結するという予測は，政府や多数派も含め，すべての主体による法の遵守を促す（「相互主義」）。相互主義に由来する遵守状況が実現する限りにおいて，また，ルール形成時の妥協点がある程度の正当性を持ちうる限りにおいて，ルールに対する深刻な挑戦は起こりにくい。また，ルール形成時の協議の中で醸成される「共通了解」が，ルールの解釈を縛る効果を持つことも重要である。

本書は，以上の枠組み，すなわち，多様な主体の協議を経て形成され，政府も含めたすべての主体を拘束する制度を中心に据えながら，マレーシアの政治体制に接近し，その持続や変化の可能性を説明する。以上の主張は，マレーシアの政治体制を構成する政治制度 ── 具体的には，権威主義的な制度として理解されてきた政治的権利を制限する法 ── の内容と成立過程，そして運用の考察から明らかにされるだろう。

## 5 ── 本書の構成

本書の構成は以下のとおりである。

第1章では，先行研究を整理し，これを踏まえながら，本書の主張を論じる。第2章では，政治制度に焦点を当てながら，独立前から2000年代半ばまでのマレーシア政治史を概観し，第3章以下で検討する各立法を政治史の中に位置付ける。同国の政治的権利を制限する憲法規定や通常法規の多くは，宗主国英国から継受したものである。そのうちの重要な立法のいくつかは，1948年に始まる非常事態時に導入された。この章では，このような起源を持つ立法が，独立後の近代化と国民国家建設の過程における社会構造や民族関係の変化，急速な経済開発の必要，さらには，冷戦やイラン革命といった国際環境を背景に，多様な主体の意図の交錯の帰結として改正されていく過程を素描する。これに加えて，司法システムの変遷も記述する。

第3章では，1971年憲法（修正）法の成立と実施を検討する。同法は，1960年代半ば以降の失業や農村部における経済的後進性の蔓延，言語の使用等に由来する不満が，民族間の権利や経済格差の問題として争点化されたことの帰結である1969年の民族対立に直接的な契機を持つ。この章では，各民族を代表する政党や社会団体が，市民権，国語の地位とその他の言語の使用・学習・教授，マレー人とその他の先住民族の特別の地位等に関する憲法規定についての

言論の自由をめぐり協議し，明文規定によって互いの自由を制限し合う様子を描く。

1971年憲法改正の後，拡大版の与党連合BNが成立し，政権を担った。しかしBNは，1970年代末になると，都市部中間層によって新たに組織化されたNGOや，経済政策や教育政策に不満を持つ華人経済団体をはじめとする結社からの挑戦を受けるようになる。第4章では，政治的利益表明や調整のチャネルを政党に限定しようとした政府および与党と，結社の自由の原則を掲げて自身の利益表明機会を確保しようとした社会団体の相互作用の中で，1981年結社法（修正）法，1982年結社法（修正）法案，1983年結社法（修正）法が成立する過程を見る。

1980年代半ば，マハティール政権下で民間主導の経済発展に向けた基礎作りが政府の役割となったことで，政府の経済運営は，国内外メディアや市民の関心事となり，国営・公営企業の経営や政府高官の汚職に関する報道，政府開発プロジェクトに関する機密漏洩が続いた。第5章では，機密情報漏洩の抑止によって経済開発プロジェクトの円滑化を目指す政府と一部企業家，経済開発関連情報へのアクセスを確保しようとする与野党と経済団体，そして，知る権利を保障しようとするNGOや記者団体が，1986年国家機密法（修正）法案をめぐって綱引きを繰り返す経緯と，その結果として成立した法の運用について論ずる。

機密法制定後も，経済政策や開発における政府の役割をめぐる論争はマレーシア政治の中心的な位置を占め続ける。論争の中で，国内外の出版物による政府の経済運営に対する批判が相次ぎ，政府の出版に対する態度は硬化していった。また，外国人記者の滞在許可証取り消しや政府開発プロジェクト実施などの行政行為を不当とした記者や野党党員による裁判が行われ，その中で，「自然的正義」やコモン・ローを援用して行政行為の取り消しを命令した裁判所と，国内の制定法の優位を主張する政府の対立が先鋭化していった。さらに，1980年代半ば以降の経済政策をめぐる論争は，NEPの見直し時期と相まって，民族間の分配をめぐる争いに発展し，マレー人与党と非マレー人与野党による出版を通じた対決と示威行動とに帰結し，政府がISAを発動し，106人を逮捕するという事態にまで発展した。

このような対立を背景に，出版を通じて激化する論争を規制し，開発プロジェクトの円滑な実施を志向した政府と与党，そして経済回復のための政治的

安定を目指した企業家が，出版物を禁止する広範な権限を大臣に与える1987年印刷機・出版物法（修正）法を成立させた。さらに，その翌年には，コモン・ローや行政法の一般原則ではなく，議会多数派が制定した法こそがマレーシアにおいて運用されるべき法であると信じる政府が，自由主義制度に対する根本的な修正を意図した1988年憲法（修正）法を成立させた。第6章で扱うこれらの立法は，他の立法に比して，限定的な協議過程を経て成立した。その結果，立法が政府の恣意の産物以外の何物でもないと感じた野党や一部の与党離脱者が超党派の野党連合を形成し，政治制度の自由化や民主化を掲げる政治を展開し，マレーシア政治に新たな側面を加えた。

　第7章は，政治的権利を制限する法の広義の実施の事例として，多数派・少数派民族や議会多数派・少数派，議会外主体をも含む協議的枠組みである国家経済諮問評議会（National Economic Consultative Council: NECC）を見る。NECCは，NEPに代わる長期経済計画のための諮問機関として1989年に成立し，長期経済計画策定のための協議機関設置の慣行化を導いた。本章では，NECCの設立過程，議論の内容，経済政策への影響力を見る。

　終章では，前章までに得られた知見をまとめ，マレーシア政治，さらには，マレーシアと同様の条件を持つ国家の政治について考えるうえでの本書の意義を示す。さらに，結びとして，今日のマレーシア政治における変化の兆しについて述べ，協議・相互主義的制度という見方に拠りながら，将来の発展と変化の可能性について述べる。

# 第1章

# 協議・相互主義的制度から見るマレーシア
—— 先行研究の整理と本書の主張 ——

　マレーシアの政治体制は，これまでどのように論じられてきたのだろうか。また，その問題点は何か。本章では，マレーシアの政治体制に関する既存研究を批判的に検討したうえで，既存研究の蓄積を踏まえながら，本書の主張，分析枠組み，定義について述べる。

## 1 —— 既存研究の概観 —— 準権威主義体制論，開発独裁論，民族間権力不均衡論

　マレーシアの政治体制は，これまで様々な枠組みで説明，解釈，理解されてきた。本節では，民主化勢力や体制派など，政治体制に対して異なる態度を有する主体の相対的権力を説明の中心に据える「準権威主義体制論」，資本家層や国家と労働者層という階級間対立を重視する「開発独裁論」，最後に，コンソシエーショナル・デモクラシーの変形で，下位文化間の権力不均衡に注目する「民族間権力不均衡論」に分けて検討する。

### 1-1　準権威主義体制論

　まず，包括的で競争的な選挙と市民的，政治的自由の保障とを特徴とする民主主義と，選挙も自由もない権威主義[1]の間の「グレーゾーン」，もしくは，

---

[1] リンスの権威主義概念が，自由民主主義と全体主義の残余概念であり，多くの政治体制を含むのに対し (Linz 2000)，近年では，この概念はより限定的な対象を指すようになっている。

その双方の特徴を併せ持つものとしてマレーシアの政治体制を解釈し，その成立と持続を「反体制派」勢力の相対的な弱さから説明する研究がある。ここでは，これらの研究を「準権威主義体制論」と一括する。

「グレーゾーン」研究による解釈 ── 民主主義と権威主義の中間の政治体制
1990年代後半以降，選挙の公平性（ゲリマンダリングの不在，自由なメディア・アクセス），現職者による選挙ルールの遵守（集計結果の操作や選挙人名簿の改竄等がないこと），市民的自由と言論，結社，出版の自由など政治的権利の保障を要素とする自由民主主義から乖離した慣行[2]や制度を有した政治体制の存在が指摘されるようになった。たとえば，行政府が国民主権の論理によって立憲的自由を侵害する「非自由民主主義（Illiberal Democracy）」（Zakaria 1997），不正選挙や人権侵害を特徴とする「準権威主義（Semi-authoritarian）」（Carothers 1997）といった類型が提起され，2002年の*Journal of Democracy*誌における「グレーゾーン」に関する特集号（「民主主義なき選挙」）以降，体系的な分析の対象となっている。

以上の学説の中で，マレーシアの政治体制は，公正かつ自由な選挙を実現するための規範要件を満たさない「選挙権威主義」や[3]，(1) 公正かつ競争的な選挙による公職者の選出，(2) 普通選挙権，(3) 言論，結社の自由など政治的権利と市民的自由の保護，(4) 実質的権力の掌握は選挙にのみ依存する，という四条件を頻繁かつ深刻に侵害し，政府による国家資源の濫用や野党候補者に

---

2) 慣行の乖離は，いわゆる「民主主義の質」の問題といわれる。自由民主主義的な政治制度を有しながらも，国民の圧倒的な支持により直接選出された大統領が，垂直的アカウンタビリティ（公約の遵守）と水平的アカウンタビリティ（権力分立の原則）を侵害する「委任民主主義」が典型である（O'Donnell 1994）。
3) シェドラーは，公正かつ自由な選挙の要件として，(1) 非民選議員に対する議席の割り当てや，軍部等非民選機関が独占的に決定権限を持つ領域がなく，選挙が集合的意思決定者を選出し権能を与えること，(2) 野党の排除や分裂を誘う試みが行われておらず，競争性が十分に確保されていること，(3) 政治的，市民的自由の抑圧や，報道と選挙資金へのアクセスの制御による選好形成の自由の侵害がないこと，(4) 普通選挙権があり，投票者名簿の削除や民族浄化が行われていないこと，(5) 秘密投票が実施され，投票者に対する脅しや売票行為がないこと，(6) 名簿操作や集計結果の操作，選挙法や選挙区の偏向がなく，票の平等が実現していること，(7) 選挙の結果が拘束的であることを挙げ，これら七要件全てが満たされている場合に限り「選挙民主主義」となり，このうち一つでも欠けた場合には「選挙権威主義」に分類されるとしている。同論文の中で，マレーシアは，ゲリマンダリングと票の格差を問題とされ，「選挙権威主義」と分類された（Schedler 2002a）。また，シェドラーは別の論文で，選挙における争点の操作をも「選挙操作」の一つとして挙げている（Schedler 2002b）。

表1-1　Diamond (2002) による類型

| 類型 | 法の支配・市民権保護 | 中立公正な選挙 | 十分な競争 | 選挙制度 |
|---|---|---|---|---|
| 自由民主主義 | ○ | ○ | ○ | ○ |
| 選挙民主主義 | × | ○ | ○ | ○ |
| 曖昧なレジーム | ? | ? | ? | ? |
| 競争的権威主義 | × | × | ○ | ○ |
| 覇権的選挙権威主義 | × | × | × | ○ |
| 権威主義 | × | × | × | × |

出典：Diamond (2002) より筆者作成

対するいやがらせ，選挙結果の操作，記者や野党党員の逮捕，投獄，国外追放，殺人，といった慣行により特徴付けられる「競争的権威主義」(Levitsky and Way 2002)[4]，「自由な競争が伴う政治的リスクに自身をさらすことなく民主主義の外見を維持することを決意した」「準権威主義」などと類型化されてきた (Ottaway 2003, 3)。

　これらの解釈は，自由民主主義と権威主義とを両極とするスペクトルを前提としている。別の言い方をすれば，自由民主主義あるいは権威主義の理念型からいかに乖離しているかが，政治体制の類型化に際して重視される。このような政治体制の見方は，*Journal of Democracy* 誌における特集の巻頭で，政治体制を (1)「自由民主主義」，(2) 公正で自由な選挙が実施されているが，法の支配と市民権の保護を欠く「選挙民主主義」，(3) 曖昧なレジーム，(4) 選挙制度があるものの，選挙の公正さと自由が侵害されている「競争的権威主義」，(5)「競争的権威主義」の特徴に加えて与党の議席占有率や大統領の得票率が極端に大きい「覇権的選挙権威主義」，そして (6) 選挙制度の不在を特徴とする「権威主義」の六類型に分類したダイアモンド論文に明確に示されている (Diamond 2002)。自由民主主義の各要素がどの程度制度化されているのかという指標を重視するダイアモンドによる政治体制の類型化は，行に示される四つの要素を，右から左に向かって多く満たすほど自由民主主義の理念型に近づき，逆に少ないほどそれから乖離するような表としてまとめることができる (表1-1)。

### マレーシア政治研究による解釈 ―「応答性」，社会の「空間」への注目

比較体制研究が関心を寄せる政治的権利を制限する法をはじめとする制限的

---

4) ただし，記者や野党党員の国外追放や殺人が「慣行」であるという同論文によるマレーシア政治の理解は，必ずしも正しくない。

な制度は，マレーシア政治研究においても重視されてきた。たとえば，クラウチは，「1969年以降のシステムは，既存エリートが政権の制御を続けるために必要なあらゆる手段をとる権威主義の一形態とみなすのが妥当である」と論じ，その「手段」としてISA，扇動法，国家機密法，メディアの制御などを挙げている (Crouch 1992, 21)。しかし，クラウチは，1996年の著作では，政治的，市民的自由の制限だけではなく，選挙が与党間，与野党間の競争を強いるために，政府が少数派民族も含めた各民族からの要求に応答的となる点にも注意を喚起し，マレーシアの政治体制を，「権威主義」的特徴と，「民主主義」的特徴の双方を併せ持つものとして解釈し，これを「抑圧的かつ応答的体制」と名付けた (Crouch 1996)。

このほかにも，アンワル元副首相の罷免と逮捕に続く「反汚職，反ネポティズム」を旗印とするレフォルマシ運動を研究したワイスは，社会が一連の法的規制のもとに置かれる一方で，多様な民族や階級からなる団体が活動する空間があり，彼らが相互作用しながら団体間の信頼を醸成し（「連合資本」），革新的集合行為によって政治改革を促すことが可能であると論じ，このような政治体制を「非自由民主主義 (Illiberal Democracy)」と解釈した (Weiss 2006)。

やや議論を先に進める形になるが，本書の枠組みは，クラウチの「応答性」の主張に刺激を受けている。ただし，クラウチが，マレーシアの政治体制の「権威主義的」諸制度は，社会団体や少数派を抑圧しようとする政府や与党によって一方的に構築されると論じるのに対して，本書は，「権威主義的」と一般的にみなされるような制度の形成過程においても，実際には「応答性」があり，少数派や社会団体の要求も一定程度制度に反映されること，そして，この「応答性」の故に，かくして作られた制度が，政府や与党が反対派を抑圧するための「権威主義的」手段となっているだけではなく，社会団体や少数派が政府の権限を制限し，自身の権利を保障するための重要な根拠になっていると主張する点において，クラウチと異なる。つまり，クラウチが，「権威主義的」制度と「応答性」の併存状況によってマレーシア政治を見るのに対して，本書は，「権威主義的」制度が実は「応答性」によって裏打ちされており，これが少数派や社会団体による政治活動を保障する屋台骨となっていると論じている，とまとめることができるだろう。

**政治体制の成立と持続 ―― 政府・現職者・与党の作為，小さな「対抗勢力」**

「グレーゾーン」研究とマレーシア政治研究は，マレーシア政治体制の解釈において異なるものの，政治体制の成立や持続といった動態の説明枠組みは共有している。すなわち，競争を抑制することによって自身の権力維持を図る政府や一部の政治エリートが制度を構築し，時には制度を侵害することで，野党や批判勢力の活動を制限しているために，政治体制が持続しているという説明である。以下に，引用を交えながら詳しく見ていく。

まず，「グレーゾーン」の政治体制が成立するのは，「大衆参加が常態化した現代では，オリガーキー（競争的寡頭制）からポリアーキーへいたる漸進的民主化の途は閉ざされており，恐怖心を抱くエリートが，競争を制御あるいは抑制しようとする」（括弧内は，引用者による）ためである (Diamond 2002, 24)。政治エリートはこれによって「民主主義における不確実性にともなうリスクを負うことなく，選挙にもとづく正当性の果実を得る」ことを目指す (Schedler 2002a, 37)。この目的のために，政府は，社会や野党の影響力をそぐ効果を持つ立法を行ったり (Ottaway 2003, 18, 149)，野党党員を脅したり投獄したりすることによって (Levitsky and Way 2002, 52)，政治主体に対して自由に制限を課す (Ottaway 2003, 149-150)[5]。しかも，政府や与党は，しばしば議会に過半数を有し，合法的な手続きを経て意のままに立法を行うことができるため，議会多数派たる彼らの行為を制限する枠組みはない (Ottaway 2003, 155-156)。さらに，かくして成立する「グレーゾーン」の体制においては，「公式の民主主義制度は，政治的権威の獲得と行使のための手段とみなされ」，「現職は，このようなルールを頻繁に侵害する」(Levitsky and Way 2002, 52)。

競争の抑制を目的とした政府や一部エリートの作為の帰結として成立するこのような政治体制は，多くの研究によれば，既存体制への「対抗勢力」が登場しないために持続する。「対抗勢力」が登場しない理由としては，低所得，宗教的・民族的亀裂，経済停滞といった構造的要因によって，人々が民主主義よりも物理的，経済的安全を重視し，現政権を支持すること，社会的亀裂を架橋するような人権 NGO の成長が妨げられること，資本家，中間層，労働者といった潜在的民主化促進エージェントが分裂状態に置かれることなどが挙げられている (Crouch 1996, 242; Ottaway 2003, 17-19, 161-189)。

---

[5] 原文は次のとおり。"Semi-authoritarian regimes freely impose limits on both political organizations and political candidates."

ただし，これらの構造的要因よりも重視されるのが，政府や現職者の意思や作為である[6]。たとえば，政府による反体制派の抑圧，マス・メディアのコントロール，労働組合の懐柔，現職に有利な選挙，司法の独立の侵害といった仕組みのために，政府が「反体制派を窮地に追いやる」ことが指摘されている (Carothers 2002, 13-14)。これに加えて，中間層や資本家が政府の分配するパトロネージや物質的利益に満足し，政治体制を支持する傾向にあることも主張されている (Crouch 1996, Ch. 10)[7]。

## 1-2 開発独裁論

1980年代後半以降の持続的な高度経済成長により，マレーシアは，NICs（香港，韓国，シンガポール，台湾）に続く開発志向国家 (developmental state) のひとつとみなされるようになった。これに伴い，階級間対立を背景的力学とする「開発独裁」としてマレーシアの政治体制を見る研究が登場した。

「開発独裁」論による解釈 —— 支配階級による命令と被支配者に対する抑圧
1980年代から90年代初頭にかけての「開発独裁」研究は，開発志向国家の国際経済への依存，国内の不平等，政府への過度の権限集中を強調する。たとえば，外資に依存した資本集約的産業の展開の帰結として拡大する貧困や貧富の差に不満を持つ大衆を，一部の経済開発の受益者と体制エリートが抑圧するという側面を強調するもの（鈴木1988年），国際経済への従属の帰結としての賃金抑制の必要，政治的安定の優先，反共イデオロギーへのコミットメントを重視するもの（藤原1994年），市民の自由の否定とトップダウン式の統治機構の成立に着目するもの（岩崎1993年，東川1993年），官僚が経済に効率的に介入するために左派や労働組織，大衆セクターを抑制し，社会勢力からの中立を保つことが経済成長の必要条件であると論ずるもの (Deyo ed. 1987) など，その論旨は様々である。にもかかわらず，これらは，政府による社会の抑圧を強

---

[6] オタウェイは構造的要因を「準権威主義の原因とみなされるべきではなく，単にその発生を促進する要因として」とらえるべきであるとし，原因は，準権威主義を意図的にもたらした「犯人 (guilty party)」にこそあると論じている (Ottaway 2003, 134-135, 164)。

[7] ただし，マレーシア研究の中には，このような見方とは異なり，中間層が与党や既存制度を支持する一方で，政党やNGOを通じた批判を行うようになっているという指摘もある (Abdul Rahman 2002, Ch. 8)。

調するという点において共通している。マレーシア政治経済研究の領域でも，ジョモ，クー，タンなどが，1969年以降のマレーシア政治体制を，資本家階級による蓄積の帰結としての「権威主義体制」や「開発独裁」として論じてきた (Jomo 1986; Tan 1990; Khoo 1997)。

「開発独裁」論によれば，外資依存の工業化によって富を蓄積する支配階級，社会から自立した官僚，投資環境の保全のために政治的安定を実現しようとする政府といった支配集団が，国家主導の工業化のために，あるいは自らの既得権保護のために，抑圧的な政治体制を成立させる。また，かくして成立した体制においては，政治的安定を根拠として労働者や下層グループが抑圧される一方で，国内資本家階級や経済発展の恩恵を受ける中間層は，経済発展に伴う物質的利益の享受を重視し，抑圧的制度を受容する (Saravanamuttu 1991; Munro-kua 1996)。

つまり，「開発独裁」論は，(1) 経済開発と政治的安定を正当性の根拠とし，労働者階級や下層を抑圧する資本家あるいは国家，(2) 物質的利益供与によって政治体制に恭順し続ける中間層，そして，(3) 抑圧され，政治的組織化すらできない労働者階級という三主体を想定し，(1) による (3) の抑圧と，(2) の無関心，あるいは，(1) への恭順から，マレーシアにおける「開発独裁」や「権威主義体制」を論じているとまとめることができる。

### 開発志向国家研究のパラダイム・シフト ── 協調メカニズムへの注目

もっとも，1990年代半ば以降には，諸利益間の協調を促す制度を基礎とした持続的な政権運営を，有効な経済開発戦略の要因とみなす制度主義的開発志向国家研究が登場し，「開発独裁」論は後退した[8]。たとえば世界銀行は，東アジアにおける持続的な経済成長と分配をもたらした輸出振興戦略と安定的な

---

8) このようなパラダイム・シフトは，「開発独裁」の議論を支配していた経済成長と政治体制の一対一の対応関係が否定されたこと (Sirowy and Inkeles 1990)，経済開発の条件とされてきた「国家の自律性」の内容に関して，社会と国家の間の継続的な交渉と協調を可能にするような，社会的紐帯に「埋め込まれた自律性 (embedded autonomy)」(Evans 1989) や「国家権力のインフラ的側面 (The infrastructural dimension of state power)」(Hall and Ikenberry 1989) が重要であるとする認識が共有されるようになったこと，さらに，抑圧に開発主義の特徴を見出す議論によっては，(1) 日本，NICsやNIES (インドネシア，マレーシア，タイ) が，経済発展のみならず，貧困の削減や比較的平等な分配をも実現しているという現実や，(2) 政治的抑圧のみによっては東南アジアにおける長期政権の持続を説明できないことが指摘されたことに由来している (末廣 2000 年，第5章；末廣 1998 年，305–308 頁)。

マクロ経済運営は，権威主義的統治によってではなく，国家のエリートが，「成長の共有の原則」にもとづき非エリートをも成長に組み入れ，また，民間エリートと情報を共有し，自らのリーダーシップの正当化や政策への支持取り付けに成功したことによって可能になったと論じる（世界銀行 1994 年）。また，青木・金・奥野（藤原）は，資源配分への直接介入ではなく，政府・企業間，企業間の協調のための制度の促進という政府の役割を重視している（青木・金・奥野（藤原）編 1997 年）。

さらに 1990 年代末以降は，開発と民主主義との両立可能性を模索する研究が行われるようになった（Robinson and White eds. 1998; Woo-Cummings ed. 1999）。たとえばロビンソン/ホワイトは，広い支持基盤を持ち，社会諸勢力のバランサーや政治的媒体として機能する政党の存在や，社会団体，政党，国家機関などの多様な主体を包含するような制度化されたチャネルや協議的アリーナを特徴とする「民主的開発志向国家（Democratic Developmental State）」という類型を提示し，マレーシアやシンガポールをその典型と位置付けている（Robinson and White 1998）[9]。

命令主体としての国家ではなく，審議や分配を通じた諸利益の調整主体，あるいは，調整制度の形成主体としての国家の役割を強調するという開発志向国家研究におけるパラダイム・シフトは，本書の視角にとって示唆的である[10]。

## 1-3 民族間権力不均衡論

最後に，民族間，もしくは民族内の権力不均衡に注目した研究がある。
1970 年代までのマレーシア政治研究の多くは，同国をコンソシエーショナ

---

[9] この中で，ロビンソン/ホワイトは，シュクラーの「発展的民主主義（Developmental Democracy）」（Sklar 1987）の概念を援用し，市民的，政治的自由に制限のある体制も民主主義の一種たりうると規定する。シュクラーは，民主主義はそれ自体発展的概念であり，個々の国家が民主的原則の発見のワークショップであるとし，自由がいかに実現されているかを基準として政治体制を類型化する理解を批判したうえで，第三世界においても，選挙民主主義や労働組合，農村組合といったレベルにおける民主主義の慣行が見られると強調した。

[10] このほかにも，本書は，「権威主義開発体制」を，「民衆排除型の政治システムとしてこれを論難」したり（渡辺 1995 年，40 頁），欧米モデルに立脚した自由民主主義の「欠如態」（村上 1992 年（下），471 頁）であるとする立場を非難したうえで，これが，植民地経済からの脱却や，恒常的な技術革新による経済開発を目指す後発国が選択しうる合理的な政治体制のあり方であるとして分析を行った村上や渡辺からも刺激を受けている。

ル・デモクラシーの典型とみなし，マレー人，華人，インド人の連合である連盟党に典型的な政治エリート間の水平的協調 —— 連合政権，大臣ポストや経済的利益の民族別割り当て，政治的争点の「凍結」や「非政治化」—— と，民族政党による各民族内部での利益や要求の調整，すなわち垂直的統合が，マレーシアの民主主義を安定させてきたと論じていた（Von Vorys 1976; Milne and Mauzy 1978）。

しかし，連盟党間の協調に不満を持つ野党によって各民族の権利が争点化されたのを契機として，1969年に民族暴動が起きた。これに続き，市民権やマレー人とその他の先住民族の特別の地位等についての自由の制限を目的とした1971年憲法改正が行われ，また，マレー人に対する積極的差別が強化された。このような変化を受け，同国の政治体制をコンソシエーショナル・デモクラシーと見る研究は後退していく[11]。

これに代わって登場したのが，民族間の権力不均衡を強調する研究である（Means 1991; Milne and Mauzy 1999; 金子 2001 年 a；萩原 1989 年）。この時期，マレーシアのみならず，世界中で民族アイデンティティにもとづく対立が顕在化したのを契機に，多極社会を有する国家における政治体制の非民主的性格や，不均等な民族間の権力分布を強調する新たな理論が登場した。たとえば，ラブーシュカ／シェプスリは，多極社会においては，希少価値をめぐる争いの中で民族的差異が強調され，社会が不安定化する傾向があり，特定民族の優越，自由や参加の限定，さらには，民主主義制度そのものの否定が起こると論じた（Rabushka and Shepsle 1972）。また，ラスティックは，コンソシエーショナル・モデルが，多極社会における民族間の権力の非対称性，権威主義的資源配分，非民主的性格を軽視していると批判し，これに代わる「コントロール・モデル」を提唱した（Lustic 1979）。

民族間権力不均衡論に立つマレーシア政治研究の中には，マレー人と非マレー人の権力の非対称性と，後者を抑圧しようとする前者の意図によって1971年以降のマレーシアの政治体制を理解しようとするものがある。たとえば，ミーンズは，1971年以降，全閣僚に占めるUMNO党員の割合が拡大したことや，マレー人を優遇する新経済政策が策定されたことを引き合いに出し，

---

11) コンソシエーショナル・デモクラシーの主唱者であるレープハルトは，1969年までのマレーシアをその典型とするが，1971年の憲法改正以降は，言論の自由の制限とマレー人に対する積極的差別の強化により，このモデルには当てはまらないとしている（Lijphart 1977, 153）。

「均衡のとれた民族間の交渉と利益分配という観念が侵食され」，UMNO の優位が確立したと論ずる (Means 1991, 20)。このほかにも，金子は，「人種暴動」から 71 年の憲法改正にいたる一連の出来事について，ラザク副首相（当時）らに率いられる「UMNO 改革派」が，マレー人に有利な政策を実施したうえで憲法を改正した結果，「マレー人優先政策に対する非マレー系住民の主張・反論は法的」に「封じ込められることになった」とまとめている（金子 2001 年 a，292頁）。ほかにも，1971 年以降の政治体制が「非マレー人の政治的自由を制限」したと論ずる萩原（萩原 1989 年，220 頁）や，「非マレー人が憲法上の契約に異議を唱えることは許されなくなった」という点を強調するチェア (Cheah 2003, 126)，UMNO のリーダーらが「NEP とその根拠を直接的に非難することを困難にした」とするジェスダソン (Jesudason 1989, 77) をひくことができる。

これとは別に，下位文化の列柱の垂直的統合と水平的協調を同時に達成することが困難であるという視点から，各民族内部の「下位エリート」と「国家エリート」の闘争に注目し，コンソシエーショナル・デモクラシーを修正しようとしたケースがある (Case 1996)。ケイスによれば，経済成長の鈍化や不均衡な分配は，「下位エリート」による民族問題の利用を触発する。「国家エリート」が，これを抑制するために政治的自由の制限などの「レジーム閉鎖 (regime closure)」を行う結果として，政治的アリーナの限定と民族間の水平的協調を特徴とする「準民主主義体制」の安定が実現される[12]。

## 2 ── 既存研究の問題点 ──「支配集団」vs.「被支配集団」/「欠如態」としての政治体制解釈

分析の焦点や関心の違いにもかかわらず，以上に紹介した既存研究の多くは，支配集団とそれに抑圧される被支配集団という二主体間の対立という枠組みで政治体制のダイナミクスを説明し，自由民主主義の「欠如態」としてマレーシアの政治体制を解釈するという共通点を持っている。以下に，この点について，批判的に検討してみたい。

---

[12] ただし，「準民主主義体制」という概念は，1993 年の著作 (Case 1993) において提示されたものである。

## 2-1 「『支配集団』対『被支配集団』」への単純化

既存研究は，政府，資本家連合，多数派民族，民族内部の上位グループといった支配集団による一方的な制度形成を前提とし，この制度によって制御を受ける集団の相対的権力の弱さを強調することによって，自由を制限する政治体制の成立や持続を説明しようとする。たとえば，準権威主義体制論は，自身の権力伸長をめざし，立法をはじめとする手段により競争を制限しようとする政府や与党と，「対抗勢力」を形成しえず，政府の恣意に服する社会団体や野党に焦点を当てる。「開発独裁」論は，国内外の資本家の利益保護や開発政策の実施を目的として権威主義的な統治を確立する政府と，これによって抑圧される労働者や下層階級，そして権威主義的統治に同調する中間層を描く。民族間権力不均衡論は，多数派民族であるマレー人が，少数派民族の華人の権利を制限する，あるいは，民族内の上位エリートが下位エリートを抑えるためにレジームを「閉鎖」すると論じる。

しかし，このような見方でマレーシア政治を見た時，次の疑問が生じる。支配集団の恣意によって自由を制限する体制が成立するにもかかわらず，なぜマレーシアにおいて支配集団とその他の集団の間に政治体制の持続を困難にするほどの対立が起きないのか[13]。たとえば，「開発独裁」論によれば，経済発展が進めば進むほど，貧困や所得格差が拡大し，それにともない大衆の不満も拡大する。これにしたがって，国家による大衆の不満に対する抑圧も強化されていく。抑圧が強化され，既存の経済秩序が維持されれば，大衆の不満はさらに拡大していくはずであり，「開発独裁」論の論理的な帰結は，国家による抑圧と社会の不満との際限なきエスカレーションのはずである。これでは，政治体制の持続は困難なのではないか。

そもそも，既存研究の多くは，政治体制について対立する態度を持った二主体間の政治という見方にこだわるあまり，十分な実証をともなわずして，政治体制の成立を支配集団の力の顕現として理解し，体制内の様々な制度を彼らに

---

[13] この疑問については，マレー人政治エリートと非マレー人企業家の間での利益分配や協調によってマレーシア政治の安定性を説明する研究が参考になる（鳥居 2006 年；Milne and Mauzy 1999）。とはいえ，それでは，なぜ多数派であるマレー人のエリートが，非マレー人の要求を受け入れることを強いられる，あるいは奨励されるのかという疑問は残る。むしろ，支配集団に対して協調や妥協のインセンティヴを持たせるような制度にこそ目を転じる必要があろう。

よる権威的命令として，もっぱら理解してきた。

　しかし，このようなマレーシア政治観によって，次の事実が見過ごされてきたことが指摘されるべきである。本書の実証部で論じるとおり，政治制度形成の過程で，非マレー人の主張によって，マレー人の作為が挫折した事例や，議会の過半数を有する与党と政府が，野党や，NGO，経済団体など議会外グループの意見を容れて，結社や出版の権利の制限において妥協した事例がある。さらに，個人の言論，出版，結社の権利への政府による介入は，前述のような過程を経た立法によってその限界が明確にされており，政府がいつでも好きなように個人の自由に介入できるというわけではない。もちろん，市民的，政治的権利を相当程度制限し，そのうえで，裁判所による審査を排除するという同国の政治体制の特徴に鑑みれば，同国の政府や多数派が「法の支配 (rule of law)」，すなわち，多数派の権力によっても侵害されえない個人の権利と，これを保障するための裁判所の役割の重視を内容とする自由主義の原理によって拘束されているとはいえない。しかし，かといって，マレーシアの支配集団が，その他の集団の利益や権利を好き勝手に蹂躙できるわけではないのである。

　つまり，支配集団が全く恣意的な制度形成や運営をしているわけでもなければ，被支配集団がこれに黙従しているわけでもない。マレーシアの政治体制は，支配集団とこれに服する被支配集団という二主体間の対立よりもはるかに複雑な権力の作用の上に成り立っているのである。

## 2-2　自由民主主義の「欠如態」としての解釈

　既存研究の第二の問題点として，マレーシアの政治体制を構成する政治制度の内容が十分に吟味されていないことが指摘できる。

　たとえば，民族間の権力不均衡を重視する研究では，マレーシアの政治体制は非マレー人の権利を制限するものとしてもっぱら理解されるにとどまる。また，垂直的統合に焦点を当てたケースは，「国家エリート」による「レジーム閉鎖」の例として，政治的自由の制限，選挙プロセスの拒否，非制度的な制限を列挙するが，諸々の「制限」について，いったい誰のどのような政治的自由が制限されるのかという点までは，十分に踏み込んでいるとはいえない。

　この批判は，マレーシアの体制を，民主主義と権威主義の中間にある非民主的，非競争的体制として解釈する研究に最もよく当てはまる。これらの研究は，

ある政治体制が自由民主主義の理念型にどれだけ近いか，どれだけ競争的かという指標によって政治体制を類型化し，民主主義とそうでないものを識別することに重きを置くために，自由民主主義の理念型から乖離した制度がどのような内容を持ち，誰のどのような意図で成立し，どのように実施されているのかを明らかにしてこなかった。

　この点に関して，協調メカニズムを重視する制度主義以降の開発志向国家研究や，マレーシア政府の「応答性」を重視するクラウチの研究は示唆的である。実際，マレーシアでは，少数派を含む協議的枠組みが制度化されてきた。先に述べた自由の制限の一方で，あるいはそれと軌を一にして，与野党，NGO，少数派民族，女性の代表などを含む協議機関が設立され，今日までに，長期経済政策，教育政策，産業政策，警察行政など，多様な分野における政策提言機関としての役割を果たすようになっている[14]。その中で，少数派の意見が政策に反映される事例もある。つまり，マレーシアでは，政治的自由が制限される一方で，多様な社会グループを包摂する協議機関が制度化されるなど，自由競争を制限しつつも様々なグループの参加を実現するような制度が形成され，その中で利益を異にするグループ間での利益調整が行われてきたのである。

## 3──定義・焦点・分析の枠組み

　それでは，マレーシアの政治体制をどのように見れば，以上のような実態やダイナミクスを理解することができるのだろうか。

　マレーシアの政治体制を見るときに，本書は，民主主義に必要な要素のチェックリストを作り，そこからの引き算として，いわば外在的な尺度によって政治体制を評価するという立場はとらない。むしろ本書は，当事者がどのような政治制度を持ち，どのように当該の政治制度を成立させ，運用してきたのかという，可能な限り内在的な視点から，同国の政治体制を理解することを目指している。その際，実証の焦点は，政治的権利を制限する法の成立と実施におかれる。これによって，自由競争の欠如としてのみ理解されてきたマレーシアの政治制度の内容と成立過程，実施過程が明らかにされ，新たな政治体制の

---

14) もっとも，協議の制度が政策決定において果たす役割については，懐疑論も存在する。この点については，第7章で議論する。

見方が示されるだろう。また，これにもとづき，同国の政治体制の持続性と変化の可能性が説明されるだろう。

## 3-1　定義 ── 政治体制，政治制度，協議

本書の分析枠組みを詳述する前に，いくつかの語を定義しておく。

### 政治体制

まず，「政治体制」とは，(1) 政治共同体における集合的決定の仕組み，(2) 集合的決定の仕組みや，そこでの各主体の振る舞いを規律する公式，非公式のルール，(3) 集合的決定の仕組みとルールを支える正当化原理，という三つの要素の有機的結びつきからなり，政治共同体を秩序化する社会的構築物である。もっぱら法制度をはじめとするルールに焦点を当てる本書の定義は，一般的な政治体制の定義が含む政党や政治エリート，軍隊や警察などの強制力，官僚制といった要素を欠いており，狭すぎるという批判もありうるだろう[15]。しかし，法制度は政党や政治エリート，官僚を規律するという意味でより本質的であり，政治体制の最も重要な要素であるというのが，本書の立場である。

### 政治制度

集合的決定の仕組み，仕組みと各主体の振る舞いを規律するルールの集合（上記(1)と(2)）は，「政治制度」を構成する。政府，与野党，社会団体といった主体は，政治制度によって拘束され，機会を与奪されるが，政治制度が政治共同体の秩序化にとって不適切とみなされる場合には，彼らはこれを変更することもできる。ただし，主体による政治制度の変更可能性は，異なる制度選好を持つ主体間の権力バランスに依存し，変更の過程や方向性は，既存の政治制度によって制限されている。

---

[15] たとえば，政治体制の定義として一般的に引用されるデュヴェルジェの著作は，(1) 統治者の選択手続き，(2) 統治者の数や議会の性質，政党の数や組織などの統治機関の形態，(3) 統治者の権力の制限の三つを，政治体制の「本質的基礎」として挙げる（デュヴェルジェ 1964年）。また，山口は，政治体制の要素として，(1)「正統性原理」，(2)「政治エリート」の構成とそのリクルートシステム，(3) 国民の政治意志の表出と政策の形成にかかわる制度と機構，(4) 軍隊と警察からなる物理的強制力の役割と構造，(5) 官僚制と公共政策の五つを挙げている（山口 1989年，9-10頁）。

本書は，政治制度の中でも，法の形をとる公式のルールを特に重視するが，この点については，次項でより詳しく述べる。

## 協議

　本書のキーワードである「協議」については，具体例や関連する既存概念に触れながら詳細に定義を示す必要がある。
　まず，「協議」とは，ある決定に至るまでの議論，交渉，取引，妥協などのコミュニケーションの総称である。
　本書がこの語を使用するときには，多数決や排他的な権力を有する主体による一方的な決定との対置を含意している。マレーシア政治における決定の特徴，すなわち，政府や与党やマレー人といった多数派の意思によって一方的に物事が決まるのではなく，多数派と少数派による話し合い，取引，妥協の結果として物事が決まるという特徴を際立たせるために，この語が用いられている。
　その意味において，この語は，政治学で一般的に使用されている「審議」や「討議」，「熟議」と親和性を持つが，同時に違いもある。審議，討議，熟議と協議とは，投票やその他の権力闘争による競争の結果としてではなく，討論を通じた合意を基礎として決定がなされるという点において共通する。ただし，「審議民主主義」あるいは「討議民主主義」は，自由民主主義を討議原理によって再構築する目的をもち，競争的選挙における票読みによって構成員の選好を測り決定に至るのではなく，自由で平等な主体間の討論によって主体の選好を変えることにより合意を形成すべきことを主張する。これを可能にするために，このモデルは，政治的自由やメディアの独立といったいわゆる自由主義的制度を必要とするのである（Dryzek 1990; Elster ed. 1998; ハーバマス 2003 年）。これに対して，本書における「協議」概念は，自由主義的制度の存在を必ずしも前提としない点，また，主体の選好そのものが変化することまでは射程に入れない点，そして，審議民主主義的方法としては排除される交渉，取引や妥協といった方法での決定も重視する点において，その他の概念とは異なっている。
　本書の実証部には，二つのタイプの協議が登場する。まず，制度形成をめぐる政府，与野党，社会団体の間での議論，交渉，取引，妥協である。たとえば，政府が議会に提出した法案をめぐり，与党，野党，NGO，経済団体，専門家団体といったグループが，自分たちの利益や利益表明の機会を守り，促進する

ことを目指して，法案の修正を要求する。そのような要求を受けた政府が，これらの団体と会合を持ったり，覚書を受け付けることで，政府とそれ以外の主体の間に話し合いが起こる。この過程が，一つ目の協議である。

　これとは別に，本書は，政府と民間が様々な問題や政策について意見や情報を交換する場である「協議会」も，マレーシア政治を理解するための重要な要素として扱う。東アジアのいくつかの国々では，経済問題に関する協議機関が制度化されてきた。たとえば，タイでは，1981年に，首相や経済関係閣僚，中央銀行総裁などの政府代表と，商工業セクター，金融セクターを代表する民間の代表から構成され，政策の立案，決定権限は持たないものの，民間が経済政策についてインプットするためのチャネルを提供する「経済問題解決のための官民合同連絡調整委員会」が成立した（Anek 1992；末廣・東 2001年；Suehiro 2005）。マレーシアでも同様の機能を持つものとして，1980年代には産業諮問委員会，1991年には長期経済計画の諮問機関である「国家経済諮問評議会」が設立したほか，教育の分野でも官民からなる協議会が設立されている。

## 3-2　実証の焦点 ── 政治的権利を制限する法

　本書は，前項に挙げた三つの政治体制の要素のうちの (2) を構成する政治的権利を制限する法の成立とその実施をめぐる政治過程に焦点を当てる。政治的権利を制限する法に注目する理由は次のとおりである。

　第一に，政治的権利を制限する法は，政治主体の参加資格を決め，政府，政党，社会団体，個人などの主体の権利を付与もしくは制限，禁止することにより集合的決定の仕組みを規律する公的なルールであり，政治制度の骨格をなす。もっとも，法は政党システム，政治エリート，警察や軍隊など，政治体制を構成する要素の一つにすぎない。しかし，政治体制の構成要素である政党，官僚，政治家，社会団体など様々な主体に対して，政治活動を行う資格を付与，剥奪し，政治的利益表明の手段を保障，制限し，様々な機会を与え，また禁止するという意味において，また，政府による権力行使を授権，制約するという意味において，政治的権利に関する法は政治体制の本質的ルールである。

　もちろん，暗殺や選挙結果の操作，法の濫用など，法からの逸脱が常態化している政治体制を見る場合には，政治的権利を制限する法に注目する意義は大きくないだろう。しかし，マレーシアの場合，実証部でも明らかにするよ

に，制度の侵害よりは，合法的な制度による自由の制限が主要な特徴をなしている[16]。このことから，本書は，同国の政治体制の性質を明らかにするうえで，政治的権利を制限する法の内容やその形成過程に焦点を当てることが妥当であるという立場に立つ。

　第二に，政治的権利を制限する法は，国会で成立する公式の制度であり，国会議事録をはじめとする資料から，政治制度形成に関する情報を入手することができる。すでに指摘したとおり，既存研究の一つの問題点は，自由を制限する制度の成立について，権威主義的な志向を持つ支配集団のしわざであると先験的に断じているというものであった。これに対して，本書は，主に言説の分析を通じて，政治的権利を制限する法をめぐる政治過程に接近することにより，政治的権利の制限をめぐる各主体の意図やその相互作用を検討し，マレーシアの人々がどのように現在の政治体制を作ったのかを明らかにする。

　第三に，自由を制限する法の内容と成立過程の研究は，既存研究において手薄であった政治制度の構築や運用の実証を補完するという意義をも有する。比較政治体制研究やマレーシア研究においては，「グレーゾーン」の体制の特徴として，立法による政治的，市民的自由の制限が強調されているが，これらが言及されるのは研究対象の政治体制が「いかに権威主義的か」ということを主張し糾弾するという文脈においてのみであり，その内容や成立過程は十分に論じられてこなかった。

## 3-3　分析枠組み —— 主体の意図，成立過程，実施

　マレーシアにおける政治的権利を制限する法の成立とその内容に接近するためには，それらが誰に対して何を許可し何を禁止するのかという「内容の分析」

---

16) マレーシアのこのような性格は，既存研究においても指摘されてきた。たとえば，ハーパーは，植民地統治期の諸立法を受け継いだ「厳格な遵法主義（strict legalism）」による抑圧に言及している（Harper 1999, 378-382）。また，市民の政治的権利そのものではないが，立憲君主制におけるスルタンと国王の権限をめぐる政治過程を論じた鳥居（1998年）においても，政治エリートの当該問題に関する発言が既存法によって拘束されていることや，明文化によるスルタン権限の限定が志向されていることなど，法に従った統治というマレーシア政治の特徴が示されている。
　これに対して，インドネシアでは，立法による言論，結社，集会の自由の制限のほかに，これらの権利に対する「事実上の禁止」が制度化されていたとする土屋の指摘（1994年，268頁）や，1945年憲法が，政治状況に応じて柔軟に解釈，運用されうるものであったという増原の指摘（2004年，17頁）は，マレーシアの遵法性と対比をなしている。

に加え，当事者たちが，政治的権利を制限する立法によって，具体的に誰のどのような行為を許可，制限，禁止しようとしたのか，一連の制限によってどのような具体的な利益を実現しようとしたのかという「主体の意図の分析」，それらの主体のどのような相互作用の結果として法ができたのかという「成立過程の分析」，そして，かくして成立した法がどのように実施されたのかという「実施の分析」が必要である。本書は，特に「主体の意図の分析」，「過程の分析」，「実施の分析」を中心に据える。

### 主体の意図の分析

マレーシア研究では，民族と階級のいずれを主体として分析すべきかという問題がしばしば提起されてきた[17]。しかし，本研究では，特定の亀裂に注目するというアプローチは採らない。なぜなら，実証部でも明らかなように，立法の種類や時代によって，登場する主体のバリエーションが変化するうえに，主体として認識しうる集団の選好の違いは，必ずしも民族や階級アイデンティティに由来するとは限らないからである。

政治的権利を制限する法をめぐる過程に参加する主体の選好の違いは，むしろ，多数派であるか少数派であるか，決定者や情報へのアクセスを有しているか否かという，決定過程における機会の大小や有無によって最もよく説明されうる。以下に，具体例に触れながら解説する。

あるときには，数の上での優位を生かそうとするブミプトラ（マレー人とその他の先住民族から成るカテゴリー）と，数の原理に訴える多数派によって自らの権利が侵害されることを防ぎ，自身の選好が集合的決定に反映される機会を保障しようとする非マレー人（非ブミプトラ）という，多数派民族と少数派民族の違いが重要となる場合がある。他方で，デモンストレーションや集会によって，開発政策の決定過程における自らの利益表明機会を拡大しようとする労働者の運動を，決定過程へのアクセスをすでに確立している資本家や企業家が阻止しようとする事例もある。また，議会内少数派や NGO などの議会外主体が，

---

[17) マレーシアの諸政策が民族別の分配を主目的としてきたことから，分析単位の問題はマレーシア研究の関心事となってきた。ここでは，民族を政府や政治エリートの言説上の単位にすぎないとし，階級によってこれを相対化する研究（Lim 1980; Jomo 1988），民族単位を所与としながらも民族内部の階級格差を重視する研究（Jesudason 1989；金子 2001 年 a），そもそも集合的アイデンティティの表出は状況的なものとする研究（Nagata 1976）があることを指摘するにとどめる。

出版や司法を通じた行政に対する異議申し立てによって，自身の利益を表明しようとするのに対して，政府がこのような利益表明の手法を制限しようと試みることもある。さらに，議会多数派がNGOや野党の活動の制限には賛同しつつも，政府があまりにも大きな権限を持ち過ぎることを警戒し，政府の権限に制限をかけようとする，ということも起こるだろう。

　もちろん，政治制度をめぐる各主体の意図や態度は，具体的な個別利益によっても決まる。ある民族を代表する政党は，自分たちの言語を使用する権利を他の民族による攻撃から守るために，当該権利に関する言論の自由を制限しようとするかもしれない。またある集団は，自分たちの言語や文化を保護することを目的とした運動を行い続けることをめざして，そのようなイシューに関する利益表明の機会を常に保障するような政治制度を求めるかもしれない。政府の経済開発プロジェクトの受注をめざす企業家は，政府入札に関する情報の公開を義務付けるような立法を欲するだろう。NGOのような政党以外の団体による政治活動が活発になることを懸念する既存政党は，政治的利益表明の媒体を限定するような制度を作ろうとするかもしれない。一方，経済団体にとって，NGOの活動機会の制限は自分達の活動には影響を及ぼさないため，NGOに関する政治制度に対して無差別の態度を示す可能性がある。他方で，NGOは当然そのような制度に反発するだろう。

## 政治過程の分析

　本書はまた，以上に描いたような多様な主体の多様な意図が，どのように交錯し，相互作用し，政治的権利を制限する法が作られたのかという政治過程も分析する。ここで，「政治過程」とは，行政府内での法案起草過程から国会における討論を含む「立法過程」よりも広い場における過程を指し，政府や議会内の主体のみならず，これらの主体と議会外主体との相互作用をも分析の射程に入れる。

　政治的権利を制限する法をめぐる政治過程において，たとえば，野党の活動を制限しようとする政府の意図が一方的に実現するのであれば，準権威主義体制論の枠組みで十分だろう。また，多数派民族のまったくの恣意による立法が行われているのであれば，民族間権力不均衡論が適当であろう。しかし，すでに論じたように，実際の過程は，既存研究が想定するよりもずっと複雑であり，この複雑さにこそ，マレーシア政治の要がある。

大臣が議会に法案を提出したり，議会を超えて社会全体で政治的権利の制限を目的とした法案が議論されるようになると，与党，野党，多数派民族，少数派民族，NGO，経済団体，労働組合，宗教団体，消費者組合，大学の教職員組合や弁護士協会といった専門家団体などの様々な主体が，好ましい政治制度を形成することを目的として，自らの選好や，法案への反対もしくは支持を表明する。政府と社会との間で法案に関する著しい選好の違いがあり，社会の様々な団体が自分たちの権利を守るために法案に反対する場合，政府には，これに応じず，与党の支持を得て議会で法案を成立させるという選択肢もありうる。この場合，政治過程は限定的なものとなる。

　しかし，社会からの反対が大きく，このような反対を考量せずに法案を成立させることが政府の正当性の低下につながると考えられる場合や，選挙が予定されているような場合には，政府は社会からの要求を受け入れる傾向にある。その結果，政府と社会の間に議論，交渉，妥協といった協議的過程が持たれる。このような過程において，法案の内容とそのインプリケーションが明確にされ，また，法案の内容自体も双方の選好を反映しながら修正されていく。ある程度自分たちの要求が法案に盛り込まれ，自分たちの権利が保障されたと社会の諸主体が感じれば，法案への反対は縮小し，妥協点としての法案が成立する。

### 実施の分析 ── 恣意的権力行使か，拘束的権力行使か

　かくして成立する政治的権利を制限する法は，強制力を伴って，しかも時々の解釈によって運用され，人々の政治生活を規律し続ける。各立法が誰にどのような要件で，どのくらいの頻度で適用されたのかという問題は，立法の成立過程と同様に重要である。

　個人の権利に介入する政府の広範な権限が定められていても，それが慎重に適用される場合もあれば，特定の主体の活動を制限するような仕方で頻繁に適用されることもあるだろう。前者の場合には，政府が法に拘束されているということができるし，後者の場合には，恣意的な権力の行使として理解されうる。

　恣意的な権力行使は，偶然性のもとに置かれる人々の制度に対する不信を引き起こし，政治制度や政治体制への反対の拡大に帰結しうる。他方で，拘束的な法の実施の場合，人々は法に定められた範囲で活動している限りにおいて自身の権利が突然に制限されることはありえないと予測するだろう。そのために，恣意的権力行使の場合に比して，制度に対する不信や反対は小さく抑えられる

傾向にあるといえよう。

　さらに，より広義の実施，すなわち，政治的権利の制限を所与としたときに人々が集合的決定を行う際の方法も観察される。公式の制度によって自由が制限される場合，各主体はこれを補完するようなチャネルを模索するかもしれない。本書は特に，自由にもとづく競争によってではなく，議論，交渉，妥協によって決定を行う場としての協議会に注目する。

## 3-4　事例の選択と資料

　前述のとおり，本書は，政治制度の構成要素である政治的権利を制限する法に焦点を当てる。事例の選択にあたっては，政治的権利を制限する諸々の立法のうちでも，多様な主体を規律するもので，成立当時から今日にかけてインパクトの大きかったものに限定した。

　この基準での選択の結果として，マレーシア政治の大きな流れを捕捉しうる立法が対象となっている。具体的には，民族的属性に由来する権利に関する1971年憲法（修正）法，1970年代末から80年代初頭にかけて組織化，活発化したNGOの政治社会への包摂の基盤を作った1981年，1983年結社法（修正）法，産業構造の高度化に向けた政府主導の経済開発と行政への権限集中が進むと同時に，政府の失策や汚職が公の関心となった1980年代後半に成立した，「知る権利」をめぐる1986年国家機密法（修正）法と報道のあり方をめぐる1987年印刷機・出版物法（修正）法，そして，行政と司法の対立を契機として成立した，連邦の司法権に関する1988年憲法（修正）法が対象となる。学生や労働者に規制の対象を限定する大学・大学カレッジ法や労働関係法（Industrial Relations Act）などの重要性は否定しないが，政治体制に対する様々な主体の態度が観察できるような立法を研究対象として選択した。

　実証にあたっては，民選議員から構成される下院の議事録（*Penyata Rasmi Parlimen Dewan Rakyat*）に加え[18]，新聞，雑誌，ニューズレターを中心的資料として，また，当事者へのインタヴューを補助的資料として用いた。

---

[18) マレーシアは二院制を採用している。しかし，上院が普通選挙にはよらず，州議会からの選出議員と国王による任命議員から構成されていること，また下院が上院よりも重要な役割を担っていることから，本書は，下院のみを研究対象とする。

## 4 ── 協議・相互主義的制度から見るマレーシア

実証部からの知見として次の三点を挙げたい。

第一に，自由を制限する政治制度は，多くの場合，多様な主体間での協議の帰結として成立している。政治的利益表明の手法やメンバーシップを制限しようとする政府，数の力による自身の優位を確立しようとする議会多数派や多数派民族，少数派としての自らの地位が多数派によって侵害されるのを防ぐと同時に，自身の選好が集合的決定に反映される機会を保障しようとする少数派民族，さらには，自由主義的制度によって自身の利益表明機会を保障しようとする議会少数派やNGOをはじめとする議会外主体など，実に多くの主体が法をめぐる政治過程に参加し，議論，交渉，妥協，取引している。その成果としての自由を制限する法は，各主体の間の妥協点で成立する傾向にある。

第二に，以上のような過程を経て成立する法は，少数派や議会外主体のみならず，政府や与党をも拘束する。いいかえれば，政府や多数派でさえも，かくして成立した法に従わねばならず，逆に，少数派や議会外主体においては，法に従ってさえいれば，突然政府による介入を受けることはない。

第三に，政治的権利が制限される一方で，国内の主要な主体の参加が完全に排除されることは稀である。さらに，協議会に代表されるような少数派や議会外主体をも含む政治過程が観察できる。

協議を経たルールづくりと，政府や多数派をも拘束するルール，包括的参加というマレーシア政治体制の特徴は，協議・相互主義的制度という見方によって最もよく説明，理解しうる。以下に，既存研究の多くが共有する恣意や権威的命令としての政治制度理解と対比させながら，本書の主張について説明する。要点は，表1-2としてまとめた。

### 政治的権利を制限する法の成立過程

まず，政府や多数派が一方的に政治的権利を制限する法を成立させるという既存研究の想定に反して，マレーシアではしばしば，政府と社会主体，多数派と少数派による協議を経て法の内容が決定する。政府，与野党，NGOや労組，経済団体，各民族といった様々な主体が，協議によってゲームのルールを作り，自身の死活的利益やそれを実現するための政治活動を保障しようとした

り，自身の利益を侵害しかねない主体の行動を制限しようとしたりする。その中で，権力バランスの違いは反映しつつも，多くの当事者が「合意」として受け入れうるルールが作られていく。

#### 政治的権利を制限する法の内容

その結果として，政治的権利を制限する法は，社会団体や野党，少数派の権利を制限する内容だけでなく，政府，与党，多数派民族の権限や権利をも制限するような内容を持つにいたる。このような法は，支配的な集団による命令というよりは，立場の異なる主体間で，互いに権利や権限を制限し合う「箍のはめ合い」を明文化したものととらえられるべきである。既存研究が，政府や多数派の「力」に法の正当化根拠を求めているとすれば，本書は，多様な主体間での協議にもとづいて形成される「合意」に重きを置いているとまとめることができるだろう。

#### 政治的権利を制限する法の実施

実施局面に注目すると，以上の立法をめぐる政治過程を経て成立する法は，次のような特徴を持っている。まず，制定された法の実施によって，政府は社会団体や野党の権利を制限する。ただし，政治的自由を制限する法の帰結はこれだけではない。政府が同じ法により付与される権限を越えて個人や団体の自由に介入しようとする場合には，後者も，同じ法に依拠しながらこれに異議を唱えることができる。そのため，政府は法によって予定される範囲を超えて権力を濫用したり，法を蹂躙して社会団体や少数派の自由を制限することはできない。

つまり，政府や多数派，社会団体や少数派の双方とも，政治的権利を制限する法を援用して自身の権利や利益を実現しようとすると同時に，それによって拘束されているのである。

#### 拘束性の淵源

政治的権利を制限する法の拘束的ともいうべきこの性格は，法の成立過程に由来する「共通了解」と「相互主義」によって支えられている。立法に際して，異なる選好を持つ主体が法をめぐって議論するなかで，法規定の内容に関して「共通了解」が醸成され，これが政府による法解釈を縛るために，法の運用過

表1-2 協議・相互主義的制度

| | 法をめぐる政治過程 | 法の正当化根拠 | 法の性質 | 法の実施 | 体制の持続メカニズム |
|---|---|---|---|---|---|
| 恣意・権威的命令としての制度 | 政府・多数派の恣意 | 政府・多数派の力 | 権威的命令 | 濫用・予測不可能な実施 | 政府・多数派による抑圧 |
| 協議・相互主義的制度 | 多様な主体間での協議 | 協議に基づく「合意」 | 明文化された「箍のはめ合い」 | 相互主義と共通了解に由来する拘束的・予測可能な実施 | 法を支える「合意」/法の拘束性とそれに由来する包括的参加 |

程において，政府が法を過度に柔軟に解釈したり，特定の政敵に向けてあからさまに濫用することは困難となる。

　さらに，共通了解による縛りよりも，より現実的な力の作用として拘束的な法の実施をもたらすのが，「相互主義」である。「相互主義」とは，様々な政治主体間の合意にもとづき成立するルールによって分配される権利義務について，合意当事者の一方がこれを守れば他方も守り，一方がこれを守らなければ他方による不遵守に帰結するという原理である[19]。この原理によると，合意にもとづきルールを作った以上は，政府も社会団体も多数派も少数派もそれに従わねばならないという規範が，ある主体による合意からの逸脱が即座に他の主体による逸脱につながるという予測によって裏打ちされている。

　すでに述べたように，政治的権利を制限する法は，立法をめぐる議論，交渉，取引の中で反対が十分に小さくなった点で成立する。政府がこの点から逸脱すれば他の主体もここから逸脱する，すなわち，再び政治制度への反対を開始することが予測されるために，政府は容易には法を侵害できないのである。逆に，社会団体や野党なども，既存法の枠組みを越えて政治活動を行えば，政府によるさらなる制限の試みを引き起こしかねないことを予測するので，法に従って政治活動を行う傾向を持つ。

### 包括的参加

　箍のはめ合いとして成立する政治的権利を制限する法は，個々の主体や機関

---

[19]「相互主義」は，国際政治学において，国際社会の秩序化を説明するうえでしばしば言及される。共通の上位権威を持たない分権的な国際社会においては，条約に典型的な国家間の約束について，これを自分が破れば相手もそのようにするだろうという予測が，国家に約束を守らせる中心的な力となるという考え方である。たとえば，Ikenberry (2001) などを参照。

のふるまいを制限するものの，包括的な参加を実現し続ける。それは，前述の縛りのために，政府の恣意により，法によって予定される範囲を越えて個人や団体の政治的権利が制限されるということは稀だからである。包括的参加はまた，政治的自由の制限を補完しうる協議会によっても実現される。

### 政治体制の持続と変化の可能性

制度形成過程において，多様な主体の「合意」が取り付けられる場合，政治的権利の制限をはじめとする政治制度や体制そのものへの反対は，低レベルに抑えられる傾向にある[20]。また法が拘束的に運用されることにより，政府と立場の異なる主体でさえも，法によって定められた範囲で活動する権利が保障されるため，制度の枠を越えた実力行使による体制変更を志向する運動は起きにくくなる。協議にもとづく「合意」により作られ，それに起因する「縛り」によって裏打ちされる政治制度は，その「合意」が正当性を持ちうる限りにおいては，挑戦を受けにくいために，政治体制が持続しやすいのである。

しかし，広範な「合意」が不在のまま制度が作られる場合や，世代交代や「合意」の基礎となった事情の変化などに伴い「合意」の正当性に疑問が投げかけられるようなときには，新しい「合意」にもとづく新しいルールが作られなければならないだろう。

---

[20] もちろん，多様な主体が参加する過程を経て法が成立したからといって，そしてそれが重大な挑戦を受けないからといって，その制約下にあるすべての主体がこれに満足しているということはできない。制度を集合行為問題の解決とみなすノースは，「制度均衡は，あらゆる人が現存するルールと契約に満足しているということを示しているのではなく，契約当事者間でそのゲームを改めることの相対的な費用と便益がそうすることを価値あるものにしないということを意味しているにすぎない」と論じている（ノース　1994年，113頁）。

他方，制度は権力闘争の帰結であり，分配をめぐる紛争の副産物であると論じるナイトもまた，「社会主体が制度的ルールを遵守するのは，これらに合意したからでも，それらがパレート最適だからでもなく，単純にそれ以上改善することができないからだ」と述べている（Knight 1992, 127）。

# 第2章 マレーシア政治史の概観

　本章では，マレーシアの政治史を概観しながら，実証部で検討する各立法を位置付けていく。今日のマレーシアの基本的な政治制度は，民族問題と共産主義勢力への対応を課題として憲法をはじめとする制度づくりが行われた独立期から1960年代，1969年の暴動への対応として民族問題に関する政治的自由が制限され，また，民族間の経済格差是正を一つの目標とする経済開発における政府の役割が拡大した1970年代，そして，経済開発と行政への権限集中が政治の焦点となるなかで，NGO，報道，司法の役割が議論された1980年代にかけて作られていった。本章において，植民地統治や共産党の武装蜂起に由来する立法が，独立後の統合の危機，開発の時代の分配をめぐる闘争といった政治共同体内部の動態と，冷戦や自由民主主義思想の拡大といった国際社会における変化を反映して，漸次改正され，今日に至る様子が描かれるだろう。これらの制度の下で，「民主化」を掲げる運動が登場する一方で，協議的政治過程が慣行化した1990年代，そして，政治制度の粘性と変更圧力の併存によって特徴付けられる2000年代半ばまでが，本章の射程となる。

## 1——独立前の状況

### 1-1　多民族的状況における民主主義の輸入

　マレーシアにおける政治的権利の発展を理解するためには，英国による植民

地統治の歴史から語り起こす必要がある。

　英国は，19世紀までにペナン，マラッカ，シンガポールからなる海峡植民地（Straits Settlements）と，半島部のペラ，スランゴール，パハン，ヌグリ・スンビランを包含するマレー連合州（Federated Malay States: FMS）を植民地とし，錫鉱山やゴム農園の出稼ぎ労働者として華人とインド人を同地に大量に移住させた。他方で同国は，土地法の制定や公務員への優先的登用機会の提供によって，マレー人に対して農業や行政機関への就職を奨励し，国内の穀物生産と現地官僚の供給源とした。その結果，1957年のマラヤ連邦独立前までに，人口の約五割を占めるマレー人は伝統的農業従事者か行政官，三割強を占める華人は錫鉱山労働者や小規模鉱山の経営者か商人，残る一割を占めるインド人はプランテーション労働者や商人といった大まかな棲み分けができあがり，それぞれの職能団体が形成されていた。

　このような構造に従い，民族別の利益表明の仕組みができあがった。たとえば，ペラ州やスランゴール州では，植民地化の直後から，イギリス人，華人，マレー人の各民族の代表からなる諮問機関（State Council）が制度化され，20世紀にはこのような機関が他の地域にも広がった（Sadka 1968, 176–195）。さらにその後，一つの政治共同体としての独立国家マラヤの成立が現実味を帯びると，民族毎の政党が成立した[1]。1946年，マレー人貴族層と公務員は，統一マレー人国民組織（UMNO）を設立した。同党の結成は，19世紀以降の移民に対する市民権付与，マレー人に対する公共セクターでの雇用機会の優先的な分配や土地保有に典型的な積極的差別の廃止，スルタンの宗主権の否定を特徴とする「マラヤ連合」案を英国が提示したことを契機としている。UMNOの反対を受け，同党と英国植民地当局の間で話し合いが持たれた結果，1948年，マラヤ連邦協定（Federation of Malaya Agreement）がマラヤ連合案にとって代わることとなった。同協定は，経済活動，雇用，教育，土地保有におけるマレー人の特別の地位とスルタンの宗主権を認め，市民権付与の条件として，15年間マラヤに滞在していること，恒久的定住（permanent resettlement）を宣誓すること，

---

[1] ここで，第二次大戦中に日本軍がマレー人を警察や公務員として取り込む一方で，華人や華人結社を弾圧したことと，戦後，華人を主たる構成員とするマラヤ共産党（CPM）を中心としたマラヤ抗日人民軍（Malayan Peoples' Anti-Japanese Army）が，日本軍に加担したマレー人への暴力行為を展開したことの帰結として，マラヤで民族アイデンティティが強化されたことが指摘されるべきであろう（Andaya and Andaya 2001, 256–264）。

そしてマレー語の能力を有することを定めた。

　この動きと平行して，他の民族も近代政治結社を結成した。1946年にはマラヤインド人会議 (Malayan Indian Congress: MIC) が，さらに1949年には，UMNO と長期的なパートナーシップを構築できる華人政党として，また当時華人の支持を得ていたマラヤ共産党 (CPM) の対抗勢力として，マラヤ華人協会 (Malayan Chinese Association: MCA) が植民地政府の肝煎りで結成された (Fernando 2002, 13-15)。UMNO と MCA は選挙協力を行い，1952年のクアラルンプール市議会選挙をはじめとする地方選挙で勝利した後，英国に対して連邦議会選挙の早期開催を迫った。この要求の結果として1954年8月に行われた連邦議会選挙で，UMNO，MCA，MIC で構成される連盟党 (Alliance Party) は，自治拡大と憲法委員会の設立，マレー人と非マレー人双方の利益と権利の保護を公約として掲げ，52議席中51議席を獲得した。

　連盟党による憲法委員会の設立要求は，1956年から1957年にかけて開かれたライド委員会 (Reid Commission) として実現する。英国，オーストラリア，カナダ，インド，パキスタンなどの英連邦の法学者，官僚，裁判官により構成されるライド委員会が，連盟党の提言を考慮して憲法草案を起草した後，英国政府，連盟党，スルタンで構成される作業委員会における修正を経て，独立憲法が成立した[2]。

　独立憲法は，本国に範をとり，二院制や権力分立を特徴とする国家機構を規定した。ただし，同憲法は，民族毎に権利を規定し，また，議会に対して基本権に介入する権限を与えるという二つの特徴を有していた。この特徴は次のような憲法制定過程に由来している。

　制定過程で最も論争的だったのは，民族的出自に由来する権利，具体的には，市民権，言語の学習・教授・使用，マレー人の特別の地位の三つの問題であった。ライド報告書をもとにした連盟党各党，英国政府，スルタンの間での交渉の中で，市民権については属地主義 (MCA, MIC) か属人主義 (UMNO) か，属地主義の場合，市民権取得に際して何年間の滞在期間が必要か (UMNO は10年，

---

[2] 詳細な過程は，Fernando (2002) に記述されている。同著は，近年公開された英国公文書を中心とした資料にもとづいて，ライド委員会に提出された連盟党の共同メモランダムと，ライド委員会，作業委員会における交渉の過程を，特にマラヤ側の団体に焦点をあてて明らかにしている。これまで独立性を持つとされていたライド委員会が，実際には連盟党の意見を反映して憲法草案を起草していたという事実は，同著の中でも重要な発見の一つである。

MCA, MIC は 5-8 年), 二重国籍は認めるか (ライド報告書は是認しているが, 作業委員会メンバーのほとんどが非容認) が争点となり, 結果として (1) 二重国籍を認めないこと, (2) 原則として属地主義に基づくが, 市民権取得に先んじて 10 年間の滞在が必要であることが合意された。

　言語については, マレー語を国語とし, タミル語, 華語の私的領域での使用を保障することについては合意があったものの, タミル語と華語の議会における使用を認めるか (MCA, MIC はこれを要求), 英語の公用語としての使用をどのくらいの期間認めるかが論点となり, 妥協の産物として, (1) 華語, タミル語の議会における使用は認めないが, 他方で (2) これらの言語の非公用目的での使用や教授は禁止されないこと, (3) 独立後 10 年間は英語が公用語として通用し, その継続如何は議会で決定することが合意された。

　マレー人の特別の地位についても繊細なやり取りがあった。まず, MCA が, 将来この地位が濫用され, 「ある業種の半分がマレー人に与えられねばならない」などという主張がなされる可能性に鑑みて, 他のコミュニティの正当な利益, 権利, 機会に対する保障が明記されるべきであると提案し, これが独立憲法に盛り込まれた (153 条) (*Ibid.*, 155)。

　ただし, もう一つの懸案事項であったマレー人の特別の地位の期限については, 曖昧さが残った。もともと, 連盟党指導者とスルタンは, この地位を暫定的なものと認識しており, これにもとづいたライド報告書は, 15 年後に特別の地位に関する規定が見直されるべきであると提案していた。しかし, この期限に対してマレー人野党や, UMNO 内部から批判が出たことから, 結局期限に関する規定は削除され, 作業委員会ではマレー人の地位が暫定的なものであり, 「時折」見直されるという理解が共有されてはいたものの, この共通認識が明文規定として盛り込まれることはなく, 憲法にはあたかも恒久的な権利として明記されることになった[3]。

---

3) フェルナンドは, マレー人過激派の圧力をうけて, 作業委員会がマレー人の特別の地位に関する規定に修正を加えたことについて, 「中期的にマレー人を援助するための暫定的な憲法による保障を容れながらも, 長期的には近代民主政の成長と発展を促す」ような「ライド委員会による民主的な憲法草案の性質を変え, 民族間 (inter-communal) の繊細なバランスを崩壊させた」と評価している (*Ibid.*, 187-188)。

## 1-2 非常事態と非常大権

　基本権が民族アイデンティティとの関連で規定されるという以上の特徴に加え，独立憲法は，言論，集会，結社の自由（10条）や移動の自由（9条）を定めた第二部「基本的自由」において，安全保障や公共の秩序維持のために市民的自由や政治的権利を制限する立法を行う権限を議会に付与しているという特徴も有していた。これは，ライド委員会が当時のマラヤでは基本的自由に対する理解が十分にあると信じていたことに加え，非常事態という当時の状況のために人権が憲法起草過程の中心的課題ではなかったことに由来している（Abudul Aziz 2003, 143）。

　1948年に始まる非常事態は，CPMによる武装闘争の鎮圧を目的としていた。地方選挙における勝利によって脱植民地化の担い手としての地位を確立し，英国政府の交渉相手となった連盟党とは対照的に，抗日戦線の担い手としてマラヤ解放に貢献したはずのCPMは，この過程から全く排除されていた[4]。当初CPMは，労働組合を組織し，ストライキや集会など合法的な手段での秩序改変を目指したが，マラヤ連邦案の成立と党内リーダーシップの交代を契機として，武装闘争路線を選択し，英国人プランテーション所有者に対する暴力行為を展開するようになった。

　植民地政府は1948年に非常事態を宣言し，CPMを非合法組織とするとともに，政府に対して令状なしの逮捕，拘留を行う権限を付与する1948年非常事態勅令（Emergency Ordinance, 1948）を制定した。マラヤ連邦が独立した1957年は，この非常事態の最中であり，憲法規定として，非常大権が定められ，国家転覆，組織的暴力，民族間の敵意の助長等を要件として，国王が容疑者を予防拘留する権限や，議会が必要な立法を行う権限等が定められることとなったのである。

　このように独立憲法における基本権規定が（1）民族毎に明記され，（2）非常大権のもとで行政や議会立法による制限を受けうるという二つの特徴を持って

---

[4] CPMは，市民権規定の緩和，二重国籍の維持などを主張し，マレー人左派のマレー国民党（Malay Nationalist Party），人民勢力機構（Pusat Tenaga Rakyat），華人左派の全マラヤ共同行動評議会（All Malayan Council of Joint Action）などとともにマラヤ連邦案に代わる「人民憲法」を提案したが，この運動は内部分裂のために影響力を持つことはなかった（Andaya and Andaya 2001, 268-269; 原 2002年）。

いたことは，独立後の政治制度の軌跡に大きな影響を与えることになる。

## *2*——独立後〜1969年の政治 —— 冷戦下の自由と民族の権利の争点化

　独立から1969年までの政治は，CPMに対応することを理由とした自由の制限と，民族間の権利や富の格差をめぐる論争によって特徴付けられる。

### 2-1　反共の大義のもとでの市民的自由の制限

　1948年に宣言された非常事態は1960年に終了した。ただし，CPMによる暴力は継続しており，独立後の政府はこれを制御するために，1948年非常事態勅令の内容の多くを受け継いだ1960年国内治安法（ISA）を議会立法として成立させるとともに，憲法150条を改正することにより，議会の承認を経ずに非常事態を延長する権限を得，CPMや労働党（Labour Party）の党員がその適用対象となった。

　また，憲法10条に定められた権利も，主にCPMの武力闘争を抑えることを理由として制限された。たとえば，19世紀末に華人秘密結社の取り締まりのために制定され，後にCPMの支持勢力を制御する目的で施行されてきた，7人以上の成員からなる国内の結社に登録義務を課す結社勅令（Societies Ordinance）が，議会立法（Societies Act, 1966）として成立した。また，1967年には，3人以上の規模の集会を制限する警察法（Police Act, 1967）が成立した。

### 2-2　民族の権利と経済格差の争点化

　この時期のもう一つの主要な特徴として，独立憲法に体現された民族的属性に由来する権利に関する連盟党エリート間の合意とその実施に異議が唱えられるようになったことが指摘できる。英国で教育を受け，英語を話し，繊細な妥協と取引で独立を達成し，その後の政権を担っていた連盟党エリートは，職業，言語，権利の異なる複数の民族を抱えた形での国民国家建設に伴う困難に直面

することになる[5]。

　1963年にマラヤ連邦とシンガポール，ボルネオ島のサバ，サラワク州が合併してマレーシアが成立し，リー・クアンユー率いるシンガポール人民行動党（People's Action Party: PAP）が半島部の政治に参加した。PAPが「マレーシア人のマレーシア」をスローガンに，マレー人の特別の地位を攻撃すると同時に，タミル語と華語の公用目的での使用を主張したことが，民族問題の争点化において決定的だった。

　民族問題の争点化は，言語，教育と，経済分野で特に顕著だった。言語，教育の領域では，英語教育を受けた各民族の上層と，それぞれの民族の母語を媒介語として教育を受けた中下層や母語教育の存続に経済的機会を持つ集団との対立が，政党による動員を経て，民族間対立となっていった。独立以後，言語問題は，各民族の言語が(1)公用語として使用されうるか，(2)それらを教授語とする学校が存続しうるか，という二つの次元で議論されていた。既述のとおり，独立憲法は，マレー語が公用語であることと，独立後10年間は英語も公用語として使用されることを規定していた。この期限を迎えた1967年に制定された国語法（National Language Act, 1967）は，マレー語を唯一の公用語と改めて定める一方で，議会や法廷における英語の使用，公文書の翻訳文としての英語，華語，タミル語の使用を保障した。しかし，このような折衷的な法案に対しては，華語学校関係者を中心とした非マレー人の母語使用グループから，「国語以外の民族の言語の使用に関する規定については，善後策として盛り込まれたにすぎず，住民の母語を使う権利を保障したものとはいえないという消極的な評価」が与えられ（杉村2000年，67頁），他方で，公用語としてのマレー語の使用の徹底を要求してきたマレー人野党の汎マラヤイスラム党（Parti Islam Se-Tanah Melayu: PAS）の側からも反対論が提起された。

　マレー語，英語，タミル語，華語の四つの言語をそれぞれ教授語とする学校の地位に関しては，さらなる議論の余地があった。1961年教育法（Education Act, 1961）は，政府の補助金を受ける中等教育レベルの政府立学校における教授語が，英語かマレー語のいずれかでなければならないと定めた。同法によって，華語やタミル語を教授語とする中学校は，私立学校として補助金なしでやっていくか，英語を教授語とするかの選択を迫られることとなり，華語学校

---

5) この時期のエリートのイデオロギーについては，Scott (1968) を参照。

関係者や，シンガポール分離後にPAPの支部によって結成された民主行動党 (Democratic Action Party: DAP) が同法に反発した[6]。

また，経済問題も民族問題と化した。独立後のマラヤ経済においては，錫，ゴム等一次産品が主たる輸出品であったが，外資と華人資本による，ゴム加工や，電子機器，自動車の組み立てなどの輸入代替工業化も一部では進んでいた。独立政府は，英国資本と地場資本の圧力から，自由市場，低税率，均衡財政という植民地期の経済運営を踏襲せざるを得ず，特に鉱業，商工業に対しては介入を控えるという慣行が持続した (Snodgrass 1980, 52; Jesudason 1989, 47-56)[7]。しかし，1960年代になると，UMNO党員やマレー人官僚は資本所有の不均衡を指摘し[8]，農業セクターに集中していた政府支出（表2-1）の改善や，マレー人による商工業セクター参入のための政府介入を要求するようになった[9]。

これに加えて，労働吸収率の低い輸入代替工業化に由来する失業の増加[10]，所得格差の拡大，地方農村部における低所得者層の困窮など，本来的には階層間の問題が，民族間格差として理解されるようになったことも重要である。これは，独立後に所得減少を経験した低所得者層の大部分がマレー人農民からなっており，マレー人が自らの後進性を民間セクターにおける華人の優位と結び付けたこと，他方で，同じく失業に直面した非マレー人の教育程度の低い若年層がマレー人の特別の地位とこれに裏打ちされたマレー人の政治力を自らの苦境の原因と見るようになったことに起因している[11]。

このように，独立以降，非マレー語による母語教育やその使用に利益を持つ非マレー人，所得構造の不均衡を問題視するマレー人政治家や官僚，自らの階

---

6) 言語，教育問題をめぐる政治過程については，杉村（2000年）および金子（2001年a）を参照。
7) ボウイによれば，これ以前に，政府は精米所の国有化計画など，近代セクターへの介入を試みたものの，この試みは，外資の圧力，さらには，憲法153条を根拠とした華人の反発により挫折した（原文では，「152条を根拠とした」とあるが，文脈から推測するに153条の誤りである）(Bowie 1991, 74-75)。
8) 公式統計によれば，1969年当時の株式保有割合は次のとおり。マレー人（個人，企業）：1.5%，華人：22.8%，インド人：0.9%，連邦／州政府：2.6%，その他：10.1%，外国資本：62.1% (Malaysia 1971, 40)。
9) このような不満は，第一回ブミプトラ会議（1965年）において表明された。政府は，これをうけて，商工業セクターにおけるブミプトラへの貸付を行うブミプトラ銀行や，ブミプトラ殖産振興公社 (Majlis Amanah Raayat: MARA) を設立した。木村（1988年），鳥居（2002年）を参照。
10) 1965年に6.5%だった失業率は，1970年には8.0%に増加した (Malaysia 1971, 102)。
11) Funson (1980), Snodgrass (1980), Jomo (1986), Jesudason (1989) を参照。

表 2-1　開発支出のセクター別内訳 (1956 年〜 65 年)

|  | 第一次五ヶ年計画 (1956-60 年) | | 第二次五ヶ年計画 (1961-65 年) | |
|---|---|---|---|---|
|  | 支出 (100 万 RM) | % | 概算支出 (100 万 RM) | % |
| 農業 | 227.5 | 23.6 | 467.9 | 20.0 |
| 運輸 | 206.5 | 21.4 | 524.9 | 22.4 |
| 公共事業設備 | 23.6 | 2.4 | 63.6 | 2.7 |
| 通信 | 51.6 | 5.4 | 112.8 | 4.8 |
| 水道・ガス等公共施設 | 238.6 | 24.8 | 535.4 | 22.8 |
| 工業 | 12.1 | 1.3 | 59.1 | 2.5 |
| 社会サービス | 138.8 | 14.4 | 413.6 | 17.6 |
| 一般管理費 | 65.0 | 6.7 | 167.1 | 7.1 |
| 合計 | 964.0 | 100.0 | 2,344.4 | 100.0 |

出典：Malaysia (1965, 28-29).

級上昇の障害を民族的出自に見出した各民族の下層の不満が蓄積していった。その結果，1969 年 5 月に行われた連邦下院選挙において，連盟党間での民族の権利に関する独立以来の合意とその実施を非難した野党が大幅に獲得議席を伸長させることになった。英語教育を受ける機会を持つ華人上層の利益を代表していた MCA に対して華人下層の不満を代表した DAP と，UMNO が農村部マレー人の利益を保護していないことを問題とした PAS が，連邦議会，州議会で獲得議席を大幅に拡大したことは，このような不満の証左であった。

この選挙の直後，投票結果を受けて行われた野党による祝勝パレードと，UMNO が組織化した対抗パレードとが衝突したことをきっかけとして，民族暴動が起こり，非常事態が宣言され，議会が停止した。

## 3 ── 1970 年代の政治 ── 民族の権利に関する政治的権利の制限と新経済政策 (NEP)

### 3-1　1971 年憲法改正

非常事態下で，連盟党政権を中心とした暴動の原因究明が行われ，収入，雇用，資本におけるマレー人と非マレー人の格差と，それに由来するマレー人の恐怖心が暴動の原因であったとする公式見解が発表された。この公式見解にもとづき，次の二つの大きな制度変更が行われた。

まず，植民地政府に対する非難を封じることを主たる目的として制定された

1948年扇動法（Seditions Act, 1948）が改正され，マレー人の特別の地位や非マレー人の市民権について定めた憲法規定に異議を唱えることが禁止され，さらに，同法に合憲性を与えるために憲法10条4項が挿入された。1960年代の立法が，主に共産主義勢力を中心とする組織的暴力への対抗という大義にもとづき，行政や議会が個人の自由を制限する権限を定めたものだったのに対して，1971年立法は，各民族の権利に異議を唱えることを禁止するものであり，マレーシアにおける自由の制限に関する規範構造の一つの転換点となった。

次に，民族間の格差是正と，民族の別を問わない貧困の撲滅を二大目標とした新経済政策（NEP）が策定され，政府がマレー人の経済的地位向上のために近代セクターに積極的に介入することが明示された。マレー人の特別の地位に関する1971年の憲法改正は，NEPに合法的基礎を付するものでもあった。

以上の変化に合わせて，政党システムの改編も起こった。1972年には，憲法改正を支持した元野党のPAS，マレーシア民政運動党（Gerakan Rakyat Malaysia: グラカン），人民進歩党（People's Progressive Party: PPP）も含めた拡大版与党連合である国民戦線（Barisan Nasional: BN）が「政府の多民族的基盤を拡大する」と同時に（Malaysia 1976, 2)[12]，「政治工作（politicking）を抑える」ために成立した（Malaysia 1981, 145）。BN形成へ向けた動きと並行して，1971年には，大学生が政党や労働組合のメンバーとなることを禁ずる大学・大学カレッジ法が成立した。また，1972年には，冷戦に対応するという名目で，外国人による諜報活動を規制する国家機密法と，内務大臣に対して国内結社の外国人成員を禁止する権限を与える結社法（修正）法案が成立している。

### 3-2　NEPの実施 ── 公共セクターの肥大化と分配の偏向

NEPの具体的な実施を定めた5ヵ年計画である第二次マレーシアプラン（1971年）には，NEPが「いかなるコミュニティも剥奪感を味わうことのない

---

[12] 原文は，"provide a wider multiracial basis of Government"。
　　マレーシアでは，国民内部のマレー人，その他のブミプトラ，華人，インド人など，宗教，言語，文化によって差異化される下位コミュニティを指す語として，「人種（race, kaum）」という語が使用されるが，本書では「人種」の一般的概念とマレーシアの文脈におけるそれとの違いに由来する混乱を回避するために，下位コミュニティを指す語として「民族」という語を使用し，文書や発言等で「人種」という言葉が使われる場合にも，これが国内の下位コミュニティを指すことが明らかである場合には，「民族」と訳した。

表 2-2　州別貧困率（1976年）

| 州 | 貧困率（%） |
|---|---|
| プルリス | 59.8 |
| クダ | 61.0 |
| クランタン | **67.1** |
| トレンガヌ | **60.3** |
| ペラ | 43.0 |
| ペナン | 32.4 |
| パハン | 38.9 |
| スランゴール | 22.9 |
| クアラルンプール | 9.0 |
| ヌグリ・スンビラン | 33.0 |
| マラッカ | 32.4 |
| ジョホール | 29.0 |

出典：Malaysia (1986, 88).

よう」実施されることが明記された（Malaysia 1971, 1）。

しかし実際には，NEP は権力関係を反映しながら実施された。たとえば，1973年の選挙法改正による農村部マレー人票への加重や経済閣僚ポストの占有によって[13]，1970年代半ばまでに BN 内部の力関係は UMNO に傾き，NEP 成立時に非マレー人企業家が恐れていた国営・公営企業の拡大が起こった。また，1976年に策定された第三次マレーシアプランには，マレー人が1990年までに資本の30%を所有するという目標が明示され（Malaysia 1976, 49），産業調整法（Industrial Coordination Act, 1975: ICA）にもとづく製造業規制に典型的な国家介入型の産業政策が実施されるなど，華人が支配的であった民間セクターへの介入が顕著になっていった。このような実施に対して，華人企業家の不満が蓄積していった。

また同じ頃，PAS の支持基盤であったクランタン州やトレンガヌ州など，農村部マレー人が有権者の9割以上を占める地域の住民が NEP の恩恵を受けていないことも明らかになった（表2-2）。1977年に，党内対立を直接的な理由として PAS が BN から離脱した後，同党は NEP の受益層から排除された下層マレー人の利益の代弁者として BN に挑戦するようになる。

---

13) MCA が1969年選挙の結果として議席を減らし，それを受けて政府からの撤退をいったん表明したことから，連盟党政権内部での MCA の影響力は低下していた。その結果，かつて MCA が有していた商工相ポストが UMNO に占有されることになった。

## 4 ── 1980年代の政治 ── 経済開発と政治的権利の漸進的制限

### 4-1　NGOの台頭と政党政治

　公共セクターの肥大と不均衡な分配という二つの問題は，BNの枠組みでの利益調整に対する幻滅と，これを越えた非党派的な運動を惹き起こした。たとえば，華人商工会議所連合（Associated Chinese Chambers of Commerce and Industry of Malaysia: ACCCIM）が，NEPの実施方法について異議を唱えるようになった。また，民族的差異の超越を試み，民主主義的価値を標榜して公共セクターの非効率や経済的不平等の蔓延を非難した国家覚醒運動（Aliran Kesedaran Negara: アリラン）や，マレー人アイデンティティよりもムスリム共同体への同一性を表明し，農村部の経済発展の遅れを糾弾したイスラム青年運動（Angkatan Belia Islam Malaysia: ABIM）などの新たなNGOが結成され，影響力を持つようになった。この背景には，経済発展や教育レベルの上昇にともなう中間層の登場に加え，世界規模での自由民主主義思想の普及やイスラム革命に起因するアイデアの流入があった。

　様々な社会団体が，従来与党連合内部で解決されてきた諸問題について発言し，1971年憲法改正からBNの成立にかけて確立したはずの民族間の利益調整の仕組みに異議を唱えるようになったことは，マレーシアの政治社会における正当な政治主体をめぐる論争を惹き起こした。結社による政治活動を制御するために，政府は，政治活動を行う主体資格を限定し，結社のルールや外国組織との関係についての内務省の監督権限を強化することを主目的とした1981年結社法（修正）法案を国会に上程し，与党がこれを支持することで法案が成立した。

　これに対して，NGOや経済団体は，マレーシア史上初めての民族的垣根を越えた大規模な運動と評価される反対運動を展開し，結社法の自由化を求めて政府の妥協を引き出すことに成功し，自らが活動する空間を保障することに成功した。この結社法改正は，様々な結社が一連の規制の下に置かれながらも，政策決定や政府に対する監視や反対において重要な役割を果たすような政府と社会の関係の基礎となった。

## 4-2　マハティール政権の成立と開発行政の展開

　1981年7月にマハティール政権が成立したとき，マレーシア経済は次のような問題を抱えていた。第一に，第二次石油ショック後の先進国における需要低迷から一次産品価格が下落し，輸出のほとんどを一次産品に依存していたマレーシア経済は打撃を受けた。第二に，国営，公営企業の肥大化の結果，財政バランスが悪化していた。第三に，NEP下の資本規制のために，国内外からの投資が停滞していた。

　マハティール政権は，打開策として，輸出志向型工業化へむけた産業構造の転換，民営化，外資規制の緩和，輸出企業を中心とした小規模企業の一部をNEP規制の対象から除外するICAの緩和，官民協力の緊密化を進めた。他方で，マハティール首相が商工相時代から手がけてきたマレーシア重工業公社（Heavy Industries Corporation of Malaysia: HICOM）の下で，国産車プロトンをはじめとするいくつかのプロジェクトが実施され始め，一次産品加工と軽工業に依存した産業構造からの脱却と経済の多様化が図られた。このような変化の中で，政府は，民営化の推進，高速道路建設や重工業プラント建設といった大規模プロジェクトの立案と民間企業への発注という役割を新たに得た。

　マハティール政権が産業構造の転換と内需拡大とを目標として行った大規模プロジェクトは，その投資規模の大きさから，政府にとっては是が非でも成功させねばならないものとなる一方で，実質的なプロジェクトの実施者となる民間企業にとっては，ビジネスチャンスとなった。経済開発のために政府と民間の密接な関係が必要であるという「マレーシア株式会社（Malaysia Incorporated）」構想にも支えられ，マハティール政権期は，政府と企業家の密接な関係によって特徴付けられるものとなった。

　ただし，広く指摘されてきたように，政府—ビジネス関係はクローニイズムとしての側面も持ち（Gomez 1990; 1991），野党やNGOは，政府関連企業や閣僚の汚職，政府プロジェクト入札の不透明性を指摘するようになっていった。これらの問題が，国内外の新聞により報道されたことをうけ，これが国家経済に与える影響を危惧した政府は，1986年に，閣議文書，国防関連文書に加え，政府の経済運営に関わる文書等，幅広い情報を機密情報とする国家機密法（修正）法案を公表した。同法案は，NGO，記者，野党からの圧力を受けて二度の修正を経たのち，1986年12月に政府，与党，一部企業家の積極的な支持に

よって成立した。冷戦期に成立した機密法が，経済開発上の必要を根拠として修正されたことは，マレーシアの政治体制における規範構造のもう一つの転換点として強調されるべきであろう。

## 4-3 NEP 後の経済政策をめぐる議論と ISA 下の大量拘留

マハティール政権による野心的な一連の経済政策は，非マレー人企業家からは不十分な民営化，自由化ととらえられた。他方で，農村部マレー人を代表する政治家やマレー人中小企業家は，民営化や外資主導の巨大プロジェクトがマレー人に本来与えられるべき恩恵を与えていないと主張した。このような不満は，1990 年に期限を迎えることになっていた NEP 後の経済政策をめぐる論争へと発展した。このような経済政策をめぐる立場の違いは，セクター間の利益や機会の分布に由来する側面もあったが，NEP 継続の是非に関する議論の中で，やがてマレー人とその他のブミプトラの特別の地位の是非をめぐる議論へと収斂していった。

1987 年 10 月，このような状況の中で，教育相が華語小学校に華語を話さない華人校長を配置した。この決定に反対して，華人与野党が共同して集会を行ったのに対して，UMNO が対抗的集会を組織したことから，再び民族暴動が起こるのではないかという噂がたち始めた。政府は，民族間の緊張を緩和するという理由で ISA を発動し，与野党メンバー，華人教育団体，NGO 活動家，報道関係者，宗教団体指導者など 106 人を逮捕し，民族間の対立を煽ったとされる四つの新聞を発禁処分とした。

## 4-4 出版の自由の制限

先の大量逮捕の 3 ヵ月後，野党リーダー不在の国会では，出版の自由を制限することを目的とした 1987 年印刷機・出版物法（修正）法案が可決した。そもそも，1984 年に成立した印刷機・出版物法は，国内外の出版物を規制するために 1948 年，1958 年にそれぞれ制定された二つの法律をまとめたもので，国内で販売，配布，流通するあらゆる出版物に対して一年期限の許可証を取得することを義務付ける法律である。

1987 年改正は，内務相に対して，「世論に不安を喚起しかねない」出版物や，

外国の出版物,「故意に」虚偽報道を行った出版者を制御する強い権限を与え,また,一年間有効の許可証の更新制度を撤廃し,毎年申請することを出版者と印刷業者に対して義務付けた。同改正は,民族対立を惹起したり,経済開発計画を挫きかねない報道を行う出版物を制御する権限を欲した政府の意図と,1990年以後の経済政策に関する論争の中で自身の権利や利益が攻撃される事態を避け,また,経済運営が安定的状況で行われることを好んだ与党の意図を反映して成立した。他方,新聞業界やNGOの反対運動は十分に組織されず,新聞や雑誌の自制的出版活動へとつながった。

## 4-5　自由主義制度に対する根本的修正の試み ―― 「司法権」の削除

　1988年3月には,マハティール首相の主導の下,憲法121条(連邦の司法権)が改正された。そもそも,「連邦の司法権は,高等裁判所と,連邦法により規定される下級裁判所に賦与される」とした同規定は,1957年の独立に際し,政府の第三の機関としての司法の地位と司法権独立の原則が承認された帰結として定められたものである。1988年改正は,従来高等裁判所にあるとされていた「司法権」という語を削除し,高等裁判所と下級裁判所が連邦法によって与えられる権限を有するとした。

　この改正は,司法制度の国内化と司法権の独立の侵食という二つの流れからとらえられる。そもそもマレーシアの司法制度は英国の強い影響下に形成された。マレーシアの前身であった海峡植民地やFMSは,19世紀から20世紀にかけてイギリス法を継受すると同時に,本国枢密院(Privy Council)への上訴を整備し,1948年にはこれがマラヤ連邦全土に適用された。また,独立直前の1956年には,民事法勅令(Civil Law Ordinance, 1956)によって,英国判例法をマラヤの裁判所にも適用することが定められ,1963年のマレーシア結成に際しても変更されずに受け継がれた。しかし1975年以降,議会立法によって治安,刑事,憲法関連の裁判の上訴が制限されるようになり,1983年には,憲法改正によって英国枢密院への上訴制度そのものが廃止され,これに代わる国家の最高法廷,最高上訴機関としてマレーシア最高裁判所(Supreme Court of Malaysia)が設立された[14]。

---

　14) その後,1994年憲法改正によって名称が連邦裁判所(Federal Court)となり,また,控訴院(Court of Appeal)が設置された。マレーシアの裁判制度の変遷については,Abdul Hamid (1994) などを

1988年憲法改正時の強調点の一つは，マレーシア国内での裁判においては，英国判例法よりもマレーシア議会によって成立した法が優先して適用されるべきであるということであった。この意味において，1988年憲法改正は，上に述べた1970年代半ば以降の司法制度の国内化と同じ指向性を持っているといえる。

　また，1988年憲法改正は司法権の独立にも関わっている。1988年修正法案の上程に際して，政府は，司法があまりにも独立性を持ちすぎ，行政の決定に干渉したり，議会立法を無視した判決を行っていると主張した。司法に関する行政のこのような理解は，1980年代の各立法において，行政の決定が裁判所において問題とされることはないとする規定が挿入されたことにも現れている。1988年憲法改正は，行政に対する司法の介入を限定する一連の改正の延長線上にあるといえよう。

　もっとも，ライド委員会においても独立憲法においても司法審査権は明言されていないこと（Abdul Aziz 2003, 99-100），また，1988年以前にも個人の権利に関して行政行為や議会立法の合憲性が裁判所で問題とされても違憲判決が出ることがほとんどなかったことに鑑みれば，1988年改正そのものが人々の権利に与えた実質的な影響はそれほど大きくないかもしれない。とはいえ，世界各地での憲法裁判所設立に見られる自由主義の拡大という世界的な潮流に反し，マレーシアが行政権限を強化し，出版や結社における個人の権利を制限したうえで，権利の侵害に対する救済制度としての司法の独立という自由主義の根幹の一つに修正を加えたことの意義は見過ごせない。さらに，この憲法改正の直後，首相が，裁判官等の「不正行為（misbehavior）」を理由として最高裁判所長官，高等裁判所裁判官を罷免し，司法の地位の実質的な侵食をもたらした。

## 5 ── 1990年代の政治 ──「民主化」運動と協議的決め方の制度化

　前節までに見たように，自由を制限する政治制度は，非常事態を根拠として主に市民的自由が制限された独立前後から1960年代，民族対立を契機として

参照。

民族的属性に由来する権利に関する言論の自由が制限された1970年代，経済開発に伴う諸問題に対応するために言論，結社，出版の自由に対する政府介入が正当化され，さらに，行政の司法に対する優位が随時拡大した1980年代と，約30年近くかけて積み重ねられていった。

かくして成立した制度は，基本的な形を変えずに，現在でもマレーシア政治を規律している。しかし，特に1990年代以降，自由を制限する制度に対して継続的な変更圧力がかかっていることも見逃すべきではないだろう。

## 5-1 「開発独裁」？── マハティール首相の政治抗争と「民主化」運動

1990年代のマレーシアは，国際金融の自由化と1980年代半ばの外資規制緩和に起因する外資の流入と，それに支えられた輸出志向型製造業の発展によって，年平均8%超の経済成長を経験した。この時期の政治は，しばしばマハティール下の「開発独裁」とこれに対抗する「民主化」運動というレンズでもって解釈されてきた。

このような解釈の根元には，前節で論じた1980年代末の大量逮捕，出版の制限，司法権に関する憲法改正の歴史だけでなく，マハティール首相が数々の権力闘争の中で，スルタンやUMNO内のライバルなどの政敵を無力化してきたという，強硬な政治家としての彼のイメージがあるように思われる。たとえば，首相と次期国王であったペラ州スルタンの対立は，国王による法案承認権限を縮小する1983年から1984年にかけての憲法改正につながった。スルタンとの対立は，1990年代にも継続し，1994年には憲法に定められたスルタンの不逮捕特権が削除された。また，前節で論じた裁判官との対立も1990年代に持ち越され，1994年には，裁判官の独立を保障した憲法125条が修正され，国王に対して，連邦裁判所長官もしくは首相と相談し，裁判官の倫理規定を定める権限が与えられた。

さらに，前述のNEPからの政策転換とUMNO内部の権力抗争の帰結として，1987年にラザレイ・ハムザ（Razaleigh Hamzah）元商工相らが同党から離脱したうえに，同年，党大会における役員選挙の正当性をめぐる裁判を起こした。結局この裁判では，党大会選挙が無効であることと，UMNOが違法政党であることが決定し，その後マハティール首相が新たに新UMNOを結成したことで事態は一応の収拾をみたが，この事件も同首相の権力闘争の一つとして

理解された。1987年10月の大量逮捕は，UMNO内部での権力闘争において優位を得ようとしたマハティール首相の作為であったという解釈すら存在するほどである (Hwang 2003, 153-154)。

「独裁者」としてのマハティールの印象を最も強烈に植え付けたのが，アンワル・イブラヒム (Anwar Ibrahim) 元副首相との政争である。1997年7月のバーツ暴落を契機として各国に伝染した通貨危機は，マレーシア経済にも大きな影響を与えた[15]。この様な状況で，国内企業の救済を目的とした公的資金注入や株式市場のルール変更をめぐる対立から，マハティール首相はアンワルを罷免した。これに反発したアンワルは，インドネシアにおけるスハルト大統領辞任に追随すべく「レフォルマシ (改革)」運動を展開し，マハティール政権の汚職，ネポティズム，クローニイズムの一掃を主張して，集会やデモを繰り返した。これに対して政府は，ISA，結社法，機密法の運用によって運動の拡大抑制に努めた。

「開発独裁」とそれに抗する「民主化派」の登場は，1990年10月に行われた総選挙によってもまた印象付けられたといえよう。これまで，宗教や民族の違いから選挙協力ができなかった野党が，政権や政治制度に対する不満を接着剤として，民主化，自由化の旗印の下に結集したのである。1990年選挙の際は，ラザレイ元商工業相らが結成した46年精神党 (Semangat '46: S46) が結節点となり，同党とその他のイスラム野党から成るムスリム共同体統一運動 (Angkatan Perpaduan Ummah) と，S46とDAPなど非ムスリム野党から構成される「人民の構想 (Gagasan Rakyat)」がそれぞれ結成され，二つの野党連合が，民族的争点の回避や選挙区の配分を通じた選挙協力を行った。その際，後者の共同宣言として，(1) 国内の自由を制限する法の廃止，(2) 政治献金の禁止，(3) 最低賃金の保障を含む労働者の権利の尊重などが表明され，政治制度の民主化と自由化，透明化が選挙の争点となった。

さらに，通貨危機後の1999年総選挙では，アンワル支持者によって組織された国民公正党 (Parti Keadilan Nasional: Keadilan)，PAS，DAPが，代替戦線 (Barisan Alternatif: BA) を結成し，選挙協力を行った。その際，選挙の争点として反汚職，自由化，民主化が掲げられ，BAは，UMNOを中心にBNの票を侵

---

[15] 1997年2月に1,300リンギだったKLSE (Kuala Lumpur Stock Exchange) 指数は，1998年9月には262リンギに下落し，一人当たりGDPは1996年の4,957米ドルから3,374米ドルにまで減少した。

食することに成功した（表2-3）。自由化，民主化スローガンの下の野党による議席拡大を受け，マレーシア政府は，連邦憲法に世界人権宣言を組み込むための人権委員会（Human Rights Commission）を設立することで対応した。自由や人権の争点化と，それを標榜する野党連合の登場は，マハティール率いる権威主義的政府と，これに対抗する「民主化勢力」という枠組みでのマレーシア政治の理解を一般的なものにしていった。

## 5-2　経済政策をめぐる協議的政治過程の制度化

ただし，マハティール首相率いる「開発独裁」的な BN 政府と，民主化を求める野党連合とが競争するという民主化の典型的状況によってのみこの時期のマレーシア政治を理解するのは，一面的な見方というべきであろう。

1990 年 1 月，NEP 後の経済政策を議論し政府に提言するための協議機関として，政府諸機関，与野党，NGO，経済団体，労働組合の代表，各民族代表からなる国家経済諮問評議会（National Economic Consultative Council: NECC）が設立された。NECC が，政府に対して批判的な立場をとっていた NGO，労働組合，野党をも含む枠組みであったということは，最終報告書作成過程でこれらのうちの一部が脱退したという事実によって軽視されがちではある[16]。

しかし，NECC はその後制度化され，1999 年には NECCII が開催された。多様な主体に対して，政府に対する態度の別にかかわらず，集合的な決定に意見を反映させる機会を分配し，また，既存の制度下では公の場で表明することが難しい問題について自由に発言することを可能にするこのような枠組みは，現在でもマレーシア政治の一つの特徴をなしている。

NECC における協議の成果を反映して，1991 年 6 月，NEP に代わる国民開発政策（National Development Policy: NDP）を具体化する 10 年間の計画として第二次長期展望計画（Outline Perspective PlanII: OPPII）が成立した。OPPII は，輸出志向型製造業によって牽引される年平均 7％の経済成長を目標とし，このために，条件の許す限りでの自由化と規制緩和を進めると同時に，民営化を進めることを明記した。また，分配目標として，民族間の格差是正と貧困の緩和という NEP の目標が引き続き追求されるものの，その際，自助の涵養が原則と

---

[16] 第7章を参照。

表 2-3 1999年連邦下院議員選挙の結果（括弧内は1995年選挙の結果）

| | BN | | | | | | | | | | | | 野党 | | | |
|---|---|---|---|---|---|---|---|---|---|---|---|---|---|---|---|---|
| | UMNO | MCA | MIC | Gerakan | PBB | SNAP | SUPP | PBDS | UPKO | SAPP | LDP | その他 | 小計 | DAP | PAS | Keadilan | PBS | 小計 |
| プルリス | 3 (3) | - | - | - | - | - | - | - | - | - | - | - | 3 (3) | - | 0 (0) | 0 | - | 0 (0) |
| クダ | 5 (13) | 2 (2) | - | - | - | - | - | - | - | - | - | - | 7 (15) | 0 (-) | 8 (0) | 0 | - | 8 (0) |
| クランタン | 1 (2) | - | - | - | - | - | - | - | - | - | - | - | 1 (2) | - | 10 (6) | 3 | - | 13 (12) |
| トレンガヌ | 0 (7) | - | - | - | - | - | - | - | - | - | - | - | 0 (7) | - | 7 (1) | 1 | - | 8 (1) |
| ペナン | 3 (4) | 1 (2) | - | 2 (2) | - | - | - | - | - | - | - | - | 6 (8) | 4 (3) | 0 (0) | 1 | - | 5 (3) |
| ペラ | 9 (11) | 6 (7) | 2 (2) | 3 (3) | - | - | - | - | - | - | - | - | 20 (23) | 1 (0) | 2 (0) | 0 | - | 3 (0) |
| パハン | 8 (8) | 3 (3) | - | - | - | - | - | - | - | - | - | - | 11 (11) | 0 (0) | 0 (0) | 0 | - | 0 (0) |
| スランゴール | 8 (8) | 6 (6) | 3 (3) | - | - | - | - | - | - | - | - | - | 17 (17) | 0 (0) | 0 (0) | 0 | - | 0 (0) |
| ヌグリ・スンビラン | 4 (4) | 2 (2) | 1 (1) | - | - | - | - | - | - | - | - | - | 7 (7) | 1 (1) | 0 (0) | 0 | - | 1 (1) |
| マラッカ | 3 (3) | 1 (1) | - | - | - | - | - | - | - | - | - | - | 4 (4) | 0 (0) | 0 (0) | 0 | - | 0 (0) |
| ジョホール | 13 (13) | 6 (6) | 1 (1) | - | - | - | - | - | - | - | - | - | 20 (20) | 4 (4) | 0 (0) | 0 | - | 4 (4) |
| KL | 3 (3) | 1 (1) | - | 2 (2) | - | - | - | - | - | - | - | - | 6 (6) | - | 0 (-) | 0 | 0 (-) | 0 (0) |
| ラブアン | 1 (1) | - | - | - | - | - | - | - | - | - | - | - | 1 (1) | - | 0 (0) | 0 | - | 0 (0) |
| サバ | 11 (9) | - | - | - | - | - | - | - | 3 | 2 (3) | 1 (1) | 1 | 18 (14) | 0 (0) | 0 (0) | 0 | 3 (8) | 3 (8) |
| サラワク | - | - | - | - | 10 (10) | 4 (3) | 7 (7) | 6 (5) | - | - | - | - (1) | 27 (26) | 0 (1) | 0 (-) | 0 | - | 0 (1) |
| 合計 | 72 (89) | 28 (30) | 7 (7) | 7 (7) | 10 (10) | 4 (3) | 7 (7) | 6 (5) | 3 | 2 (3) | 1 (1) | 1 | 148 (162) | 10 (9) | 27 (7) | 5 | 3 (8) | 45 (30) |

* 1995年選挙における野党獲得議席は、S46の6議席を含む

* 本書略語一覧にない政党名は、次の通り。UPKO: 統一パソクモモグン・カダサンドゥスン・ムルト人組織（United Pasokmomogun Kadazandusun Murut Organisation），SAPP: サバ進歩党（Sabah Progressive Party），LDP: 自由民主党（Liberal Democratic Party Sabah）。

出典：*New Straits Times*, December 1, 1999, April 27, 1995.

され，NEP 時に重視された年限を定めた数値目標の達成は目指されなかった。

前述した通り，NEP 期に，1990 年までにマレー人とその他のブミプトラが国内の資本の 30％を所有するという目標が設定された。これを実施する具体的な方法として，1970 年代半ば以降，上場企業は株式の 30％をブミプトラに割り当てねばならないとする政府決定に続いて政府系投資会社が設立され，ブミプトラ個人に代わり投資活動を行ってきた。1980 年代には外国投資委員会（Foreign Investment Committee）や証券取引所（Bursa Malaysia）による割り当て目標の監視のほか，民営化プロジェクトを通じた NEP 目標の達成も追求された。このような数値目標に重きを置かなかったという点において，OPPII は，NEP を相対化したと評価することができる。

## 6 ── アブドゥッラー政権成立後 ── 制度変更なき「自由化」とその帰結

2003 年 10 月，マハティールは 22 年間務めた首相ポストを辞任し，アブドゥッラー副首相がこの後を継いだ。これまでのマレーシア政治を「マハティールによる開発独裁」というレンズでもって理解してきた人々は，首相の交代が新しい政治制度の創出につながると考えた。実際，首相就任後のアブドゥッラーは，汚職撲滅キャンペーンの実施，報道の自由の奨励，裁判官に対する不介入の明言など，自由化，透明化を志向したパフォーマンスを行った。さらに，「民間セクター，政党，NGO，宗教グループ，メディア，女性，青年や学生」の政治参加を促すべく「ナショナル・インテグリティ・プラン（National Integrity Plan）」を公表し（Malaysia 2004），この枠組みによる「マレーシア国家警察の実行と運営の改善の諮問委員会（Suruhanjaya Diraja Penambahbaikan Perjalanan dan Pengurusan Polis Diraja）」を設置することにより，民主化志向も印象付けた。こうして同首相は，自由，参加，公正など，レフォルマシ運動が主張した諸価値に沿った改革を行うことにより，人々に変化の到来を印象付けることに成功し，就任の翌年の 2004 年総選挙における BN の圧勝を導いた（表 2-4）。

とはいえ，アブドゥッラー政権が民主化や自由化をもたらしたと判断するのは早計である。たしかに，アブドゥッラー政権の成立以後，首相自身の報道の自由重視の姿勢をうけて，言論はそれ以前に比べてはるかに多元化し，明らかに自由化の雰囲気が生じた。しかし，アブドゥッラー政権期の自由化は，法改

表 2-4 2004年連邦下院議員選挙の結果（括弧内は1999年選挙の結果）

| | 政党 BN | | | | | | | | | | | | | 野党 | | | | 無所属 |
|---|---|---|---|---|---|---|---|---|---|---|---|---|---|---|---|---|---|---|
| | UMNO | MCA | MIC | Gerakan | PPP | PBB | SPDP | SUPP | PBDS | PBS | UPKO | SAPP | PBRS | 小計 | DAP | PAS | Keadilan | 小計 | |
| プルリス | 3(3) | – | – | – | – | – | – | – | – | – | – | – | – | 3(3) | – | 0(0) | –(0) | 0(0) | – |
| クダ | 12(5) | 2(2) | – | – | – | – | – | – | – | – | – | – | – | 14(7) | 0(–) | 1(8) | 0(0) | 1(8) | – |
| クランタン | 8(1) | – | – | – | – | – | – | – | – | – | – | – | – | 8(1) | – | 6(10) | 0(3) | 6(13) | – |
| トレンガヌ | 8(0) | – | – | – | – | – | – | – | – | – | – | – | – | 8(0) | – | 0(7) | 0(1) | 0(8) | – |
| ペナン | 4(3) | 1(1) | – | 3(2) | – | – | – | – | – | – | – | – | – | 8(6) | 4(4) | 0(0) | 1(1) | 5(5) | – |
| ペラ | 11(9) | 4(6) | 2(2) | 3(3) | 1(–) | – | – | – | – | – | – | – | – | 21(20) | 3(1) | 0(2) | 0(0) | 3(3) | – |
| パハン | 10(8) | 3(3) | 1(–) | – | – | – | – | – | – | – | – | – | – | 14(11) | 0(0) | 0(0) | 0(–) | 0(0) | – |
| スランゴール | 10(8) | 7(6) | 4(3) | 1(–) | – | – | – | – | – | – | – | – | – | 22(17) | 0(0) | 0(0) | 0(–) | 0(0) | – |
| ヌグリ・スンビラン | 5(4) | 2(2) | 1(1) | – | – | – | – | – | – | – | – | – | – | 8(7) | 0(0) | 0(0) | 0(–) | 0(0) | – |
| マラッカ | 4(3) | 2(1) | – | – | – | – | – | – | – | – | – | – | – | 6(4) | 0(1) | 0(0) | 0(0) | 0(1) | – |
| ジョホール | 16(13) | 8(6) | 1(1) | 1(–) | – | – | – | – | – | – | – | – | – | 26(20) | 4(4) | 0(0) | 0(0) | 4(4) | – |
| KL | 3(3) | 2(1) | – | 2(2) | – | – | – | – | – | – | – | – | – | 7(6) | – | – | 0(–) | 0 | – |
| プトラジャヤ | 1(–) | – | – | – | – | – | – | – | – | – | – | – | – | 1 | – | – | – | – | – |
| ラブアン | 1(1) | – | – | – | – | – | – | – | – | – | – | – | – | 1(1) | – | 0(–) | – | 0(0) | – |
| サバ | 13(11) | – | – | – | – | – | – | – | – | 4(3) | 4(3) | 2(2) | 1(0) | 24(18) | 0 | 0(–) | 0(0) | 0(3) | 1 |
| サラワク | – | – | – | – | – | 11(10) | 4(–) | 6(7) | 6(6) | – | – | – | – | 27(27) | 1(1) | 0(–) | 0(0) | 1(0) | – |
| 合計 | 109(72) | 31(28) | 9(7) | 10(7) | 1(–) | 11(10) | 4(–) | 6(7) | 6(6) | 4(3) | 4(3) | 2(2) | 1(0) | 198(148) | 12(10) | 7(27) | 1(5) | 20(45) | 1 |

\* 1999年選挙におけるBN獲得議席（サラワク州/BN小計）は、SNAPの3議席を含む。
\* 本書略語一覧にない政党名は、次の通り。PBRS: サバ人民団結党 (Parti Bersatu Rakyat Sabah)。表 2-3 註も参照のこと。

出典：Star Online (http://thestar.com.my/election/results2004/14/14p.html). 2009年5月22日ダウンロード

正を伴わず，政府の裁量の範囲での括弧つきの「自由化」にとどまり，公式の政治制度の基本構造は根本的には変化しなかったというのが実態である。

このように，自由化が公式制度の変更を伴わずして，いいかえれば，言論の自由の限界について当事者間での合意を伴わずして進められたことは，政権に深刻な影響を与えることになる。

2006年半ば，ブミプトラによる30％の資本所有目標に関する民間のシンクタンクのアジア戦略・リーダーシップ研究所（Asian Strategy and Leadership Institute: ASLI）のレポートが広く読まれたのをきっかけとして，民族間の分配の問題が盛んに報道，議論されるようになった。すでに述べたとおり，1991年に策定されたNDPは，NEP期の30％目標を堅持しつつも，その達成に年限を定めない，つまりその達成が過度に強調されるべきでないとしていた。

しかし，その後もこの目標へのUMNO党員の期待は相変わらず強く，第9次マレーシアプラン策定をめぐり，再び数値目標の達成が議論の俎上に乗った。2005年のUMNO青年部大会において，30％資本所有目標の未達成が強調され[17]，アブドゥッラー首相が議会でこの主張を受容する旨の発言をしたことは[18]，「NEPの復活（Revival of NEP）」として企業家や非マレー人与党，そして野党からの批判の的となった。このような批判は，UMNOの主張を抑えることのできない他のBN政党への不信感ももたらした。

このような状況で，公式統計では18.9％とされるブミプトラによる株式保有は，実際にはすでに45％を超えていること，インド人若年層の貧困問題などを指摘するASLIのレポートが公開された（Centre for Public Studies 2006）[19]。このレポートをめぐり，資本所有目標の達成如何のみならず，積極的差別政策が経済成長や国民統合に与える影響が，報道や集会の場で活発に議論されるようになり，しばしば積極的差別の見直しを求める意見が発表されるようになっ

---

17) *Malaysiakini*, July 23, 2005 (http://www.malaysiakini.com/news/38170).
18) *Malaysiakini*, November 23, 2005 (http://www.malaysiakini.com/news/43497).
19) 同レポートは，(1) 政府系会社（Government-Linked Companies）による民間企業の株式保有を計算に入れれば，ブミプトラによる株式保有率はすでに目標を超えており，金融セクター，天然ガス，教育，プランテーションの分野においては，むしろ彼らの優位が確立している，(2) 30％株式保有目標が外資の流入を妨げている，(3) ブミプトラへの割当制にしたがった銀行貸し付けによって成長を遂げた民間企業のほとんどが，アジア通貨危機時に危機的な状況に陥った，(4) 積極的差別政策とは関係のないところでブミプトラと非ブミプトラの同等のパートナーシップによる中小企業が増加していることを主張し，積極的差別政策を続けることが経済成長と国民統合にとって負の影響を与えると結論している。

ていく。これに対して，UMNO青年部は，積極的差別の是非をめぐる議論を，マレー人の特別の地位に対する非マレー人による侵害とみなし，逆に非マレー人政党を激しく糾弾したのである[20]。

　資本所有を発端として過激化していく言論状況を収拾するために，政府は，結局，扇動法をはじめとした既存の政治的自由を制限する法に頼らざるを得なくなった[21]。さらに，政府が，閣僚の汚職問題を喚起していたウェブサイトやブログの引用が，「虚偽報道」について定めた印刷機・出版物法違反になりうるという趣旨の文書を新聞社に送付したことや[22]，記者や弁護士協会，NGOによる印刷機・出版物法やOSAの改正要求に対応しなかったことによって，政権発足時の自由化は，実は雰囲気にすぎないことが次第に誰の目にも明らかになっていく。

　結局，アブドゥッラー政権下の公式の制度変更を伴わぬ「自由化」は，政権を揺るがすいくつかの影響を残すことになった。第一に，UMNO青年部の発言に典型的な過激発言が現出しうるということ，そして，政府がいつでも既存制度の適用によって市民の自由を制限する可能性が残っているということが明らかになった結果として，アブドゥッラー政権が不十分な自由化しか進めていないという不満と，他方で，自由化が行き過ぎて過激な発言を許容しているという不満が噴出した。第二に，民族間の分配をめぐるこのような論争が，結局なんらの政策変更ももたらさなかったことによって，現在の民族間の分配状況に不満を持つ人々は，政権の政策立案能力に疑問を持つようになった[23]。第三に，民族問題について過激な発言をするUMNO党員に対して，政府やBNの他の政党が有効な制御を与え得なかったことが，BNが民族間の対立を解決する枠組みとして有効でないという印象を人々に与えることになった。特に，過激化するUMNOを制御しえないMCAやグラカンへの批判が集中した。

---

20) *Sun*, November 15, 2006. グラカン率いるペナン州政府がマレー人を周辺化しており，マレー人が弱体化すれば，華人はそれを利用するだろうというUMNO青年部副部長の発言。

21) たとえば，ナジブ・アブドゥル・ラザク（Najib Abdul Razak）副首相（当時）は，扇動法の適用を示唆している（*New Straits Times*（*NST*），October 13, 2006; *Malaysiakini*, October 12, 2006 (http://www.malaysiakini.com/news/58122)）。

22) *Malaysiakini*, March 17, 2007 (http://www.malaysiakini.com/news/64661)。

23) 実際，ブミプトラに対する優先的な分配は，華人やインド人の不満の的になっていた。世論調査によれば，「マレー人の経済的特権は，マレー人がより競争的になるために撤回されるべきか」という質問に対して，華人の74%，インド人の72%が是としている。他方で，マレー人の賛成は16%にとどまった（Merdeka Centre, October 2006, 28）。

つまり，制度変更なき「自由化」は，政治制度改革，政権の政策形成能力，そして民族間の調整の仕組みとしてのBNへの幻滅をもたらしたのである。
　このような不満は，2007年10月から11月にかけて行われた公平な選挙を求めるデモ（Bersih Rally），司法の独立を求める弁護士による行進（Justice Walk），そして，インド人の経済的・文化的周辺化を訴えるヒンドラフ（Hindu Rights Action Force: Hindraf）によるデモとして表層に現れた。そして，マレーシア政治では必ずしもおなじみの光景ではない大規模なデモの後も，政府の側に特段の動きがなかったことで，アブドゥッラー政権の改革意志の欠如が改めて印象付けられ，2008年3月の連邦下院議会総選挙におけるBNの大幅な獲得議席後退に帰結することになったのである。
　同選挙では，アンワル・イブラヒムが事実上の党首となった人民公正党（Parti Keadilan Rakyat: PKR）とDAP，PASが，与党に対する人々の不満に応えるべく，ISA，OSAや結社法，印刷機・出版物法の改正や廃止と司法の独立という自由主義的アジェンダと，民族間の権利や機会の平等を掲げて選挙協力を行い，自由化を求める有権者，UMNOの急進化とそれを止められないBNの他の政党という力学に不満を持っていた非マレー人有権者，UMNOの急進化によってBNの従来の中道・穏健の政策位置が変化することを危惧していたすべての民族の穏健な有権者を中心に，得票を伸ばした。特にPKRは，「すべてのマレーシア人の公正，民族の別を問わない貧困の撲滅」を骨子とする「新経済アジェンダ（New Economic Agenda）」を掲げ，UMNO急進化のために間隙が生じていた中道・穏健の立場に自身を位置付け，従来のマレー人支持者のみならず，非マレー人有権者からの支持をも集めることに成功した。野党連合は，連邦と州の双方で得票を伸ばし，連邦下院議会では，1972年のBN結成以来保持されてきた2/3の過半数を阻止した。また，州レベルでは，ペラ，スランゴール，クランタン，クダ，ペナンの五州で州政府を構成することに成功し，選挙後には「人民同盟（Pakatan Rakyat: PR）」を結成し，政権運営にあたっている。
　2008年，アブドゥッラー首相は，BNの議席後退の責任をとって退任し，これに代わり，ナジブ・アラドゥル・ラザク（Najib Abdul Razak）が首相に就任するが，これ以降の展開は終章に譲る。

　本章では，植民地期から1980年代にかけて積み重ねられてきた政治制度を中心に据え，マレーシア政治史を概観した。その中で，民族暴動以降，民族対

立や新たな社会団体の台頭，経済開発の必要，行政と司法の対立など，さまざまな状況に対応するために，政治的権利を制限する法が作られてきたことを明らかにした。これらの法は，1990年代以降も，自由化圧力にさらされながらも，基本的な構造を変えずに存続し，運用されている。

　それでは，政治的権利を制限する法はどのような内容を持ち，どのように成立し，どのように運用されてきたのか。次章では，民族暴動後に成立し，40年近く経った今も民族間の政治を規律し続けている1971年憲法（修正）法案について論じる。

# 第3章

## 1971年憲法（修正）法
—— 民族的属性に由来する権利をめぐる取引 ——

　1969年5月13日の暴動の後，市民権，マレー語の国語としての地位と非マレー語の使用，学習，教授，マレー人とサバ州およびサラワク州の先住民族の特別の地位，スルタンの地位に関する規定についての政治的自由を禁止する立法を行う権限を議会に与える1971年憲法（修正）法案が成立した。本章は，憲法改正の契機となった1969年の暴動から1971年憲法改正までの政治過程，下院議事録の検討から，この法律を成立させた力と，これを支える合意をえぐりだす。

　これまでの研究の蓄積の中で，1971年憲法（修正）法案については，三つの異なる見方が提示されてきた。マレーシア政治を民族間の協調という視点から分析する研究による第一の評価は，憲法改正が市民権やマレー人の特別の地位に関する独立時の民族間の合意を再確認するものであり，多元社会に安定をもたらす，というものである (von Vorys 1976; Milne and Mauzy 1978)。この評価については，民主主義制度に根本的な修正を迫った改正を，単に「再確認」としてよいのかという疑問が生じる。

　第二に，マレーシアの民主主義の不完全性に注目する研究は，1969年の暴動から1971年の憲法改正までの一連の出来事を，一部勢力による非民主主義体制確立の契機とみなす。たとえば，暴動から議会再開まで唯一の意思決定機関であったNOCが，「議会制の回復を代償として」，全ての政党から妥協を引き出したとしたクーが挙げられる (Khoo 1997, 57)。

　第三の評価は，民族間の権利の差異に着目する研究が提起する，憲法改正は非マレー人の抑圧を意図したものであった，というものである。たとえば金子

は，暴動から憲法改正にいたる一連の出来事について，アブドゥル・ラザク・フセイン（Abdul Razak Hussein）副首相（当時）らに率いられる「UMNO 改革派」が，マレー人に有利な政策を実施したうえで扇動法と憲法を改正し，「マレー人優先政策に対する非マレー系住民の主張・反論が法的」に封じ込められることになったとまとめている（金子 2001 年 a, 292 頁）。

　第二，第三の先行研究に共通しているのは，与党やマレー人，あるいはその一部のみが憲法改正の推進者，受益者であったという理解である。しかし，もし改正がマレー人あるいはマレー人の一部のみを利するものであったならば，なぜそのような圧倒的に不平等な政治的分配を非マレー人が受け入れたのかという疑問が生じる。また，改正が与党連合あるいは UMNO の優位を確立する結果をもたらすのであれば，なぜ野党は法案を支持したのか。支配集団のみが利益を得る一方で，その他の主体は「議会制の回復」のために黙って犠牲を払ったというのだろうか。また，そのような憲法が果たして持続性を持ちうるのだろうか。

　そもそも，マレーシア国内の様々な集団は，憲法改正をどのように理解し，どのような態度をとったのか。また，諸主体は新たな政治制度の中でどのような機会を保障あるいは，否定されたのか。管見の限り，既存研究では改正をめぐる当事者の意図や行動が十分に検討されていないために，この基本的な問いに答えることができておらず，もっぱら各研究者のマレーシア政治観に立脚した解釈が提示されるにとどまっている。

　そこで，本章では，半島部の政党や経済団体に焦点を当てながら，憲法改正の内容，改正に関わった当事者の認識と利害，改正に対する評価を明らかにすることにより，1971 年憲法（修正）法案の再解釈を試みる。同法案は，後述する国家諮問評議会（National Consultative Council: NCC）において協議，合意されたものであるが，同委員会に関連した文書は公開されていないため，本章では，下院議事録と新聞，雑誌を主な資料として，協議過程を推測するという方法をとる。この方法によって，マレー人与野党と企業家，非マレー人与野党と企業家，専門家団体が，暴動後の政治の中で，マレー人の特別の地位や市民権，言語の使用など，各々の権利を守るために，取引し，妥協し，合意を形成する過程が描かれる。

## 1 ── 5月13日暴動 ── 連盟党間での独立時の合意への挑戦

　1960年代半ば以降，独立時に連盟党内で形成された言語，市民権，マレー人の特別の地位に関する合意と，これにもとづく憲法規定が，挑戦を受けるようになった。華語の公用語化要求とマレー人の特別の地位の批判を展開したシンガポールの与党人民行動党 (PAP) とシンガポール分離独立後に成立した同党の分派である民主行動党 (DAP)，そして，農村部マレー人の経済的後進性を争点とした汎マラヤイスラム党 (PAS) は，特にこれらの規定に不満を持っていた各民族の下層からの支持を集めるようになった。

　このような状況の中で，1969年5月10日，連邦下院議員選挙と州議会議員選挙が行われた（表3-1，3-2）[1]。1969年選挙では，クダ州，クランタン州，トレンガヌ州など，農村部マレー人が有権者の9割以上を占める選挙区において，マレー人利益の擁護者を標榜していたUMNOが，非マレー人の市民権や，マレー人経済の後進性，マレー人の特別の地位の保護を争点としたPASに票を侵食され[2]，クランタン州では前回選挙に引き続き，州議会における過半数を逸した。

　さらに，非マレー人選挙民の割合が高く，工業化の進んでいたペラ州，ペナン州，スランゴール州では，より大きな変化が起きた。まず，マレー人の特別の地位に対する不同意と華語の公用語化を唱えたDAPが，これらの州を中心に，下院において前回獲得の1議席から13議席へ，州議会でも0議席から31議席へと大幅に議席数を増やした。また，DAPと同様に，民族間の権利の平等を主張した人民進歩党 (PPP) も同党の基盤であるペラ州の連邦下院，州議会選挙においてそれぞれ議席を倍増させている。1968年にMCAの分派が結成したマレーシア民政運動党（グラカン）もまた，華語やタミル語の使用制限や，

---

1) サバ州，サラワク州の下院議会議員選挙は翌年行われたため，この表には含まれていない。
2) PASは，独立時に華人に対して市民権が付与されたことに言及しながら，いまや華人が経済のみならず政治的権力も手中にしようとしており，連盟党政府が政権を握り続ければマレー人はアメリカ合衆国におけるインディアンと同じ境遇をたどることになると述べ，自らをUMNOに代わるマレー人利益の保護者と標榜した (*Berita Harian*, Mei 5, 10, 1969)。また，マレー人の不満は，このほかにもUMNO内部の次の二つのグループによって表明されていた。一つはラザク副首相を筆頭とするUMNO内の改革派で，マレー人の資本拡大のために国家の介入を要請していた。もう一つのグループは，マハティールらに代表されるグループで，政府の非マレー人に対する寛容さがマレー人の権利を脅かしていると論じた。鳥居 (2002年) を参照。

表 3-1　1969 年連邦下院議員選挙結果（括弧内は 1964 年選挙）

| 州 | 政党 | | | | | | | | |
|---|---|---|---|---|---|---|---|---|---|
| | 連盟党 | | | | DAP* | Gerakan | PPP | PAS | 合計 |
| | UMNO | MCA | MIC | 小計 | | | | | |
| プルリス | 2 (2) | - | - | 2 (2) | - | - | - | - | 2 |
| クダ | 7 (10) | 2 (2) | - | 9 (12) | - | - | - | 3 (0) | 12 |
| クランタン | 4 (2) | - | - | 4 (2) | - | - | - | 6 (8) | 10 |
| トレンガヌ | 4 (5) | - | - | 4 (5) | - | - | - | 2 (1) | 6 |
| ペナン | 1 (4) | 1 (2) | - | 2 (6) | 1 (0) | 5 | - | - | 8 |
| ペラ | 7 (9) | 1 (8) | 1 (1) | 9 (18) | 5 (0) | 1 | 4 (2) | 1 (0) | 20 |
| パハン | 5 (5) | 1 (1) | - | 6 (6) | - | - | - | - | 6 |
| スランゴール | 6 (6) | 2 (5) | 1 (1) | 9 (12) | 3 (1) | 2 | - | - | 14 |
| ヌグリ・スンビラン | 3 (3) | (2) | (1) | 3 (6) | 3 (0) | - | - | - | 6 |
| マラッカ | 1 (2) | 1 (2) | - | 2 (4) | 1 (0) | - | - | - | 3 |
| ジョホール | 11 (11) | 5 (5) | - | 16 (16) | - | - | - | - | 16 |
| 合計 | 51 (59) | 13 (27) | 2 (3) | 66 (89) | 13 (1) | 8 | 4 (2) | 12 (9) | 103 |

\* 1964 年選挙は PAP
出典：Vasil (1972).

表 3-2　1969 年州議会議員選挙結果（括弧内は 1964 年選挙）

| 州 | 政党 | | | | | | | | |
|---|---|---|---|---|---|---|---|---|---|
| | 連盟党 | | | | DAP* | Gerakan | PPP | PAS | その他 |
| | UMNO | MCA | MIC | 小計 | | | | | |
| プルリス | 11 (9) | – (2) | – | 11 (11) | – | – | – | 1 (1) | – |
| クダ | 12 (18) | 2 (5) | 0 (1) | 14 (24) | – | 2 | – | 8 (0) | – |
| クランタン | 10 (8) | 1 (1) | – | 11 (9) | – | – | – | 19 (21) | – |
| トレンガヌ | 9 (20) | – (1) | – | 9 (21) | – | – | – | 11 (3) | 0 (0) |
| ペナン | 4 (10) | 0 (6) | 0 (2) | 4 (18) | 3 (0) | 16 | 0 (0) | 0 (0) | 1 (6) |
| ペラ | 18 (22) | 1 (12) | 0 (1) | 19 (35) | 6 (–) | 2 | 12 (5) | 1 (0) | 0 (0) |
| パハン | 16 (17) | 4 (7) | – | 20 (24) | 0 (–) | 1 | – | 0 (0) | 3 (0) |
| スランゴール | 12 (13) | 1 (9) | 1 (3) | 14 (25) | 9 (0) | 4 | – (0) | 0 (0) | 1 (3) |
| ヌグリ・スンビラン | 11 (14) | 4 (9) | 1 (1) | 16 (24) | 8 (0) | – | – | 0 (0) | 0 (0) |
| マラッカ | 11 (13) | 4 (4) | 0 (1) | 15 (18) | 4 (0) | 1 | – | – | 0 (2) |
| ジョホール | 19 (20) | 9 (11) | 1 (1) | 29 (32) | 1 (0) | 0 | – | – | 1 (0) |
| 合計 | 133 (164) | 26 (67) | 3 (10) | 162 (241) | 31 (0) | 26 | 12 (5) | 40 (25) | 6 (11) |

\* 1964 年選挙は PAP
出典：Vasil (1972).

一部富裕層を利しているマレー人の特別の地位を問題とし，民族間の平等，労働条件の改善などを主張して多くの議席を獲得し，州レベルでもペナン州政府を構成することになった。野党の躍進の結果，連盟党内の華人政党 MCA は，

下院と州議会双方において前回獲得議席の半分以上を失った。

こうして，連盟党は，独立以来初めて下院において憲法改正に必要な 2/3 の過半数を確保することに失敗し，州レベルでは，PAS とグラカンがそれぞれ単独で過半数を獲得したクランタン州とペナン州政府に加え，全ての政党が単独で政権を持つことができないことが明らかになったペラ州，スランゴール州政府をも失う危機にも直面した。

この選挙結果が明らかになった後，首都クアラルンプールで，DAP とグラカンによる祝勝パレードと，これに対抗して決起した UMNO 政治家に指導されたマレー人の行進が衝突し，「5月13日暴動」と呼ばれる暴動が起こった。

## *2* ── 暴動後の政治 ── 議会停止と民族的属性に由来する権利の争点化

### 2-1 国家運営会議と臨時政府の成立

5月13日の暴動をうけて，アブドゥル・ラーマン (Abdul Rahman Putra) 首相の助言の下，国王は非常事態を宣言した。これに続き，議会が停止され，臨時政府と国家運営会議 (National Operations Council: NOC) が成立した。NOC は，選挙での大敗を受けて臨時政府への不参加を表明していた MCA も含めた連盟党の三党，軍，警察により構成され，実質的な意思決定機関として統治を行い，軍隊と警察の強化により治安回復を目指す一方で，暴動の原因究明を進めた。この過程で，いったん政府からの撤退を表明した MCA の影響力が低下し，UMNO とマレー人官僚の影響力が拡大したと言われている。

### 2-2 民族暴動としての解釈と新たな政治制度をめぐるせめぎ合い ── 自由民主主義の維持か修正か

状況が沈静化し始めたかに見えた6月，UMNO 党員のマハティールがラーマン首相の辞任を要求したことをきっかけとして[3]，マハティールに賛同するマレー人学生運動家が，首相の辞任を求めるデモを行った。学生らは，ラーマ

---

[3] *Utusan Melayu*, Jun 5, 17, 1969.

ン首相が華人におもねってマレー人を裏切ったと考えており，マレー人の権利を保護するためにスルタンの権限が強化されるべきこと，さらには，マレー人と華人の経済格差を是正するために華人の資産を没収すべきことや，華人の市民権が剥奪されるべきことなどを主張したといわれている[4]。

マレー人学生がこのような運動を起こした背景には，彼らが経験していた経済的，社会的苦境がある。公式統計によれば，マレー人の平均月収は華人の半分以下であり（表3-3），全貧困世帯に占める割合でも，マレー人世帯が73.8％と突出している。また，マレー人の7割近くは農業に従事しており（表3-4），農業従事者の約7割が貧困世帯である（表3-5）。実際には華人の鉱業従事者や小売商，インド人プランテーション労働者の中にも貧困問題はあったものの，農村部出身のマレー人学生らは，自らの原体験から，貧困を民族間の富の分配の問題ととらえ，ラーマン首相をその元凶とみなした。

ラーマン首相は，マハティールを UMNO から除名したうえ，首相辞任を要求する趣旨のデモや集会の禁止によって，運動を抑えようとした。しかし，この危機は，ラーマンの進退のみならずその後の政治制度を左右する二つの変化を生じさせた。第一に，5月13日の暴動の原因が民族間の経済的不平等に求められるようになった。たとえば，イスマイル・アブドゥル・ラーマン（Ismail Abdul Rahman）副首相兼内相は，辞任要求以前には，暴動の原因は「自制することができず，また西欧諸国にいるかのようにふるまう無責任な政治家とその支持者」にあると述べていた[5]。しかし，辞任要求後の10月には次のように発言している。「基本的な原因は，マレー人が，自身の権利が挑戦されているだけでなく奪われると感じたことである」[6]。

第二に，マレー人の権利をめぐる民族間の対立が暴動の原因であったとする理解が一般的になるとともに，憲法に規定された民族毎の権利が議論の俎上に載るようになった[7]。これにともない，これらの権利を保障，実現する方法としての政治制度のあり方が論じられるようになる。個々人の自制や選挙活動の

---

[4] *Far Eastern Economic Review* (FEER), August 7, 1969, pp. 320-322.
[5] *Straits Times* (*ST*), June 9, 1969.
[6] *ST*, October 5, 1969.
[7] たとえば，MCA党員のカウ・カイボー（Khaw Kai Boh）特任相は，憲法改正の必要が広く議論されるようになるのに先立ち，人々は憲法が定められた背景を知り，規定を守らねばならないと発言している（*ST*, June 28, 1969）。

表 3-3 民族別平均月収／貧困世帯の割合 (1970 年)

| | 月収 (リンギ) | 貧困世帯 | | | |
| --- | --- | --- | --- | --- | --- |
| | | 全世帯数 (000) | 貧困世帯数 (000) | 貧困世帯の割合 (%) | 全貧困世帯に占める割合 (%) |
| マレー人 | 172.0 | 901.5 | 584.2 | 64.8 | 73.8 |
| 華人 | 394.0 | 525.2 | 136.3 | 26.0 | 17.2 |
| インド人 | 304.0 | 160.5 | 62.9 | 39.2 | 7.9 |
| その他 | 813.0 | 18.8 | 8.4 | 44.8 | 1.1 |
| 合計 | – | 1606.0 | 791.8 | 49.3 | 100.0 |

出典：Malaysia (1976, 179, 180).

表 3-4 民族別就業状況 (1970 年)

| | マレー人 | | 華人 | | インド人 | | その他 | | 合計 | |
| --- | --- | --- | --- | --- | --- | --- | --- | --- | --- | --- |
| | 人口 (000) | (%) | 人口 (000) | (%) | 人口 (000) | (%) | 人口 (000) | (%) | 人口 (000) | (%) |
| 第一次産業 (*1) | 951.1 | 67.6 | 300.9 | 21.4 | 142.0 | 10.1 | 12.0 | 0.9 | 1406.0 | 50.3 |
| 第二次産業 (*2) | 173.1 | 30.8 | 335.1 | 59.5 | 51.7 | 9.2 | 2.9 | 0.5 | 562.8 | 20.2 |
| 第三次産業 (*3) | 312.4 | 37.9 | 398.3 | 48.3 | 103.9 | 12.6 | 10.3 | 1.2 | 824.9 | 29.5 |
| 合計 | 1436.6 | 51.4 | 1034.3 | 37.0 | 297.6 | 10.7 | 25.2 | 0.9 | 2793.7 | 100.0 |

(*1) 農業
(*2) 鉱業，製造業，建設，公共事業，運輸
(*3) 商業，金融，公務員，教育，医療，防衛
出典：Malaysia (1976, 79).

表 3-5 セクター別貧困発生率 (1970 年)

| | 世帯数 (000) | 貧困世帯数 (000) | 貧困発生率 (%) | 全貧困世帯に占める割合 (%) |
| --- | --- | --- | --- | --- |
| 第一次産業 | 852.9 | 582.4 | 68.3 | 73.6 |
| 第二次・第三次産業 | 753.1 | 209.4 | 27.8 | 26.4 |
| 合計 | 1,606.0 | 791.8 | 49.3 | 100.0 |

出典：Malaysia (1976, 163).

規制が強調されるにとどまっていた辞任要求以前の構想から一転して[8]，辞任要求後に提示されるようになった政治制度構想の中には，自由民主主義原理の

---

[8] たとえば，辞任要求の波紋が広がる以前には，イスマイル副首相兼内相は，民族主義的な選挙を規制する法が策定されるであろうと述べている (ST, June 19, 1969)。またキル・ジョハリ (Khir Johari) 商工業相は，「議会制民主主義は，政治家と大衆が，センシティヴで論争的なイシューについて自重するようになった時期に再開する」と述べている (ST, June 20, 1969)。

修正を企図したものが含まれるようになった。

このときまでに，政治制度に関して三つの構想が提起されていた。第一に，国家親善委員会（National Goodwill Council: NGC）を通じた民族間の和解と，政治主体の自重により議会制民主主義を回復しようとする構想，第二に，ラザク副首相やタン・シウシン（Tan Siew Sing）MCA党首らが主張する，民族間の差異と対立を所与としたうえで，それぞれの権利への攻撃を抑止するための法改正を行うことで自由民主主義を修正しようとする構想，第三に，政治制度改革はせずに，早急に議会制を回復するという構想である。

まず，第一の構想の主唱者であるラーマン首相は，議会における発言が悪意を生まないと政府が確信した時に限り，議会制民主主義を回復すべきであると考えていた。そのために，全てのマレーシア人が憲法を尊重すること，野党党員も含めたすべての政治家が憲法に対する支持を表明し，民族的な問題を争点としないことを「誓う」ことが枢要であるとされた[9]。彼はこのような状況をもたらす方法として，民族間の誤解や悪意を縮小するためのコミュニケーションの場であるNGCを重視した[10]。

しかし，政治制度そのものには手をつけず，政治主体の善意に期待するこの立場は，支持を得られなかった。たとえば，ラザク副首相によれば，西欧諸国で実践されている民主主義は「やや自由すぎる」ためにマレーシアには適していない。また，5月13日の暴動の原因が，マレー人と非マレー人の権利を保障した憲法に対する一部の人間の不支持であったことに鑑みて[11]，民族に関する問題を扱う際の「行為規範（code of conduct）」が必要である[12]。イスマイル副首相兼内相は，さらに進んで，いかなるグループもマレー人の特別の地位と公用語としてのマレー語の地位に対して異議を唱えることを許されないような政治制度を構想した[13]。同副首相は，政治家の良心と宣誓を重視したラーマン首相の構想に真っ向から反対し，「我々はこれを法によって強制すべきで

---

9) *ST*, August 16, 18, 22, September 3, 1969.
10) *ST*, September 3, 1969. NGCは，各政党の代表が話し合いを行う場として1969年7月にラーマン首相によって提唱され実現したが，実質的な権限はなく，後に，市民権問題（後述）を抱えた非マレー人の駆け込み寺として機能するようになる。
11) *ST*, August 13, 1969.
12) *ST*, July 18, 31, September 13, 14, 1969.
13) *ST*, July 18, August 3, 1969.

ある」と述べた[14]。MCA のタン党首もまた，言語問題は国語法によりすでに決着している問題であり，これについて議論すべきではないとしたうえで，この問題を提起してきた野党の多くが過激な華人，マレー人から成っていることを考えれば，「議会制に戻る前に，我々は基本的な政策や原則に異議が唱えられないようにゲームのルールを変えなければならない」と主張した[15]。

与党指導者のこのような発言に対して，弁護士協会（Bar Council）は，議会が非常事態中であっても開催されるべきこと，そして，憲法改正が避けられるべきことを主張していた[16]。また DAP も，自由民主主義の原則そのものに手を加える代わりに議会倫理規定（Code of Parliamentary Ethics）により対処すべきであると論じた[17]。

結局，辞任要求に端を発するラーマン首相の影響力低下によって，以上の三つの政治制度構想のうち，第二のものが主流となり，憲法改正として具体化されることとなる。以下に，政府による暴動の解釈とそれにもとづく決定や政策，そしてそれに対する社会の反応が，自由民主主義に対する修正構想を支えていく過程を描く。

## 2-3　白書『5月13日の悲劇』――「マレー人の後進性」と憲法改正

1969 年 10 月，暴動の原因や経過と暴動回避のための方策についての政府の公式見解を示す白書，『5月13日の悲劇（The May 13th Tragedy）』が刊行された。白書は暴動の原因として，(1) 世代間格差，(2) 民族によって異なる憲法解釈と，移民民族（immigrant races）によるマレー語とマレー人の特別の地位について定めた 152 条，153 条に対する政治的侵犯，(3) 選挙における民族主義政党（racialist party）のメンバーによる挑発的な言動，(4) マラヤ共産党や秘密結社による民族感情や疑念の扇動，(5) マレー人の自国内での生存と福祉に対する侮辱と脅迫に由来するマレー人の不安や絶望感の五つを挙げた。なかでも，マラヤ共産党に対する恐怖と，非マレー人野党がマレー人の特別の地位を批判した

---

14) *ST*, October 5, 1969. このほかにもハムザ・アブ・サマ（Hamzah Abu Samah）情報相は，民主主義が誤用され，神聖な規定であるマレー人の特別の地位について定めた 153 条に異議が唱えられているとし，同規定の保護を主張した（*ST*, August 9, 1969）。
15) *ST*, August 5, 1969.
16) *ST*, August 2, 1969.
17) *ST*, October 7, 1969.

ことによってマレー人が非マレー人に対する不信感を募らせる過程が強調された。白書はこれに続いて、暴動の経過として、DAPとグラカンの選挙勝利パレードにおけるマレー人の侮辱、これに対するマレー人の集会、華人秘密結社による暴力の拡大を軸としたストーリーを描いた。

　暴動に関する以上の理解にもとづき、白書は、「将来、通常の民主的過程の実施によって民族的に慎重を要する問題（racial sensitivities）が二度と誘発されないことを保障する解決法」として、次の四つを挙げた。第一に、「この国の市民、特に1948年マラヤ連邦協定から1957年の独立憲法にかけての規定にもとづいて市民となった者は、憲法に定められた規定の重要性を理解しなければならない」。なぜなら、非マレー人の市民権は、1948年のマラヤ連邦協定や1957年独立憲法によって漸次拡大したが、これらは、マレー人が、自らの特別の地位とこれを保護する政府の義務の再確認と引き換えに合意したものだからである。いいかえれば、マレー人の特別の地位や市民権に関する憲法規定は、「国内のすべてのコミュニティの合意の結果」であり、憲法全体の基礎をなす「拘束力のある取り決め」だからである。

　第二に、政府は、「憲法に定められた規定により確立され保護された事項、権利、身分、地位、特権、宗主権もしくは大権に異議を唱えるような言論や声明の表明、印刷、出版または行為を違法とする法を制定する必要がある」。

　第三に、国語とそのほかのコミュニティの言語に関する152条を「保護する目的で連邦憲法自体を改正すること」も考慮する必要がある。また、憲法によって定められた規定に異議を唱える行為や発言に関して制裁を加える法を同様の方法で保護することも必要である。

　第四に、憲法のいくつかの規定が統治者会議の合意なしには改正あるいは撤廃されえないとする159条5項の中に、改正に際して統治者会議の合意が必要な規定として159条5項そのものを追加する必要がある。

　白書は、「これらの方法は、法的に妥当であり（tenable in law）、民主主義と矛盾するものではない」として本文を締めくくっている[18]。

　このように、白書は、暴動の原因としてマレー人側の不遇を強調し、暴動の「民族暴動」としての解釈を公式化したうえで、いくつかの憲法規定の改正や保護を主張した。これだけを見ると、憲法改正に向けた動きの主な原動力はマ

---

18) The National Operations Council, *The May 13 Tragedy: A Report*, 1969, pp. 80–87.

レー人であるかのように見える。しかし，実際には，非マレー人もまた，憲法改正によって自らの権利や利益を守ろうとした。

## 2-4 非マレー人の「正当な利益」への関心の高まり

　すでに見たように，政治制度の見直し要求は，非マレー人政治家からも発せられていた。これは，次の事情によっていた。

　そもそも，MCA が華人利益を代表する資格はないとして自ら中央，州政府からの撤退を表明した際，華人は，自分達の利益が政府に反映されるチャネルを失うことを危惧した。そのため，華人商業会議所連合（Associated Chinese Chambers of Commerce: ACCC）をはじめとする華人団体は，MCA とタン党首に対して信任を示したうえで，連合政府への復帰を促した[19]。このような華人グループの対応は，「MCA には問題点もあるかもしれないが，多民族国家における最大の安定化勢力（greatest stabilizing power）であり，華人はこれに代わるものを持ちえない」とする認識の顕現であった[20]。

　さらに，ラーマン辞任要求の過程で憲法 153 条に定められたマレー人の特別の地位の実施の不十分さが主張されたのに呼応して，MCA リーダーは，同じ規定に保障されている非マレー人の正当な利益の保護を主張するようになった[21]。このような主張は，NOC による次の二つの決定の後，より強くなっていった。

　まず，非市民労働者に対して登録と労働許可証の取得を義務付けることを目的とした雇用（制限）法（Employment (Restriction) Act, 1968）が重要である。同法

---

19) たとえば，華人商業会議所連合とその各州支部，スランゴール華人大会堂（Selangor Chinese Assembly Hall: SCAH）が MCA に再考を促す決議を行っている（*ST*, June 7, 10, 11, 1969）。また政党では，サラワク華人協会（Sarawak Chinese Association）が，「政府に華人代表を有することは不可欠であり，MCA は政府に参加することにより，投票者に託された責任を受け入れるべきである」と述べている（*ST*, June 1, 1969）。

20) *ST*, June 10, 1969. 引用部は，SCAH 副会長の発言。このほか，ACCC 会長の T. H. タン（T. H. Tan）もまた MCA に対する支持を表明すると同時に，経済政策や教育政策，さらには政治制度について積極的に発言を行うようになっていった。たとえば T. H. タンは，1969 年 7 月にラザクと会談し，反政府分子に対抗するために政府に協力することや，国民統合のために地方産品の市場商品化を促すべきであり，これに華人が協力できることなどを具申した（*ST*, July 9, 1969）。また，教育政策についても，英語が科学の教授語として使用されるよう嘆願している（*ST*, July 12, 1969）。

21) *ST*, June 28, July 28, August 8, 1969.

は，暴動前の 1968 年 9 月に可決したものだが，立法時には 12 業種に限られていた同法の適用対象が，NOC 決定によってすべての業種に拡大した。労働相は，同法の施行が 7.5％ にも上るマレーシア人の失業を解消することを目的としたものであり，暴動とは関係ないと説明した[22]。これに対して，マレーシア労働組合会議 (Malaysian Trades Union Congress: MTUC) や港湾組合，プランテーション労働者組合，ACCC やグラカンなど，非マレー人会員を多く含む団体は，これが非マレー人に不利益をもたらすと考え，長年マレーシア経済に貢献してきた労働者に対する許可証の公正かつ柔軟な交付と，市民権取得資格のある非市民労働者に対する市民権交付などを陳情した。このような主張の背景には，企業活動に必要な労働力や技術者の欠乏に対する懸念とともに，一世代以上マレーシアに住んでいながら申請を忘れていたという理由や語学試験に不合格であったという理由で市民権を与えられない者がいるという現状に対する非マレー人の不満があった[23]。

　非マレー人社会にさらに大きな衝撃を与えたのが，1969 年 11 月に発表された，憲法 30 条の下で発行された市民権証の再検査であった。30 条は，「連邦政府は，市民権に関し，事実上あるいは法律上を問わず疑いの存するいかなる者の申請についても，当該人が市民であると証明することができる」とし，かくして交付された証明書は，「不正手段，虚偽の意思表示または何らかの具体的事実の隠蔽によって得られたものであることが証明されない限り，当該人が証明書に記された日に市民であったことの確定的証拠となる」とする規定である。内相は，1969 年 11 月，この規定の下で 1962 年以前に交付された証明書のうちに，申請者が本人でなかった，語学試験が実施されなかった，改宗という理由によってのみ申請が受理された，などの瑕疵があったものがあるとし，対象となる 25 万人の市民は，再検査のために当局に証明書を提出しなければならないと発表した[24]。

　内相は，再検査が市民権の剥奪を目的としたものではないと繰り返したが，非マレー人社会からは強い不安と反発が起こった。グラカン，DAP，PPP な

---

22) *ST*, June 18, 1969.

23) *ST*, August 15, September 14, 19, 22, 25, 26, 29, October 4, 25, 1969. 結局，このような要求に対し，政府は許可証の交付条件を緩和した (*ST*, December 17, 1969)。

24) *ST*, November 6, 1969.『アジアの動向』では，対象となった人数は，27 万 7000 人とされている (1971 年，436 頁)。

どは一斉にこれに反対する声明を出し、MCA も、不正手段や虚偽の意思表示による市民権取得のケースは少ないと述べ、市民権証の取消しは誤りであると糾弾した[25]。これ以前にもマレー人与野党から非マレー人の市民権に対する挑戦が相次いでいたことに鑑みれば[26]、このような反応は当然だったといえる。

このような過程で、非マレー人の多くは、自らの市民権と正当な利益を保護する必要を痛感し、憲法改正によってこれらを保護しようと考えるようになった。

## *3* ── 暴動後の経済政策 ── 新経済政策（NEP）の策定

議論の参照枠組みの「民族化」ともいうべき以上のような過程は、経済政策においても見出すことができる。政府は、錫やゴムなどの一次産品と外資主導の軽工業に依存した産業構造から脱却し、暴動の原因となった高い失業率を解決するために、経済開発のための機構整備に乗り出した。やがて、この問題も民族間の格差の問題として翻訳され、憲法改正に重大なインプリケーションを持つことになる。

### 3-1　ラーマン首相辞任要求以前の開発政策 ── 失業問題の解決法として

ラーマン首相辞任要求以前の 6 月、NOC は失業問題の解消を目的として労働集約型産業を発展させるべく、投資委員会 (Capital Investment Committee: CIC) を設立した。CIC は開発の優先順位を決定し政策ガイドラインを作ること、投資許認可を効率化すること、州政府、関係省庁と協力しながら委員会の政策と

---

25) *ST*, November 3, 4, 6, 7, 8, 21, 1969.
26) PAS が非マレー人の市民権を選挙における争点としたことは既述のとおりである（本章註 2 を参照のこと）。これに加えて、暴動後には、UMNO 閣僚も、厳格な市民権規定の適用を主張した。たとえば、「国家の恩恵と安寧を享受しながら外国の権力に忠義、忠誠を誓うような市民がいるということが発見あるいは証明されたのならば、我々はこれらの人々を厳しく注視し、可能であれば、国外追放しなければならない」とするイスマイル内相の発言（*ST*, June 9, 1969）がある。また、キル商工相は、マレーシア国内での収入を送金して海外で蓄財している者がおり、市民権は単なる利便性の問題になってしまっていると述べている（*ST*, January 1, 1970）。

決定を実施することを目的とし，タン前財務相，キル商工相，ガファー・ババ (Ghafar Baba) 国家・地方開発・土地・鉱業相を主要メンバーとしていた。

投資委員会設立の一ヵ月後には，地方小都市における工業化，若年層の職業訓練，農業セクターにおける生産性向上による失業解決を目的としたNEPの骨子が発表された。調査にあたった国民統合省 (Department of National Unity: DNU) は，5月の暴動がドロップアウトした若年層によるものであるとしたうえで，NEPは地方部での雇用を増やすことでこれを回避すると説明した[27]。政府が工業化を主導することに対しては，主に非マレー人からなる全国商業会議所 (United Chambers of Commerce: UCC)，ACCC，インド人商業会議所 (Indian Chambers of Commerce) が賛意を示し，「政府が，非民族的な原理に従ってこの問題を解決すると宣言したことは特に歓迎される」（傍点は，引用者による）と述べた[28]。

## 3-2　辞任要求後の開発政策 —— 民族間格差問題とその是正のための政府介入

しかし，NEPはその後，民族間経済格差の是正を主要な課題とする政策へと変容していく。その嚆矢となったのが，1969年11月にDNUが発表した「民族間格差と経済発展 (*Racial Disparity and Economic Development*)」である。同報告書は，当初の見解とは打って変わって，収入，雇用，資本における民族間の不平等こそが暴動の原因であったとし，これを是正する方法として，人口構造を反映した雇用パターン，マレー人組織による株式所有などを通じたマレー人による資本所有の拡大，公営機関を活用したマレー人保護などを提案した。

この報告書は，ラザク副首相をはじめとしたマレー人政治家から支持された[29]。他方で，これまで，輸出志向型工業の促進[30]，輸入代替奨励のための

---

[27] *ST*, July 9, 1969.
[28] *ST*, July 4, 1969. 引用部はUCC役員の発言。
[29] たとえば，ラザク副首相は，「十分な雇用を提供できるほどに（国家経済が）発展すれば，平和が訪れる」とした7月の発言とは打って変わって (*ST*, July 31, 1969)，マレーシアにおける民主主義は政治的平等のみでは機能しえないとし，「民主主義の過程は富と機会のより平等な分配を伴わねばならない」と述べている (*ST*, November 10, 1969)。
　ただし，NEPの作成過程におけるラザクの役割については，複数の見解がある。たとえば，首相府内の経済企画局 (Economic Planning Unit: EPU) のアドヴァイザリー・チームとしてNEP策定に関わったファーランドは，元来保守的な政策を志向していたEPUが，ラザクをはじめと

外国製品に対する課税[31]，民間企業による土地所有条件の緩和や融資などにもっぱら関心を寄せていた非マレー人企業家は[32]，この報告書の公表以降，政府の経済介入をいかに抑えるかを主たる関心事とするようになった。彼らの典型的な反応としては，ACCCによる，商工業分野でのマレー人に対する資金援助や融資のための投資会社設立の提案を挙げることができる。この提案は，政府による過度の経済介入を避けようとする華人企業家が，民間の問題は民間で解決したいという意志を示したものであった[33]。

労働政策をめぐっても，民族毎の分配が問題とされるようになった。たとえば，ラーマンに対する辞任要求運動の影響が広がる以前には，ACCC会長 T. H. タン（T. H. Tan）は，特定の産業における雇用の10%から20%をマレー人に対して準備すべきであると述べている[34]。DNUも，「理想的には雇用は民族の割合を反映していることが望ましいが，これに関しては何らのハード・ルールもない」と述べるにとどまっていた[35]。

しかし，UMNO党員が，クアラルンプール近郊でマレー人に対する雇用上の差別があると発言したことをきっかけに，雇用問題は民族的な意味合いを帯びた懸案事項となる[36]。ACCCやMTUCはこの告発を否定し[37]，UMNO党員も事後的な調査を元にこの見解を撤回したが，この争点自体が消え去ることはなく，翌年には，ある閣僚が，全ての産業が民族構成を反映した就労構造を持つべきであると発言するに至っている[38]。

---

　するマレー人政治家が支持した分配重視のDNU案を受け入れたとしている（Faaland, Parkinson and Saniman 1990, Ch. 2）。これに対して，財務官僚としてEPUとの協議を担当したナヴァラトナムは，ファーランドの影響を受けたEPUのマレー人官僚が独断でNEPを立案し，後にこの計画を知ったタンやラザクがブレーキをかけたと記している（Navaratnam 2005, 96-106）。

30) この時期，政府は輸出志向型産業の振興に着手し始めている。たとえば，CICは，ペナンにおける自由貿易の促進のため，原材料の免税を決定した（*ST*, August 30, 1969）。また，資本所有割合についても，輸出志向型企業に対しては柔軟に対応する旨が発表され，製造業から歓迎されている（*ST*, September 23, 25, 1969）。

31) *ST*, September 23, 1969.
32) *ST*, October 4, 1969.
33) *ST*, December 24, 1969. ただし，この提案は，結局政府により棄却された。
34) *ST*, July 9, 1969.
35) *ST*, July 9, 1969.
36) *ST*, August 15, 1969.
37) *ST*, August 15, 1969.
38) *ST*, August 1, 1970. 労働相秘書官アブドゥル・カディル・タリブ（Abdul Kadir Talib）の発言。

このように，ラーマン辞任要求運動以後，政府機関やマレー人政治家が，資本所有や雇用の分野におけるマレー人利益の保護を目的とした政府介入の必要性を訴えるようになった。その一方で，非マレー人企業家をはじめとする非マレー人団体は，政府介入をできるだけ抑え，現行の自由な企業活動を保障する必要を認識するようになった。そして，このような認識が，憲法改正に対する非マレー人の態度を形成していく。

## 4 ── 国家諮問評議会における政治制度をめぐる議論

1970年1月，「わが国に不断の平和と安定を創出するために，民族的な問題に対する恒久的な解決を見つける」[39]ことを目的としたNCCの第一回会議が召集された。同評議会は，NOC，行政府，州政府，サバ州，サラワク州，宗教団体，専門家団体，報道，労働組合，企業組合，教師組合，少数派民族 (minority groups)，女性，与野党の代表から構成され，政党としてはDAPを除くすべてが参加した[40]。

NCCは，メンバーが「恐怖心なしに意見する」ことを可能にするために秘密会合とされ，会合は最低でも三ヵ月ごとに行われること，議決に必要な定員数は全メンバーの半数以上であること，そして，代表にはNCCにおける発言や提案に関して免責特権が与えられることが約された[41]。

憲法改正は，3月の第二回会合において初めて議論された。同会合で，ラザク副首相は，「マレーシアが議会制民主主義を回復するきざしがある」と示唆しながら，その条件として，経済分野において「マレー人が平等の機会を与えられる」こと，議会制民主主義が5月13日の暴動のような危機を招かないことを保障するために，憲法に保護規定が定められることを提案した[42]。

こうして提案された「保護規定」の具体的な形態として，6月に開催された第三回会合では，(1) 国語，(2) マレー人とその他の先住民族の特別の地位，(3)

---

39) *ST*, January 1, 1970.
40) NOCはDAPに対しても二名の代表候補を選出するよう要請をしたが，同党はあくまでもISAの下で拘留中であった党首リム・キッシァン (Lim Kit Siang) 党首を代表とすることを主張し，不参加を決定した (*ST*, January 15, 1970)。
41) *ST*, January 28, 29, 1970.
42) *ST*, March 4, 5, 1970.

市民権の三点に関連する憲法規定を硬性化すること，さらに1948年扇動法を改正し，これらの規定を争点化することを扇動罪とすることが合意された。またこのときには，民族間の経済，社会的格差も議論された[43]。

NOCは，7月に，NCCにおける「一般的な合意」にもとづき[44]，非常事態勅令（Emergency (Essential Powers) Ordinance No. 45, 1970）を発令し，扇動法を改正し，「国語，マレー人とその他の先住民族の特別の地位，マレー人統治者の特権と宗主権に関連する憲法の規定により確立され保護されている，あらゆる事項，権利，身分，地位，特権，宗主権もしくは大権に異議を唱える傾向のある言葉や声明を発言，印刷，出版」することを禁止した[45]。ただし，議会が再開した際には，これらの事項の実施方法に異議を唱えることは扇動法違反とならないことも明らかにされた。

また，これとあわせて1966年結社法も改正され，内務省結社登録官に対して，常習的に扇動法に違反する結社の登録を取り消す権限が与えられた。同改正に対しては，PPPが，登録官に与えられた権限が濫用される可能性があるため，NCCによる議論を経るべきであるとして，また，DAPが，議会審議にかけられるべきであるとして反対したが，与党に加えて，野党のグラカン，PASが支持を表明した[46]。

8月に召集された第四回会合では，民族間の分配問題に関し，(1) 国民統合のために民族間の経済的不均衡が縮小されるべきこと，(2) 全ての民族内部に貧困問題が存在するため，「持つ者」と「持たざる者」の格差を是正する必要があることが合意された[47]。

こうして，扇動法が改正され憲法改正への道筋がついたこと，経済政策に関連して大筋の合意が成立したことにより，議会制民主主義再開の見通しが立っ

---

43) *ST*, June 19, 1970.
44) *ST*, July 31, 1970.
45) 植民地政府が制定した1948年扇動法は，扇動的傾向のある行為として，(a) スルタンもしくは政府に対する憎悪，侮辱をもたらす，または不満を煽ること，(b) 臣民もしくは政府によって統治されている領域内の居住者に対して，非合法な方法による合法的な事項の変更を促すこと，(c) マラヤ連邦（マレーシアの編成に伴い修正），もしくはあらゆる州の行政に対して憎悪，侮辱をもたらす，または不満を煽ること，(d) 国王，スルタンの臣民，マレーシア，もしくは，あらゆる州の居住者の間に，不満や不信を惹き起こすこと，(e) マレーシア人民の異なる民族，もしくは階級間の悪意と敵意を働きかけること，の五点を定めていた。
46) *ST*, July 28, August 1, 1970.
47) *ST*, August 14, 1970.

た．政府は 8 月 31 日の独立記念日に，議会制民主主義が翌年 2 月に復活すると発表し，議会再開に向けて，扇動法に定められた事項以外の問題について議論する市民の権利が回復すると発表した[48]。

その後，憲法改正法案は 12 月の会合で議論された。NCC の声明によれば，同委員会は「国語，マレー人とその他の先住民族の特別の地位と，市民権に関する憲法規定を硬性化」すること，非マレー人の正当な利益を害することなく，マレー人とその他の先住民族に対して高等教育機関における学籍を割り当てることについて議論したという[49]。

## 5 ── 議会再開へ向けた諸勢力の思惑

市民の政治活動が許可された 1970 年 9 月から 1971 年 2 月の下院における憲法改正法案審議までの間に，政党やその他の団体が，政治制度に関する選好を表明した。ここでは，マレー人企業家と UMNO，MCA と華人経済団体および，華人専門家に分けて，それぞれの主張を見ていきたい。

### 5-1　マレー人企業家と UMNO による政府介入要求

マレー人企業家を代表するマレー人商業会議所連合 (Associated Malay Chambers of Commerce: AMCC) は，暴動後，ACCC の提案に従って，マレー人企業家と華人企業家のジョイント・ベンチャーを目的とした華人・マレー人経済諮問委員会 (Sino-Malay Economic Advisory Board) を設立した[50]。自らがマレー人企業家に対する援助の供与主体となることで政府による過度の介入を抑えようとしていた華人企業家の意図を反映し，同委員会はあくまでも華人企業家とマレー人企業家の民間協力と位置付けられていた。

しかし，AMCC は，「センシティヴ・イシューが議論される可能性に鑑みて」，政府が華人・マレー人経済諮問委員会を後援することを要請した[51]。こ

---

48) *ST*, August 31, 1970.
49) *ST*, December 10, 1970.
50) *ST*, July 9, September 13, 17, October 4, 1969.
51) *ST*, October 17, 1970. AMCC 会合における決定。

こには，マレー人の商工業セクターへの参入を，華人企業家との紳士協定によってのみならず，政府の強制力を背景として実現しようとするマレー人企業家の狙いを見てとることができる。

同様に，UMNO も政府が分配問題に介入することを要求した。1971 年 1 月上旬から下旬にかけて開催された各州会議や総会では，マレー人の経済的地位，マレー人若年層や地方部の失業問題，国語としてのマレー語の地位が主要な論点となった。たとえば，ある党員は，卸売市場が華人によって制御されているために，常に華人小売商がマレー人よりもよい値で取引していると訴えた[52]。また，非マレー人企業におけるマレー人の雇用の少なさが問題視され，政府が雇用者に対して，被雇用者の 40％をマレー人とするよう強制すべきであると論じるメンバーもあった[53]。このほかにも，ある党員は，国語の使用に反対する者を批判し[54]，国内のすべての学校が国語を教授語とすべきことなどを主張した[55]。

このように，マレー人団体は，マレー語の国語や教授語としての地位の確立，マレー人企業家の苦境からの脱出，若年層や地方部のマレー人の失業といった問題を，政府の強制力を用いて解決することを目指した。

## 5-2　政府の経済介入の制限と市民権の保障

華人経済団体や専門家，MCA も，あるべき憲法改正について，意見を表明した。たとえば，ACCC は政治活動の許可が出た直後から憲法問題について議論を始めており，明言は避けつつも，憲法のいくつかの規定の「硬性化」が全てのマレーシア人の持続的利益に貢献するとしている[56]。

この時期の華人が多数を占める民間セクターにとっての懸案事項は，マレー人の商工業分野における発展を目的として 1969 年 11 月に設立された国営企業公社（Perbadanan Nasional Bhd.: PERNAS）であった。たとえば UCC は，ラザクと PERNAS 会長のラザレイ・ハムザと会合を持ち，建築資材の調達は PERNAS

---

[52] *ST*, January 24, 1971.
[53] *ST*, January 24, 25, 1971.
[54] *ST*, January 4, 1971.
[55] *ST*, January 23, 1971.
[56] *ST*, September 17, 1970. ACCC 会長 T. H. タンの発言。

のみから行われるとしたスランゴール州開発公社 (Selangor State Development Corporation) の通達に対して懸念を表明した[57]。これに加えて，前述の雇用（制限）法に関しても，ACCC 会長が，企業は損失を被ってまで適切な構成比の労働力を持とうとはしないであろうと述べている[58]。

このように政府の産業政策，労働政策への懸念を示した華人コミュニティに対し，MCA は「経済的な安定を欲するのであれば……，マレーシアと国家目標に政治的にコミットせよ」と呼びかけた[59]。これに呼応するようにして組織されたのが MCA 党員と華人専門職が主導した「華人連絡委員会 (Chinese Liaison Committee)」であった。同委員会は憲法改正に関連して次の決議を採択した。第一に，「すべてのマレーシア人の平等で不可侵の権利と基本的自由は神聖なものであり，すべての政治的，社会的，文化的，そして経済的境界を超越する」。第二に，「我々の増大する繁栄が広範にわたり共有されるために，すべての民族の持たざる者を向上させるためのあらゆる努力がなされなければならない」。第三に，「我々は……民主的で公正な社会における，すべてのマレーシア人の経済，社会，政治的発展のための平等な機会を促進するために……，他のマレーシア人と協力する」[60]。

委員会の代表を務めた弁護士のアレックス・リー (Alex Lee) によれば，「我々の子供や孫が，多民族国家マレーシアにおいて平等な機会と正当な地位を持つことを保障するため」，具体的には，すべての民族の「持たざる者」が援助され，また，いかなる者もある民族に属するという理由で職を追われることがないよう保障するためには，華人の団結が必要である。彼はまた，「憲法に定められるとおり，我々はその他の者と同じように，ここに住み続ける (remain) 権利を与えられている」と述べた[61]。

このように，華人企業家や専門家は，(1) 国営・公営企業が自分たちのビジネスと競合し，さらには，政府の強制力を背景にした割り当て制等によって自身の利益が害されること，(2) 労働者の民族構成比が全人口における構成比を反映すべきであるというマレー人の主張が，企業活動に支障をもたらすこと，

---

57) *ST*, November 18, 1970.
58) *ST*, October 18, 1970.
59) *ST*, December 15, 1970.
60) *ST*, February 8, 1971.
61) *Ibid*.

(3) 民族間の経済格差を是正せよとの要求のために，非マレー人内部にも存在していた貧困の問題が看過されてしまう可能性があること，そして (4) 市民権や居住権を剥奪される可能性があることを問題としていた。華人社会は，このような事態を避けうるような政治制度を希求し，憲法改正を進めた。

## 6 —— 1971 年憲法（修正）法案の内容とインプリケーション

1970 年 9 月にラーマンの後を継いで首相に就任したラザクは，1971 年憲法（修正）法案を下院に上程するにあたり，法案の目的を次のように説明した。第一に，「議会制民主主義が円滑に運営されるよう，センシティヴ・イシューに関する公の議論を禁止する」こと，第二に，「民族間で均衡が見られない問題を法によって是正する」ことである[62]。1971 年憲法（修正）法案は，既存の憲法を次のように改正することを目的としていた。

### (1) 10 条：言論，集会，結社の自由

言論，集会，結社の自由について定めた 10 条は，新しい 4 項の挿入により改正された。4 項は，「議会は，本憲法の第三部（市民権），152 条（国語），153 条（マレー人とサバ・サラワク両州の先住民族の特別の地位），181 条（スルタンの宗主権）の規定により確立もしくは保護されたあらゆる事項，権利，身分，地位，特権，宗主権もしくは大権を争点とすることを禁ずる法を通過させることができる」（括弧内は，引用者による）とする新しい規定である。ただし同項は，以上の規定の実施についての議論は禁止しないことも併せて記した。

### (2) 63 条，72 条：国会議員および州議会議員の特権

国会議員の特権について定めた憲法 63 条と，州議会議員の特権について定めた 72 条は，それぞれ新しい 4 項の挿入によって改正された。この改正により，議員は議会における議事，または，委員会における発言および投票について法廷における訴追を受けないとする議員の免責特権が，「10 条 4 項の下で通過した法，……1948 年扇動法の違反で起訴された者には適用しない」とされた。

---

[62] *Penyata Rasmi Parlimen Dewan Rakyat* (PRPDR), Februari 23, 1971, p. 55.

(3) 152条：国語

国語に関する152条は，新しい6項の挿入により改正された。152条1項では，国語，すなわちマレー語が公用語となることが定められているが，次のような但し書きがある。

> 但し，
> (a) 何人もその他の言語の（公用目的以外での）使用，教授および学習を禁止されること，または妨害されることはない。
> また，
> (b) 本規定における何ものも，連邦内のあらゆるコミュニティの言語の使用と学習を保護，維持するための連邦政府およびいかなる州政府の権利を損なうものではない。

新しい6項は，1項(a)の内容を具体的に指示するために，「公用目的」の意味を，「連邦もしくは州政府の目的，または，あらゆる公共機関における目的」と定義し，マレー語の使用が義務付けられる範疇を明確化した。

(4) 153条：マレー人およびサバ，サラワク両州の先住民族の特別の地位

153条は，マレー人およびサバ，サラワク両州の先住民族に対する公共機関での就職機会や免許等に関する割り当てと，その他の民族の正当な利益について定めた規定であり，本書の関心に鑑みれば，新しい規定8A条の挿入が特に重要である。同規定は，高等教育機関における入学者数の一定の割合をマレー人およびサバ，サラワク両州の先住民族に割り当てるよう当局に指示する権限を，国王に対して与えている[63]。また，マレーシア連邦の成立に対応して，

---

[63] このほかにも，新しい規定9A項において「サバ，サラワク両州の先住民族」が定義された。さらに，これらの改正にしたがい，161A条が改正されている。サバ，サラワクの先住民族の特別の地位について定めた改正前の161A条には，153条の保護の対象から両州の先住民族を除外する規定があったが，これらの規定は前述の153条の改正に伴い削除された。これにより，サバ，サラワクの先住民族は，奨学金や公共セクターにおける雇用について，半島部のマレー人と同等の地位を持つことになった。

本書はサバ，サラワクの政党の民族意識や，半島部と両州との権利や地位をめぐる関係について十分カバーできなかった（この点については，たとえば山本（2006年）を参照されたい）。本論で，161A条，153条9A項，153条の「マレー人」の語の後に「サバ，サラワク両州の先住民族」という語を含めるとする改正については論じないが，ここでその概要に触れておく。

この問題について下院で発言したのは，サラワク国民党（Sarawak National Party: SNAP），ブミプトラ党（Parti Bumiputra Sarawak），サラワク統一人民党（Sarawak United People's Party: SUPP），サラワク民衆党（Barisan Rakyat Jati Sarawak: Berjasa），統一サバ国民組織（United Sabah National

条文中の「マレー人」という語の後に「サバ，サラワク両州の先住民族」を追加することにより，後者を153条による保護の対象に含めた。

(5) 159条

憲法改正には上下両院の2/3の過半数が必要であることを定めた159条について，5項が改正された。改正後の5項は，憲法10条4項，同規定の下で通過した法律，憲法第三部，63条4項，72条4項，そして159条5項が，各州のスルタンから成る統治者会議 (Conference of Rulers) の同意なしには改正されえないとし，これらの規定を硬性化した。

以上の憲法改正は二つの機能を持っていた。第一に，民族的属性に由来する権利と，民族的属性の定義，再定義である。「公用目的」での言語の使用等に関する152条，「マレー人およびサバ，サラワク両州の先住民族」に関する153条の改正がその例である。第二の機能は，10条，63条，72条そして159条の改正に見られる，憲法に定められた特別の地位や市民権，言語に関する権利など，各民族の権利そのものを公の議論の対象から除外し，硬性化することであった。

---

Organization: USNO)，サバ華人協会 (Sabah Chinese Association) の代表である。これらの政党の間では，これらの改正が両州のブミプトラの権利を剥奪するのか，それとも彼らの福祉を増大させるのか，という点について論争が展開した。また，152条の改正によって，英語の公用語としての使用に影響が出るのではないかという懸念も提起された。

両州がマレーシアに編入される際にサラワク州の代表としてマラヤ政府，英国政府と交渉したSNAP議員は，152条の改正が，1973年まで，あるいは，議会がそのように決定するまでサバ，サラワク州において英語が公用語として使用されるとした1963年のロンドン合意と，それにもとづき挿入された152条3項に反していることを問題とし，また，161A条の改正がロンドン合意の蹂躙であると論難し，改正に反対した。さらに，10条4項の規定がサラワク州には及ばないことを明記すべきであると主張した。

これに対して，ブミプトラ党とSUPPは，SNAPが締結したロンドン合意こそが，両州における先住民族の地位向上を妨げているという点からSNAPに反論した。

結局，SNAPが提起した点について，改正は両州に対して不利益を与えるものではないという説明が政府によってなされ，全ての政党が改正法案に賛成した。

## 7──法案に対する態度 (1) ── 与党

上程された法案に対する各政党の発言は次の通りであった。

### 7-1　UMNO

UMNO議員は憲法改正が次の二つの意義を持つと理解した。第一に，暴動の構造的原因であるマレー人の経済的，社会的後進性を政府が解決することを可能にする点である。第二に，暴動の直接的原因であった野党による国語やマレー人の地位の争点化を禁止することである。

#### マレー人の特別の地位の保護と実施

下院では，UMNO議員のほとんどが，マレー人の経済的後進性を根拠としてマレー人の特別の地位の保護と同規程の実施を主張した。ガファー国家・農村開発相は，建設業，林業，ホテル産業へのマレー人の参入が小規模にとどまっていることや，彼らが民間銀行から融資を受けられないといった実態に言及し，次のように述べる。「マレー人は何よりもまず商業と工業領域に参入したいと思っており，一方華人とインド人は国内のあらゆるレベルにおけるすべての商工業分野を満たしていると言える。マレー人が商工業分野における同様の分け前を得るための適切な協力を華人とインド人が行わないのであれば，民族抗争の不在は長続きせず，すべての者を危険にさらすだろう」[64]。よって，153条が，「マレー人が商業と工業の領域において，より多くの分け前を得るのを助けるために」実施される必要がある[65]。

鉱業分野についても同様の主張があった。ガザリ・ジャウィ (Mohamed Ghazali Jawi) 国土・農業相は，鉱業分野において，資本，雇用ともにマレー人の参入が低いレベルにとどまっていると指摘し，繁栄の分け前にあずかれない

---

64) *PRPDR*, Mach 2, 1971, Menteri Pembangunan Negara dan Luar Bandar (Abdul Ghafar Baba), p. 421. 同相は，次のような統計を発表した。国内の5,510人の建設業者のうち，3,823人が非マレー人，国内の453の製麺所のうち，マレー人が所有するものは51箇所，1,058箇所の倉庫のうち，マレー人が経営するものは70箇所のみで，しかもすべてが非常に小規模である。67の優良ホテルのうち，マレー人によって経営されているものは一つもない。

65) *Ibid.*, p. 413.

不満感からマレー人とその他のブミプトラが反抗する可能性を防ぐために，マレー人の特別の地位を保護し，実行する必要があると主張した[66]。

また多くの議員が，専門職や技術職においてマレー人が占める割合の低さや，高等教育機関におけるマレー人学生の割合の低さを指摘し[67]，マレー人の経済的地位向上のためには，高等教育機関への入学者数を増やすことが必要であると主張した[68]。

マレー人の特別な地位を保護する必要の第二の根拠として，UMNO議員は，独立憲法制定の歴史的背景に言及した。彼らによれば，マレー人の特別の地位は，「マレーシアの本来の主（*tuan punya yang asal negeri Malaysia*）」[69]であったマレー人が，移民労働者として定住した非マレー人に対して市民権を付与することと引き換えに憲法に組み込んだ権利であり，「政治的権利を非マレー人の兄弟と共有することに合意した彼らの寛大さの見返りに保障されなければならない権

---

66) *Ibid.*, Mach 3, 1971, Menteri Pertanian dan Tanah (Mohamed Ghazali Jawi), p. 520. 同相が示した概算によると，非マレー人と外国人所有の鉱山が1,009箇所，マレー人所有の鉱山が79箇所，鉱業分野における労働者37,899人のうち，マレー人は8,560人にとどまる。

マレー人の後進性に関するUMNO議員の認識が興味深いので，ここに引用する。ある議員によれば，マレー人の経済的後進性や貧困は，英国植民地統治に由来する。たとえば，ある農村部選出の議員は次のように論ずる。英国統治下で，インド人と華人が労働者として現在のマレーシアにやってきた。マレー人が「あまり働いてはいけない」とする当時のウラマの教えに従い，また，農民か，漁師か，それとも公務員かという三つの選択肢しか持たない一方で，インド人と中国人は労働し，富を蓄積し，土地を所有するようになった。

マレー人はこの苦境から脱出するために独立しようとしたが，英国は，インド人と華人とともに独立することを条件とした。そのために，マレー人は独立を目的として華人とインド人の協力を求め，華人とインド人はその代わりにこの国の市民権の付与を約束された。独立後13年が経ち，市民権を得たインド人と華人の中に富裕な者が登場する一方で，独立を最も欲したマレー人の中には一ヶ月40リンギで生活し，華人の土地に借家住まいをしている者がいる。また，マレー人がビジネスセクターに参入しようとしても，外国企業からの受注は慣習的に非マレー人に対して与えられるようになっているなどの障壁がある（*Ibid*, Februari 23, 1971, Ahmad Arshad, pp. 113-141）。

67) たとえばガファー国家・農村開発相は，政府機関で医師，あるいは技術者として働く1,045人のうち，マレー人は96人に過ぎないとしている（*Ibid.*, Abdul Ghafar Baba, p. 416）。また，情報相秘書官シャリフ・アハマド（Shariff Ahmad）は，マレー人学生の大学進学学校への入学者の割合が低いことを指摘した。同議員によれば，1969年度の合格者は，非マレー人1,740人に対して，マレー人397人であるという（*Ibid.*, Mach 2 1971, Setiausaha Parlimen Kepada Menteri Penerangan (Shariff Ahmad), p. 375）。

68) *Ibid.*, Februari 24, 1971, Ahmad Arshad, p. 138; Mach 2, 1971, Bibi Aishah Hamid Don, p.440; Menteri Kesihatan (Sardon Jubir), p. 450.

69) *Ibid.*, Mach 1, 1971, Ali Ahmad, p. 368.

利」なのである[70]。したがって,「かつて市民権を与えられたこの国の外国人 (orang2 asing) によって現在享受されている市民権と政治権力と同様に, 公正な収入 (rezki) の分配が行われる」必要がある[71]。

換言すれば, UMNO議員は, マレー人の特別の地位がマレー人と非マレー人の権利の相互依存の上に成立しているとみなしている。国家・農村開発相としてマレー人の経済発展のために尽力していたガファー・ババの「……153条を削除するようにという非マレー人の要求は, 彼らに与えられた市民権を剥奪するようにというマレー人の要求と等しい」とする発言は, このような認識を端的に示している[72]。同相は次のように論じる。「私は, マレー人に対し, 現在マレーシアに住んでいる非マレー人はここに住み続けるであろうし, もし追放されたり, 彼らの権利が侵害されるようなことがあれば黙っていないだろうと忠告したい。非マレー人に対しては, マレー人もまた, 経済における彼らの運命が永久に後進的であったならば, 黙っていないと忠告したい。将来に向けた最良の方法はたった一つである。マレー人が, 華人とインド人を外国人とみなすのではなく, この国の国民とみなし, 華人とインド人が, 協力, あるいは援助を与える, もしくは, マレー人が非マレー人と同じ高みに登れるよう政府の計画を支持することである」[73]。

ただし, 153条の実施については, UMNO内部でも異なる二つの態度があった。第一の態度は, 153条が定める非マレー人の正当な利益にも十分に留意すべきというものである。たとえば, 同規定が「ある割合をマレー人に割り当てる一方で, ……非マレー人の権利を破壊したり, これに抵触したりしないことを保障していることは明らかである」とする発言がある[74]。また, ガファー国家・農村開発相は, ブミプトラ殖産振興公社 (MARA) が非マレー人に対する貸付や, 奨学金貸与を行っていることを証拠として挙げながら, 同機関を通じた153条の実施が, 非マレー人にも恩恵をもたらすと論じている[75]。

他方で, 同規定の実施によってマレー人の経済的福祉が向上することを確実に保障するために, 10条4項による自由の制限の適用範囲の拡大を求める議

---

70) *Ibid.*, Menteri Perdagangan dan Perushaan (Mohamed Khir Johari), p. 344.
71) *Ibid.*, Mach 3, 1971, Menteri Pertanian dan Tanah (Mohamed Ghazali Jawi), p. 522.
72) *Ibid.*, Mach 2, 1971, Menteri Pembangunan Negara dan Luar Bandar (Abdul Ghafar Baba), p. 423.
73) *Ibid.*, p. 413.
74) *Ibid.*, Februari 24, 1971, Syed Nasir Ismail, p. 164.
75) *Ibid.*, Mach 2, 1971, pp. 410–426.

員もいた。農村部を代表するある議員は，これらの「センシティヴな」「規定の実施に対しても保護が与えられることを期待する」と述べている。ここで「センシティヴな」「規定の実施」とされるものの具体的な内容は，153条を根拠としたNEPの実施である。同議員によれば，NEPによって地方都市に工業地帯が作られたとしても，マレー人は技術がないという理由で雇用されず，その代わりに外部からやってきた人々が熟練労働者として定住するようになる。そうなれば，技術を持たないマレー人が雇用される可能性はますます低くなる。同議員は，政府がこの問題に対処すべきであり，153条の実施についても言論の自由が禁止されるべきであるとした[76]。UMNO内部には，NEPの実施が本当にマレー人の失業を解決するのかという疑念があり，マレー人の特別の地位を根拠とした政府による経済援助を確実に効果あるものとするために，さらなる政治的自由の制限を求める声があったのである。

### マレー人の特別の地位と国語に関する議論の制限

特定の問題について市民および上下両院議員の自由を制限する10条4項，63条，72条の改正は，選挙活動においてマレー人の特別の地位とマレー語の地位を争点とすることにより支持を集めてきたDAPとPPPの活動を規制する必要があるという理由で，UMNO議員によって支持された。

UMNO議員は，5月13日の暴動の直接的な原因を，新たに政治に参入したDAPやPPPが独立時の民族間の取り決めを攻撃したことに求めた。彼らによれば，「華人，マレー人，インド人の間で合意がなされたときには，DAPやその他の政党は存在しなかった。……合意や契約は遵守されなければならず，ほじくり返されてはならないのである」[77]。契約が「ほじくり返された(di-ungkit²)」事例として，DAPが華語の公用語化を訴えたことが問題視された。たとえば，ある議員は，「我々は彼らに市民権を与え，彼らの統合も可能にする言語の使用（マレー語）を希求した」（括弧内は引用者による）。にもかかわらず，「彼らは突然，自身の言語を公用語にしようとするのである。このような者の市民権は剥奪し，出身国に送還したほうが，この国にいて騒乱を起こすよりもよい」としている[78]。また，憲法に定められたマレー人の特別の地位に異議が

---

76) *Ibid.*, Bibi Aishah Hamid Don, p. 438.
77) *Ibid.*, Februari 23, 1971, Raja Nong Chik Raja Ishak, p. 110.
78) *Ibid.*, Ahmad Arshad, p. 115.

唱えられることに対して，マレー人にも我慢の限界というものがあるという発言があった[79]。

憲法改正は，「『邪悪な』人間と『善良な』人間とを区別するダム」を形成し[80]，「有権者からの支持を集めるうえで，センシティヴでコミュナルな争点に訴える」政党ではなく，「イデオロギーやその他の社会，政治的アプローチにもとづく政党の成立を促進する」と考えられた[81]。

このように，UMNOは，マレー人の経済，社会的後進性，マレー人の特別の地位の歴史的背景にもとづき，特別の地位の保護と拡大を，また，マレー語の国語としての地位にもとづき，国語に関する規定の保護を主張した。これに対して，非マレー人与党は，特別の地位の「行き過ぎ」を防ぎ，自分たちの経済的利益を守ること，非マレー語や自分たちの市民権を守ることを目指した。

## 7-2 MCA

MCA党首であったタン・シウシン財務相は，法案全体を次のように評価した。「これは明らかに非マレー人にとっての前進である」。なぜなら，改正によりもはや「誰も，この国における完全な市民権という，非マレー人の不可侵の権利に異議を唱えることはできない」からである[82]。

MCA議員が憲法改正を支持したのは，彼らが法案に次の意義を見出したからであった。第一に，市民権に異議を唱えることが禁止されること。第二に，非公用目的のためのマレー語以外の言語の学習や使用，教授が保障されること。第三に，言語の問題が政党政治の領域から除外されること。第四に，マレー人の経済的地位を高めるうえで非マレー人の利益が損なわれることはなく，また，153条の実施の公正さを問題とする権利が保障されていることである。

---

79) *Ibid.*, Mach 2, 1971, Menteri Kesihatan (Sardon Jubir), p. 452.
80) *Ibid.*, Mach 1, 1971, Setiausaha Parliament kapada Menteri Penerangan (Shariff Ahmad), p. 374.
81) *Ibid.*, Menteri Perdagangan dan Perusahaan (Mohamed Khir Johari), pp. 342-343.
82) *Ibid.*, Februari 23, 1971, Menteri Kewangan (Tan Siew Sin), p. 69.

## 市民権

　まず，市民権について定めた第三部について，これを争点とすることを禁じたうえで硬性化する改正が支持された。

　市民権証の再検査や雇用（制限）法の実施に加えて，隣国インドネシアで，スハルト大統領就任後に華人に対する抑圧が起こったことは，インドネシアにおける華人と同様の運命をたどらなければならないのではないかという畏れを華人社会に抱かせた[83]。「私自身，非マレー人の市民権の地位が争点とされるたびに，多大な不快感を覚えていた。ひとたび市民権が与えられたのならば，彼，あるいは彼女は，憲法の下で他の人々と平等の権利を持つということを，ここではっきりさせようではないか。ついでながら，UMNOとPASの友人に対し，たとえば『外国人（*bangsa asing*）』という語の使用をやめるようお願いしたい。……市民として受け入れられたのであれば，我々はもはや『外国人』ではない。非マレー人にしてみれば，自分たちが『外国人』とされる限り，受け入れられていると心から感じることはできない」とするリー・サンチュン（Lee San Choon）副労働相の発言は，この時期の華人コミュニティの不安を端的に表している[84]。

　このような不安を緩和するために，MCAは，市民権規定の保護と硬性化を支持したのである[85]。

## 華語の学習，使用，教授

　市民権とともに，言語問題も重要な争点だった。MCAは152条の改正を，「マレー語に国語，公用語の地位を与える一方で，この国の他のコミュニティの言語の使用と学習の継続を保障する」と解した[86]。この発言の背景には，

---

83) *FEER*, June 26, 1969, p. 702.
84) *PRPDR*, Februari 25, 1971, Menteri Muda Buroh (Lee San Choon), p. 261.
85) この点に対しては，議会外でも支持が表明されている。たとえば，タン財務相は，憲法改正直前のMCA支部への回状で，市民権についての議論を禁止することにより，いかなる者も非マレー人の持つ不可侵の市民権に異議を唱えることができなくなると述べている（*ST*, January 24, 1971）。また，市民権証の再検査が「非マレー人から市民権を奪うための巧妙な方法と解され，不安と憤慨とを引き起こしてきた」として，政府に対して憲法30条の下で発行された証明書の再検査を中止するよう要請してきたMCAの一支部は，憲法改正によって，非マレー人の市民権が疑いの余地のないものであるということが明らかにされたと評価した（*Sabah Times*, March 5, 1971）。
86) *PRPDR*, Februari 23, 1971, Menteri Kewangan (Tan Siew Sin), pp. 69–70.

1967年国語法以来，華語の使用等に関する保障が十分でないという認識があった。しかし，憲法改正により「公用目的」が定義されたこと，換言すれば，「公用目的」以外の目的，つまり，マレー語以外の言語の使用が認められる領域が明確化されたことにより，華語を使用，学習する権利も明確化され保護されたとMCA議員は理解した。たとえば，リー副労働相の，「この国の人間が国語に対して相応の考慮と尊敬を与えている限り，華語学校の閉鎖などといったことを主張する必要性は見出せない」という発言はこのような理解を的確に示している[87]。

国語の地位を定めた152条に関する自由の制限は，一見するとマレー語の地位を保護しているだけに見えるが，非マレー人にとっては，非マレー語の使用や教授をも守るものだったのである。

### センシティヴ・イシューに関する言論の自由の禁止

言語問題は，第三の論点である言語に関する公の議論の禁止とも密接に関連している。非マレー人社会における主要な政治的争点が言語であり，1969年選挙においてこれを争点とする野党に対してMCAが大幅な議席減を経験したことからも，この改正は支持された。たとえば，MCA役員は次のように述べる。

> 報道の一部は，152条に関する議論において，発言者がマレーシア語（＝マレー語）の重要性について論じた部分には何ら言及せずに，その他の言語の神聖さに触れた部分だけに言及し，詳述し，取り沙汰する。そして，その発言者は反マレーシアの烙印を押される。同様に，別の報道は――これが法案の重要性を例証するものなのだが――ちょうど逆のこと，つまり，発言者がマレーシア語の重要性を強調したという点を長々と報道し，この発言者が華人であれば，彼は反華人とか，華人に対する反逆者の烙印を一夜にして押されるのである。……こうして，ある者は反華人，反マレー人というレッテルを同時に貼られ，誰の味方でもなくなってしまうのである（括弧内は，引用者による）[88]。

連立与党内の他民族を代表する政党との関係を考慮せずに，「なぜ華語が公用語にならないのか」，「マレー人の特別の地位は廃棄されなければならない」とか，「なぜ非マレー人が市民になるか。なぜ国語が他の言語を排除して使用

---

87) *Ibid.*, Februari 25, 1971, Menteri Muda Buroh (Lee San Choon), p. 261.
88) *Ibid.*, Khaw Kai Boh, pp. 273–274.

されないのか」など，特定民族の利益のみを主張し，他の民族の利益や権利に配慮せずにすむ野党とは異なり，MCA は中道を取らねばならないために「国民からの最大限の支持を得ることができない」。MCA 議員は，法案が，選挙における支持獲得のための素材として利用されやすい問題を公の議論の領域の外に置くことにより，「中道が取られることを可能にする」と解した[89]。1969 年選挙において，「多言語主義」を標榜した DAP が MCA の票を大幅に浸食したことに鑑みれば，MCA がこの改正を支持したことは当然といえよう。

マレー人の特別の地位

最後に，マレー人の特別の地位に関する議論をまとめたい。MCA は，マレー人の特別の地位の規定を拡大し，これを公的議論の領域から排除する改正を支持するにあたり，華人社会に対してこの改正の妥当性を説明する必要があった。マレー人の経済的後進性と彼らが非マレー人に与えた市民権への見返りという根拠によって改正を正当化した UMNO に対して，MCA は全く別の論理を展開している。

第一の論理は，この特権が一時的な救済措置にすぎないということであった。これはたとえば，「私は，マレー人指導者が，マレー人自身はマレー人の特権それ自体を誇りには思っていないと述べるのを何度も聞いた。彼らは，時が来ればこの特別な地位を削除するよう自主的に求めると言った」とする発言に明らかである[90]。第二の論理は，「この国は（経済的に）かなり余地がある（comparatively empty）」ために，「マレー人を経済的に向上させるために非マレー人から何かを奪う必要はない」（括弧内は，引用者による）というものであった[91]。

第三に，153 条の実施方法，すなわち政策に異議を唱える権利が重視された。たとえば高等教育機関への入学者割り当てに関する 153 条 8A 項の改正に関して，「非マレー人が入学資格を奪われるのみならず，行政的な妨害手段によっ

---

89) *Ibid.*, p. 281. 憲法改正法案をめぐる国会審議より以前に，タン党首もまた，MCA や MIC が，マレー人の特別の地位と，連盟党の教育と言語に関する立場とを弁護せねばならなかったために，常に不利に立たされてきたと述べていた（*ST*, January 18, 1971）。
90) PRPDR, Februari 25, 1971, Menteri Muda Buroh (Lee San Choon), p. 261. つまり MCA は，153 条の規定を市民権の見返りとしてではなく，マレー人の経済的地位を向上させるための暫定的な規定であると理解していた。これは，第 2 章でも触れた，憲法起草時の合意にも適っている。
91) *Ibid.*, Februari 23, 1971, Menteri Kewangan (Tan Siew Sin), p. 71.

て，彼らの子供を高等教育のために海外に送り出す機会も奪われるという噂」もあり[92]，華人社会を代表するMCAにとっては，実施の方法を問題とする権利の保障は死活的問題であった。

タン財務相は，153条が経済や教育の分野において自分達に不利をもたらすような方法で実施されるのではないかという不安を抱える華人社会に向けて，10条4項によって議論を禁止される事項についても，その実施方法を問題とする権利は保障されているということに繰り返し言及した[93]。

## 7-3 MIC

連盟党内でインド人利益を代表するMIC議員にとって憲法改正は次のような意義を持っていた。第一に改正は彼らの市民権を保護する。第二にタミル語の維持を保障する。第三に，諸権利の実施問題を議論する自由が保障されている。第四に，野党によるセンシティヴ・イシューの利用を禁止することができる。最後に，少数派であるインド人が政治的影響力を保持することを可能にする連合政権を維持できることである。

### 市民権

MICの議員は，MCA議員と同様に，憲法改正によって言語と市民権が政治的争点から除外されることを評価した。例えば，副党首であったマニカヴァサガム（V. Manickavasagam）労働相は，「法案に含まれた改正の一節により，国会議員も含めたいかなる者も……もはや市民権の剥奪や国外追放などの過酷な提案をするためにこの尊厳ある組織（国会）の特権を利用することはできない」（括弧内は，引用者による）と述べた[94]。

### タミル語教育の存続

彼はまた，言語問題を争点とすることを禁ずる改正についても，「改正は国会あるいはその他の場所において発せられている，華語，タミル語教育に対し

---

92) *Ibid.*, Februari 25, 1971, Khaw Kai Boh, p. 283.
93) *Ibid.*, Februari 23, 1971, Menteri Kewangan (Tan Siew Sin), p. 71; *ST*, January 24, February 19, 1971.
94) *Ibid.*, Februari 24, 1971, Menteri Buroh (V. Manickavasagam), pp. 174-175.

て公的資金が投入されていることに対する不満を止める」と評価した[95]。

### 153条の実施

さらに,同副党首は,公の場での議論が禁止される事項に関し,実施方法を問題とする権利が保障されていることについて,「争点化,批判することから排除されるのは,『センシティヴ』とされる我々の憲法の主要な規定の原則である。……選出された議員と市民がこれらの憲法規定の実施方法を調査,争点化,批評,批判する権利と義務は入念に守られている」ため,「憲法で言及された地位,権利,利益を,制定法,政策,プログラムによって実質的に保護する」ことが可能であるとしたうえで,これを「安全弁」と評価した[96]。

### 野党の制限

また,MICは,他の与党と同様に,野党による民族問題の争点化の危険性を強調し,改正を支持した。たとえば同党議員は,「1969年の選挙運動とそれに続く騒動は,明らかに,得票に向けた活動において,悪意に満ちた言辞と民族的過激主義のささやきに理性の声が打ち勝つことが非常に困難であるということを示している」とし[97],特にDAPとPPPをショービニストとして名指ししたうえで,この法案が「ある程度,彼らの非道な行動を締め付ける」と論じた[98]。なかでも,これらの政党が華語やタミル語の公用語化を標榜してきたことから,法案は,「常に,マレーシア語を支持すると表明しておきながら,多言語主義を推し進めることにより票を獲得しようとする分子を国民から隔離する」と解釈された[99]。

### 連合政権方式の維持

しかし,MICにとって,「ショービニスト」を規制する必要は,単に選挙上の考慮のみによるものではなかった。人口の10%に満たないインド人コミュニティの代表としてのMICが法案の機能として見出した点が別にある。それ

---

95) *Ibid.*, p. 175.
96) *Ibid.*, pp. 175–176.
97) *Ibid.*, p. 175.
98) *Ibid.*, Mach 2, 1971, Menteri Kerja Raya, Pos dan Talikom (V. T. Sambanthan), p. 435.
99) *Ibid.*, Februari 24, 1971, Menteri Buroh (V. Manickavasagam), p. 175.

は，当時の連合政権方式の維持であった。マニカヴァサガム労働相は，次のように述べる。

> 独立時の方式であった複雑な妥協と調整は……頭数を数え，権利と特権を振り分けることにではなく，先住民族であれその他の民族であれ，大規模であれ，小規模であれ，全てのコミュニティがこの国家に利害を持っているという事実にもとづいていた。いかなるコミュニティも，国家や発展の果実を独占することも，国家の成長の動態から孤立することもできないという考えにもとづいていた。統合を可能にし，利益の分配における共同の参加を保障するために，権利のあるところでは権利に対する保護が与えられ，助けの必要なところには機会と援助が提供されるのである。
>
> 我々は，多民族的基礎と，後進的人間に対する追加的援助による平等の機会から成る一つの国家という概念が，独立後数年のうちに進み，より受容されるようになるだろうと考えた。しかし明らかに我々の中に，そのような概念が指導者となる機会を自らに与えないと考える勢力が出てきた。彼らは逆に，我々の国家概念を疑問視する独自の政治的言辞とイデオロギーを表明した。これらの分子が無秩序と混乱と不信の原因なのである。動乱が起き，独立の理念と，善意と合意によって達成された繊細な妥協は，政治的日和見主義者，冒険主義者たちにとって恰好のゲームとなった。本国会に法案が提出されたのは，このような日和見主義と冒険主義を阻止するためである[100]。

　この発言の真意は明らかである。「頭数」による権利の分配ではなく，各民族を代表する政党間の交渉があったからこそ，全人口の 10％にも満たない少数派民族であるインド人も政治的権利を獲得できた。同様の論理で，インド人コミュニティおよび MIC が影響力を持ち続けるためには，現在の連合政権を守ることが死活的であった。このような連合の持続を可能にするのが，「多民族的基礎と，後進的人間に対する追加的援助による平等の機会から成る一つの国家という概念」，つまり，多民族性を認めつつ，マレー人の特別の地位を保持することである[101]。

　以上に鑑みれば，MCA と MIC がそれぞれに憲法改正に積極的な意義を見出

---

100) *Ibid.*, pp. 177-178.
101) サンバンタン MIC 党首は，「市民権を取得した後，我々は政治的な意味で，マレー人の喉を切り裂くのか。それとも我々は忠誠と忠実さを持った人間としてお返しをするのか」と問うている（*Ibid.*, Mach 2, 1971, Menteri Kerja Raya, Pos dan Talikom (V. T. Sambanthan), p. 431）。

していることは明らかである。したがって，憲法改正はマレー人の優位を確立するためのものであったとみなす先行研究が主張するような，改正が UMNO の一方的な立法であったとする見方は，必ずしも適当ではない。また，以上の検討からは，憲法改正が単に独立時の協定の再確認であったとする見方にも修正が加えられる。実際には，暴動をきっかけとして，協定の曖昧さと権利の保護の不十分さが露呈したのであり，改正は，曖昧さを除去し，保護を確固たるものとするためのものであったと理解するべきであろう。

## *8* ── 法案に対する態度 (2) ── 野党とその他の主体

それでは，野党は同法案に対してどのような態度を取ったのか。同法案が議会に上程された時点において野党であった半島部の政党は，DAP，グラカン，PAS，PPP で，そのうち DAP と PPP は，法案に反対した。まずこの二党の態度を検討する。

### 8-1　自由民主主義原理に立脚した批判 ── PPP と DAP

PPP と DAP の二党はともに，憲法改正が自由民主主義の原則に反することを主要な根拠としてこれに反対した。

まず，PPP 党首スィニヴァサガム (S. P. Seenivasagam) は，憲法改正に反対する理由として，第一に，10 条 4 項が非マレー人のみに不公平に適用される可能性があるという点を指摘した。第二に，議員の免責特権について定めた 63 条，72 条の改正については，上下両院の議事規則の改正によりこれに代えるべきであると論じた。第三に，159 条に定められた 10 条，152 条，153 条等の各規定の硬性化は，扇動法によってこれらの問題を提起することが刑事犯罪であることに鑑みれば動議を提出することさえも不可能であるとして，批判した[102]。

DAP もまた，憲法改正に真っ向から反対した。DAP 議員は，5 月 13 日の暴動が，与党の一部が選挙における敗退を受け入れなかった結果起こったもので

---

102) *Ibid.*, Februari 24, 1971, Seenivasagam, pp. 152-161.

あり，「センシティヴ・イシュー」に関する言論の自由を制限する法案は，「民主主義を窒息させ無力にする思慮深く皮肉な試み」であり[103]，「野党に口輪をはめ」，「連盟党，特にUMNOが疑いもなく永久に統治する絶対的な権利」を確立するための政治的手段であるとして[104]，その本質は「UMNO内の数人の『命令』」にすぎないと主張し[105]，民族間の対立を解消させる処方箋とはなりえないと述べ，法案について，次のように批判した。

まず，同党は，「都市部では非マレー人が支配的である一方で，マレー人の大半が農村部に暮らしているために，都市と農村部での収入と生産性の差が，民族的区分と一致しているように見える」だけであり，経済格差は本来的には階級問題であるとして，153条の硬性化と与党によって提起されたその正当化根拠を批判した[106]。同党は，また，マレー人の特別の地位が一時的規定として憲法に組み込まれたのだという事実からも，153条の硬性化に異議を唱えた。また，153条8A項の挿入についても，これが「より適切な資格を持った非マレー人学生を否定」するものであり，「機会を否定された非マレー人学生とその両親や親戚はそのような差別に憤るだろう」として反対した[107]。

第二に，言語問題について，同党は，「マレー語が国語であるということについて，マレーシア人は何ら疑問を持っていない」としながらも，「国語が，その地位の故にこの国の行政における主要な言語となることが当然だということは，中国語，タミル語，英語などその他の主要言語が，二義的な公的地位と使用を認められないということを意味するとは限らないし，また，意味するべきではない」と述べ，これらの言語が「相当数のマレーシア市民がこれらの言語を話しており，また，マレーシア憲法がこれらの言語の使用と学習の保護，維持を保障しているという事実によって，マレーシアの公用語 (Malaysian languages) となることを強く主張する」とした[108]。

第三に，DAPは，「全てのマレーシア人の利益と意見が，選出された代弁者によって代表される有効な民主的システムの存在」が不可欠であり[109]，10条

---

103) *Ibid.*, Februari 25, 1971, Fan Yew Teng, p. 332.
104) *Ibid.*, Goh Hock Guan, p. 265.
105) *Ibid*, p. 267.
106) *Ibid.*, Februari 23, 1971, Lim Kit Siang, p. 83.
107) *Ibid.*, p. 85.
108) *Ibid.*, pp. 79–80.
109) *Ibid.*, p. 88.

と63条および72条の改正を「まったく民主的でない議会制民主主義という偽善」と評し、これらを全否定した[110]。

以上に加え、同党は、いくつかの規定の修正には統治者会議の承認が必要であるとする修正について、「明らかに逆行的な一歩であり、別の機関が民主的システムにおける国民主権の原則を凌駕している」と評した[111]。

DAPの憲法改正に対する立場は次のようにまとめることができる。第一に、153条の改正が民族間の平等を否定し、また、非マレー人に不利益をもたらすものであること、第二に、非マレー語の公用目的のための使用が認められるべきこと、第三に、議員の免責特権の制限といくつかの条項の硬性化がそれぞれ民主主義の原則に反しているということ、最後に、「センシティヴ・イシュー」を争点とすることの禁止がUMNOの権力確立に寄与するだけのものであるということから、DAPは全ての改正に反対した。

すでに見たようにMCAは、華人コミュニティの権利を保護するものとして憲法改正をとらえたが、DAPにはこのような視点は全く見られない。特に、華語の公用語化を争点として票を集めてきたDAPにとっては、マレー語を公用語として認める代わりに公用目的以外の目的のための華語の使用や学習を保障するという取引はありえなかった。また、DAPが選挙時に主張したもう一つの争点であるマレー人の特別の地位に関しても、MCAやMICが153条の実施を争点とする権利を重視したのに対し、DAPはこの点に何らの評価も与えていない。

NCCに参加しなかったDAPは、自党の利益を表明し政策や立法に反映させるチャネルを一切持たなかった。そのため同党は、「野党は、21ヵ月間事実上沈黙させられた」とし、その間に作成された法案を「民主的野党を重要で死活的な争点において黙らせるのである」と総括している[112]。このような態度は、野党でありながらNCCにおいて改正法案の作成に関わる機会が与えられたことを評価したグラカン（後述）のそれと対照的である。

---

110) *Ibid*, Februari 25, 1971, Goh Hock Guan, p. 266.
111) *Ibid*, Februari 23, 1971, Lim Kit Siang, p. 89.
112) *Ibid.*, Mach 3, 1971, Chen Man Hin, p. 501.

## 8-2 法案を支持した野党の論理 (1) —— PAS

　以上の野党とは異なり，法案を支持した野党もあった。そのうちの一つである PAS 議員の発言は次の三点に集中した。

　第一の点は非マレー人の市民権である。PAS 党首のモハメド・アスリ・ムダ (Mohamed Asri Muda) によれば，暴動で顕在化したマレーシアの問題の根源は，連盟党政府が「以前にはマレー人によって掌握されていた政治的権利を，非マレー人に対して非常に多く与えた」一方で，「マレー人の特別の権利について定めた規定があるにもかかわらず，マレー人が約束された経済的権利を得ていない」ことにあるという[113]。同党首は，前者の例として，属地主義にもとづいた市民権を定めた独立憲法の制定以前と以後で，全投票者に占める非マレー人投票者の割合が 15.8％ から 43.2％ へと大幅に増加したことを示したうえで，これが「マレー人が，自分たちの政治的権利を非マレー人に与えるうえでいかに彼らに対して寛容であったかの証拠である」と述べた[114]。他方で，同党首によれば，公共セクターにおけるマレー人の雇用状況と奨学金の支給対象を見ると，市民権との取引で保障されたはずのマレー人の特別の地位が適切に実現されていない。PAS 党首は，この状況に鑑みれば，市民権付与の基準は寛大すぎるとして，既存の市民権規定の見直しを主張した[115]。

　第二に，同党は 152 条の改正への不満も表明した。同党議員からは，「公用目的」の定義を拡大し，政府機関のみならず，商取引の場においてもマレー語の使用が義務付けられるべきであるとする要求があった[116]。

　市民権と言語問題に関するこのような連盟党政府に対する非難にもかかわらず，PAS は改正を支持した。その理由は，「マレー人の地位を保護するという意図によって（政府の）権限を拡大することを支持し，また，さらに拡大するとしても，私は支持する」（括弧内は，引用者による）とする PAS 党首の発言に明らかである[117]。実際，PAS は暴動以降，常に NOC 統治に賛同してきた。

---

113) *Ibid.*, Februari 24, 1971, Mohamed Asri Muda, p. 194.
114) *Ibid.*, p. 212.
115) *Ibid.*, p. 223. たとえば同党首は，市民権取得のための国語試験において，「鼻と聞かれれば，鼻とだけ答え，耳と聞かれれば，耳とだけ答える」のでは不十分であり，試験の水準を上げるべきであると主張している。
116) *Ibid.*, Mach 1, 1971, Abdul Wahab Yunus, p. 385.
117) *Ibid.*, Februari 25, 1971, Mohamed Asri Muda, p. 216.

たとえば同党は，扇動法改正を留保なしに支持したし[118]，1970 年 6 月に議会がまもなく再開するという噂が流れたときには，「時期尚早である」とし，さらに，議会再開後も NOC による統治が継続することが望ましいとさえ論じていた[119]。PAS の目的は，憲法に規定されたマレー人の地位の保護と，その実施の徹底であり，野党という地位にもかかわらず，この目的のために政治的権利が制限されることについては何らの躊躇もなく賛成したのである。

## 8-3　法案を支持した野党の論理 (2) ―― グラカン

　グラカンは，もともと与党 MCA から分離したグループと，労働党 (Labour Party) の分派によって形成された政党である。特に後者は社会民主主義の原理に忠実な成員からなっており，同党議員の憲法改正に対する態度もこの範疇に沿ってはっきりと二分された。

　元 MCA 党員で 1969 年選挙後にペナン州知事となっていたリム・チョンユ (Lim Chong Eu) は，法案が民族的出自にかかわらず国民の完全な平等を実現させ国民統合を促進するものであるという理由で留保なしにこれを支持した[120]。

　これとは異なり，労働党出身のタン・チークン (Tan Chee Khoon) は，法案を「民主主義への弔いの鐘」と評し[121]，その理由として次の三点を挙げた。第一に，憲法のいくつかの規定の改正のために世襲組織である統治者会議の同意を必要とする改正は，国民主権を侵害している。第二の点は，硬性化される規定の中に，憲法 10 条 4 項のみならず，同条項の下で成立した通常の国内法規 (ordinary law of the land) までもが含まれているということである。具体的には，当時提案されていた扇動法の改正のためには憲法改正と同様の手続きが必要となり，通常の議会手続きによる改正が不可能になったという点であった。第三に，63 条と 72 条の改正により，議員の免責特権が制限されることである。

　特に第三の点は，グラカンを二分する争点となり，同党は法案採決に際して党議拘束をかけなかった。そもそも，同党は，「党として，議会制民主主義の存続のために，市民の自由に何かしらの制限が加えられる必要があるというこ

---

[118] *ST*, August 1, 1970.
[119] *ST*, June 18, 1970.
[120] *PRPDR*, Mach 1, 1971, Lim Chong Eu, pp. 351–358.
[121] *Ibid.*, Februari 25, 1971, Tan Chee Khoon, p. 258.

とと，民族的過激主義者が抑制される必要があるという点では政府と合意」していた[122]。しかし，議員の特権の問題については，ついに党全体での意見の一致を見ることはなかった。前述のタン議員の反論に対して，リム・チョンユは，「おそらく国民は，国会の一部が，国民の権利のために闘わずに……，国会議員以外の国民の言論の自由が否定されるという事実を受け入れる一方で，国会議員の言論の自由の特権のために闘っているという事実に少し混乱させられている。我々が求めているのは，この制限，制約が国会内外において等しく適用されることなのである」と論じている[123]。

タン議員の反対は，すでに挙げたような民主主義の手続きに関する問題だけにはとどまらなかった。彼は153条8A項の改正につき，マレー人に対する高等教育機関への優先的な入学者数割り当てが実際にはすでに実施されており，「たとえば，（マラヤ大学の）薬学部では，HSC (Higher School Certificate) の結果が45点以下だった非マレー人学生の入学が認められない一方で，45点以下のマレー人は入学が許可されている」（括弧内は，引用者による）と述べている[124]。それにもかかわらずマレー人の多くが進学しないのは，彼によれば，特に地方部でマレー人が高校に進学できない事例が多いという別の理由によるもので，高等教育機関への入学者の一定の割合をマレー人に割り当てるクォータ制は，「下手な手段 (clumsy way) である」[125]。

民主主義の原則からの乖離と民族間の機会の不平等という理由にもとづく以上のような批判にもかかわらず，タン議員は，結局法案に賛成票を投じる。その理由と考えられるのが，市民権と国語に関する憲法規定を争点とすることを禁止する改正である。彼は，国語以外の言語の使用について，「この国の非マレー人の恐れと不安を解決するために，その他の言語の学習と使用に関する保障を，詳細にわたり，正確な用語によって明確化する必要がある」として[126]，「特定の憲法規定の硬性化に対する私の批判にもかかわらず，我々は市民権に

---

122) *Ibid.*, Februari 25, 1971, Tan Chee Khoon, p. 249, 257; *ST*, July 28, 1970.
123) *Ibid.*, Mach 1, 1971, Lim Chong Eu, p. 355. 特にこの点につき，法案通過後も党内に反対の声があり，グラカンは改正支持の理由を説明する公聴会を開き，党首のサイド・フセイン・アラタス (Syed Hussein Alatas) から，「私はアジア的民主主義を欲しており，議員が好き勝手に問題提起をすることでわが国が崩壊するのを欲しない」という説明があった (*Berita Harian*, Mach 11, 1971)。
124) *PRPDR*, Februari 25, 1971, Tan Chee Khoon, p. 252.
125) *Ibid.*, p. 255.
126) *Ibid.*, p. 251.

関連した規定と国語に関連した 152 条が，扇動政治の手の届かぬところに置かれるべきであるという点については合意した」と述べている[127]。

全体として見ると，彼の法案に対する態度は曖昧である。タン・チークンの伝記によれば，彼はまず法案に反対することを考えたという。しかし，民族間の平和と，グラカンがマレー人に対して彼らの不安や弱点を認識しているのだということを確信させるために，また，これらの制限が反対されれば，「マレー人が民主的な枠組み全体を否定する」ことにつながりかねず，反対は非生産的であるとの判断が働いたために賛成票を投じたのだという (Vasil 1987, 134-136)[128]。この記述とあわせて考えると，市民権と言語に関する言論の自由の制限に対する支持のほかに，多民族的基礎を持つ政党としてマレー人にも支持基盤を広げる必要があったことが[129]，タン議員の法案に対する賛成を説明すると考えられる。

また，タン・チークンと同じ労働党出身で，労働組合の指導者として活動していた V. デイヴィッド (V. David) 議員とヨー・テッチー (Yeoh Teck Chye) 議員は，改正自体には異議を唱えず，その実施方法の公正さを注視するという姿勢を示した[130]。ここでも「センシティヴ・イシュー」の実施に関する議論の自由を保障する規定が重視されているといえる。

以上の点のほかに，旧 MCA と旧労働党議員双方が共通して強調した点もある。それは，憲法改正が NCC において事前に議論されたという点である。たとえばリム・チョンユは，「これらの改正はすでに議論され，また我々は本国会においてこの改正を討議するための長い会期を与えられている」とした[131]。タン・チークンも，前政権が下院における討論の日の朝に憲法改正法案を公示したのとは異なり，今回の討論においては，一週間前に草案を手にすることができたと述べた[132]。ヨー議員も，「連盟党政党のごく一部によって恣意的に設

---

127) *Ibid.*, p. 249. 30 条に従って発行された市民権証の再検査が義務付けられたとき，タン議員は真っ先にこれに反対したうちの一人であった (*ST*, November 3, 1969)。
128) ただし，1970 年 7 月に行われたサバ，サラワク両州の下院選挙の結果，連盟党は下院議席の 2/3 を確保しており，グラカン議員の票がなくても憲法改正法案を成立させることはできたはずである。
129) グラカンは，1969 年州議会選挙において，28 人の非マレー人候補者を立て，そのうち 24 人が当選したが，マレー人候補者については 9 人の候補者のうち当選したのは 2 人だけだった。
130) *PRPDR*, Februari 24, 1971, V. David, p. 182; Yeah Teck Chye, p. 174.
131) *Ibid.*, Mach 1, 1971, Lim Chong Eu, p. 351.
132) *Ibid.*, Februari 25, 1971, Tan Chee Khoon, p. 248.

計され，一時間足らずで押し付けられていた」過去の憲法改正とは異なり，今回の改正においては，「出席しないことを決定した DAP を除いた野党の代表が，密室において率直かつ自由に議論する機会を与えられた」[133]と評した[134]。

グラカンの憲法改正に対する姿勢は次のようにまとめることができる。MCA 分派のリム・チョンユに典型的なように，党内には憲法改正に対する完全な支持もあった。しかしその一方で，次の各点について反対が提起された。第一に，特定の規定の改正に必要な統治者会議の同意が国民主権を侵害していること，第二に，扇動法の改正に憲法のいくつかの規定の改正と同様の手続きが必要なこと，第三に，議員の言論の自由を制限すること，第四に，153 条の改正が民族間の格差を是正する手段として適当でないことの四点である。しかし，これらの不満は，市民権と非マレー語の使用等の保障を含む非マレー人の権利保護，マレー人への支持拡大という政党の戦略上の考慮，マレー人の特別の地位の実施を争点とする権利の保障など，グラカンが法案によって得られる利益と，起草過程に参加し意見を表明する機会を与えられたという事実により，低い程度に抑えられた。

## 8-4　華人社会からの反応

改正は，MTUC や ACCC[135]，華人専門家からの支持も得た。

前述の「華人連絡委員会」は，第一に，市民権を与えられた全ての市民が，合法的な手段で市民権を取り上げられることがないよう，憲法第三部の硬性化に賛成する，第二に，マレー語以外の言語を教授語とする教育機関が妨害されずに運営できるよう，国語に関する 152 条が保護されることを希望する，第三に，マレー人の特別の地位の保護がその他のコミュニティの正当な利益を奪わないことを希望するなどの声明を発表し，憲法改正を支持した[136]。さらに，同委員会の指導者アレックス・リーは，各規定が公正に実施されるよう見張るのが政府の義務であると忠告しながらも，改正が「様々なコミュニティの地位

---

133) *Ibid.*, Februari 24, 1971, Yeoh Teck Chye, p. 172.
134) サイド・フセイン・アラタス党首は，そもそも NCC がグラカンのアイデアを連盟党が取り入れたものであると主張している（Syed Hussein 1971, 804, 808; *ST*, October 12, 1970）。
135) *Straits Echo*, March 5, 1971; *Sabah Times*, March 5, 1971.
136) *Straits Echo*, March 1, 1971.

を明確にする一方で，セーフガードも与えている」ためにこれを支持すると述べている[137]。

## 9 —— 1971年憲法（修正）法案をめぐる政治過程のまとめ

前節第三項までにまとめた討議の後，1971年憲法（修正）法案は，下院において，DAPとPPP議員を除く全ての与野党の支持を得て，126対17の賛成多数で可決した。各政党の主張は，表3-6のとおりである。

1971年憲法改正をめぐる協議的政治過程の主役は，マレー人団体と非マレー人団体であった。以下，マレー人の特別の地位と非マレー人の市民権の問題，言語の問題とに分けて論じる。

1969年の暴動が「民族暴動」であったという解釈が一般的になるに従い，民族間の経済格差とマレー人の特別の地位が議論の俎上に上る。マレー人企業家や政党は，政府が特別の地位の実施のために経済に介入することによってマレー人の社会，経済的地位を向上させるべきであると主張し，翌年には，政府が，雇用や株式保有における民族別の割合の調整や国営・公営企業による再配分に乗り出すことが公表された。このような動きに対して，非マレー人政党や企業家は，「先住民族」としてのマレー人の地位が強調されるなかで，「移民」とされる自分たちの市民権が脅かされることや，政府の経済介入によって自分たちの経済活動や雇用機会が限定される事態を防ぎうるような制度を希求した。

結局，マレー人政党および企業家と，非マレー人政党と企業家，専門家が合意したのが，マレー人の特別の地位に基づき実施される具体的プログラムを拡大したうえで（153条8A条），153条を争点とすることを禁止する一方で，同規定の実施，つまり，政策について議論する権利を保障し（10条4項），また，市民権規定の争点化も禁止する（同）というものであった。

一部のUMNOメンバーやPAS議員が，マレー人の特別の地位の実施の争点化の禁止や市民権付与基準の厳格化を求めていたにもかかわらず，また，マレー人が，数の上でも政府への影響力という意味でも優位であったにもかかわ

---

137) *Straits Echo*, March 5, 1971.

らず，非マレー人に対して妥協したのは，輸出セクターが依然として外国資本と華人資本により独占されており，経済成長を実現し，工業セクターにおけるマレー人の雇用を促進するためには，非マレー人企業家の協力を得る以外の方法はなかったという事情によっている。このことは，暴動から憲法改正にいたる過程において，ラザク副首相（当時）がしばしば華人企業家と会合を開き，政府の経済政策に対する協力を要請していることにも示されている[138]。また，仮に UMNO 上層部が，さらなる自由の制限を求めるマレー人の声に応えることによって彼らを満足させ，マレー人とその他のブミプトラの利益を代表する政党からの完全な支持を得たとしても，憲法改正に必要な下院議席の 2/3 には到底満たないという制度上の制約もあった。

同様の事情が，言語の分野における取引も支えた。マレー語の国語としての地位を確固たるものとしたい UMNO と PAS に対して，MCA や MIC，グラカンといった非マレー人を支持基盤とする政党は，非マレー語学校や非マレー語の私的領域での使用を保護しようとした。結局，双方は，公用目的の定義を明確化することによって，非マレー語の使用と教授が保障される領域を作りだしたうえで（152条6項），152条の争点化を禁止する（10条4項）という修正案に妥協点を見出し，合意に至った。

## 10 ── 新たな憲法規定はどのように運用されたのか ── 扇動法の適用と拡大版与党連合の成立

かくして修正された憲法の各規定は，どのように実施され，どのような政治の在り方を実現したのだろうか。これを明らかにするためには，憲法10条4項を根拠とする扇動法3条1項 (f) の適用を見ればよい。1970年に勅令によって追加され，1971年憲法（修正）法により合憲性を与えられた3条1項 (f) は，憲法第三部，152条，153条，181条にもとづく権利や地位等に異議を唱える発言や出版を行うことを扇動的傾向のある行為と規定している。

この規定の下，1970年に，ある UMNO 議員の発言を「タミル語，華語学校を廃止せよ」とするサブタイトルで掲載したマレー語紙ウツサンの編集長が[139]，そして，1978年に，下院において華語，タミル語学校の廃止，これら

---

138) *ST*, July 9, 19, October 25, 1969.

139) *Melan Abdullah v. Public Prosecutor* [1971] 2 M. L. J. 280.

の言語の看板の廃止等を主張したとされるサバ州選出の与党議員がそれぞれ起訴され，有罪とされた[140]。もちろん，この規定の存在によって，市民や政党，政治家が言論活動を行う際に自制的になるという，データではとらえにくい効果は当然にあるはずである。しかし，適用のパターンを見れば，概して，憲法改正時に PPP 議員が恐れていたような濫用は必ずしも起きていないといえる。

憲法改正のいま一つの帰結は，1972 年に，UMNO, MCA, MIC からなる連盟党に，グラカン，PAS, PPP を加えた国民戦線 (BN) が成立したことである。そもそも，拡大版与党連合の構想は，1970 年 12 月に MCA の元特任相カウ・カイボーの個人的意見として表明されていた。カウ元特任相は，第二次大戦中のイギリスにおける挙国一致内閣に範をとった大連合が作られるべきであると述べた[141]。MIC, MCA 党員とその支持者が，少数派民族である自身の利益を実現するために連合政権の維持に意義を見出していたことは，すでに論じたとおりである。マレー人とその他のブミプトラが人口のみならず下院議会においても単純多数を有していたことを考えれば[142]，これらの政党が多数決を避けうる連合を維持しようとするのは当然であろう。他方で，UMNO にとっても，マレー人の特別の地位を成功裡に実施するために，商工業セクターを支配していた非マレー人からの持続的な合意と協力が必要であり，このような連合の維持に利点があったはずである。

これに加えて，マレー人の特別の地位や公用語に関する問題を選挙の争点として支持を集め，議会に代表を送り，そこでこれらの問題を取り上げるというやり方が，憲法改正により制約されたために，旧野党の中にも，扇動法によって罰せられる可能性を避けながら，経済，言語，教育，市民権等に関する政策に自らの利益を反映させるためのより確実な方法として，拡大版与党連合構想に賛同する野党が出てきたと考えられる。

この結果，1972 年 4 月に連盟党とペラ州の PPP との間で，そして，1972 年

---

140) *Public Prosecutor v. Mark Koding* [1983] 1 M. L. J. 111. ただし，これらの他に，二人の DAP 議員が同法の別の規定のもとで有罪とされた例などがある (*Public Prosecutor v. Ooi Kee Saik* [1971] 2 M. L. J. 108; *Public Prosecutor v. Fan Yew Teng* [1975] 1 M. L. J. 176.)。

141) *ST*, December 7, 1970. これに対しては，MCA が賛成を表明し，PAS が検討すると述べている。一方，PPP とグラカンは連盟党との思想の違いを理由として，この提案に賛同することを現実的でないとしていた (*ST*, December 8, 1970)。

142) ブミプトラを支持基盤とする政党は，下院における全 144 議席中 81 議席を占めていた。UMNO = 51 議席，PAS = 12 議席，サラワク統一ブミプトラ党 (Parti Pesaka Bumiputra Bersatu) = 5 議席，USNO = 13 議席。

6月には，ペナン州におけるグラカンと連盟党の間で，それぞれ連合州政府形成が合意され[143]，同年7月には，PASとの連邦と州レベルでの連合政府形成が合意された。

国民戦線の設立は，社会に対する制御の拡大という視点から語られることが多いが[144]，以上のような旧野党と少数派民族の思惑も無視することはできないのではないか。多数決ではなく，各民族集団を代表する政党間の協議にもとづいて決定しようとするBN方式が，不決定や紛争のみならず，特定の民族集団による強制を避ける機能を持っていたことも評価されてしかるべきだろう。

## 11 ── 小括 ── 民族間の箍のはめ合いとしての憲法改正

1969年暴動を契機として，マレーシアの人々は，民族間の経済的利益と権利の分配をめぐる対立が暴力を伴う対決にさえ発展しうるということを認識した。また，1969年選挙後に，マレー人政党や官僚が政府における相対的影響力を拡大した後，非マレー人の労働許可証見直しや市民権の再検査，マレー人に対する優先的分配を目標としたNEPの策定が続いた。このような過程で，各民族を代表する政党や企業家は，民族の死活的な権利を保障する必要を痛感するようになった。

このような認識の産物としての1971年憲法（修正）法案を理解するうえで，

---

143) グラカンでは，国民戦線への加入の是非等をめぐって，MCA出身のリム・チョンユの率いるグループとタン・チークンら元労働党のグループとが対立し，1971年7月に，後者が離党していた。同党の国民戦線への加入については，1971年の分裂による弱体化を補強し，ペナン州の開発を進めるうえで，連邦政府の財政的協力を得やすいという判断にもとづくものであったとする分析もある（Lee 1987, 71-93；萩原1988年，17-65頁）。

144) 例えば鳥居は，BNが，「種族代表」と「地域代表」という性格を有する『『政党』を基盤とする連合体組織であることにより国民代表という『擬制』を確保」したものにすぎず，「マレー人優遇を基調とするNEPは，『国民』の支持の下で実施されている，というレトリック」を成立させるための仕組みであるとしている（鳥居2002年，123-154頁）。

これとは異なり，BNが実質的に多様な主体の利益を政策に反映させる装置として機能しているという見方を提示するのが石田である。石田は，BNにおいてUMNOが優位な地位にあるとしながらも，「少数派民族であっても，政権に参画する機会を与えられて」いることを評価し，「マレーシア型政党制には，マレー人優位の原理の下に，少数派民族の政治的諸要求が社会・経済政策の展開に何らかの形で反映される装置が備わっているといえよう」と総括している（石田2001年，9頁）。

次の三点が重要である。

　第一に，法案は，異なる制度選好を持った各民族を代表する集団が，NCCを中心とする場で議論，取引，妥協した結果の産物である。

　UMNOやPASなどのマレー系与野党は次の状況を問題としていた。独立後，非マレー人が市民権を得，また，その一部が富裕になっていく一方で，マレー人は憲法に定められた特別の地位にもかかわらず貧しいままである。それどころか，独立後に現れた非マレー人野党は，自分たちが取引によって正当に勝ち取ったと思っていた特別の地位に加え，国語であるマレー語の公用語としての地位の相対化も目指すようになった。マレー人与野党や企業家は，国語に関する憲法規定の争点化を禁止すること，そして，マレー人の特別の権利を保護することによって経済的分配，雇用，教育，資本所有における政府の支援を正当化することを目指し，憲法改正法案の成立を支持した。

　他方で，MCAやACCC，華人専門家，MIC，グラカンなどの非マレー人団体は，多数派であるマレー人が，マレー人の特別の地位を実施する中で，自分たちの市民権，雇用機会，財産を制限する可能性を避けうるような制度を模索した。特に，NOC統治期の雇用（制限）法，市民権の再検査，そしてNEPの策定とその基本理念の「民族化」は，彼らに，自らの市民権を保護する必要と，マレー人の特別の地位を根拠とした政府による経済介入が非マレー人の利益の犠牲にうえに行われないことを保障する必要を痛感させた。

　非マレー人団体のこのような意図は，次の特徴を持つ憲法改正に具体化された。まず，改正は，市民権規定と非マレー語の非公用目的での使用，教授等に関する憲法規定についての言論の自由を禁止し，これらを硬性化する一方で，ブミプトラの特別の地位の実施について議論する自由を保障した。さらに，与党は，言語問題を利用して支持を拡大してきた野党の活動を制限することによって，連合方式を維持することも目指した。というのは，全くの多数決においては自分達の意見を政策に反映させることが困難な少数派民族も，連合方式をもってすれば，政策決定に関わることができるからである。

　もちろん，PPPやDAP，弁護士協会のように，政治的自由に制限を加えることに対して強い警戒心を示した主体もいた。彼らは，憲法改正が各民族の権利に関する正当な異議申し立てさえも禁止する可能性を持っていること，さらに，この適用が民族間の権力分布を反映して不公平になっていくことを危惧した。だが，より多くの主体が，各民族の権利の保障を自由民主主義の原理に対

表 3-6　1971 年憲法（修正）法案をめぐる各政党の立場

| | 与党 | | | 野党 | | | |
|---|---|---|---|---|---|---|---|
| | UMNO | MCA | MIC | PAS | グラカン | DAP | PPP |
| 152 条の改正／言論の自由の禁止 | マレー語の地位を確立／DAP による言語問題の利用を封じる | 非マレー語の使用・学習の保障／DAP による言語問題の利用を封じる | 非マレー語の使用・学習を保障／DAP による言語問題の利用を封じる／連合政権の維持 | より広い分野でのマレー語の使用が必要 | 非マレー語の使用・学習を保障 | 華語，タミル語の公用語としての使用が認められるべき／民主主義の原則に反する | |
| 153 条の改正 | 非マレー人に対する市民権と引き換えに与えられた権利 | 暫定的規定にすぎない | 非マレー人に対する市民権と引き換えに与えられた当然の権利 | 非マレー人に対する市民権と引き換えに与えられた権利 | 問題はエスニック集団間の格差にあるのではない | （問題はエスニック集団間の格差ではない） | 自由の制限が，非マレー人にのみ適用される可能性 |
| 153 条に関する言論の自由の禁止 | マレー人の特別の地位に異議を唱えることを禁ずる／マレー人の経済・社会的後進性に鑑みて必要／（実施についての自由の制限も必要） | 非マレー人の経済には影響を与えない／実施問題に関する自由は保障されている | 実施問題に関する自由は保障されている | マレー人の特別の地位の保護のため，さらに自由を制限してもよい | 実施問題に関する自由は保障されている | （民主主義の原則に反する） | |
| 第三部に関する言論の自由の禁止 | ― | 市民権を保護 | 市民権を保護 | 市民権付与の基準を厳しくすべき | 市民権を保護 | ― | ― |
| 議員の免責特権－63 条，72 条の改正 | ― | ― | ― | ― | （民主主権の原則に反する） | （民主主権の原則に反する） | 民主主権の原則に反する |
| 152 条，153 条等の硬性化 | ― | ― | ― | ― | （民主主権の原則に反する） | （民主主権の原則に反する） | 民主的過程による改正が不可能になる |

＊「―」は，特段の言及がない場合／濃い網掛けは反対意見の表明・反対票の投票・棄権の場合／薄い網掛けは，賛成票を投じたものの，反対意見・留保があった場合／()内は党内の異なる意見

して優先したために，このような主張が広い支持を得ることはなかった。

　第二に，憲法改正は，扇動法の実施が必ずしも頻繁でないことに示されるように，多数派であるマレー人や政府も含めたすべての主体を拘束している。すでに述べたように，一部の UMNO 議員や PAS は，マレー人の特別の地位を問題とする権利について，より強い制限が加えられるべきであると主張した。このような主張にもかかわらず，また，憲法改正がマレー人の自由をも縛る性質を持っていたにもかかわらず，多数派である彼らが憲法改正によって確立した原則に従ったのはなぜか。

　それは，1971 年憲法改正が，マレー人団体と非マレー人団体の取引として成立し，明文による民族間の箍のはめ合いという性質を持っていたからである。

　マレー人が非マレー人の市民権や正当な利益，非マレー語の使用や学習を否定しようとすれば，直ちに非マレー人の側によるマレー人の特別の地位の否定という応酬が起こりうる。経済成長を実現し，マレー人の雇用を確保し，彼らの生活水準を上げようとするならば，非マレー人企業家の協力を得る以外の方法はない。マレー人が，非マレー人の権利や利益を尊重しなければ，非マレー人の側も協力を撤回するまでのことで，双方にとって好ましくない結果になることが予測されたのである。

　第三に，憲法改正が，言語や特別の地位に関する規定そのものを問題とすることを禁じる一方で，各規定の実施を争点とする自由を周到に保障したこと，そして，この権利を実現するための参加の仕組みが成立したことも重要である。少数派民族，旧野党をも含む BN の形成により，この枠組みの中で，高等教育機関への入学者数割り当て，各言語を教授語とする学校に対する補助金，雇用や株式所有の割り当てなど，言論の自由を禁止された各規定の実施に関する問題が議論されてきた。

　以上のように，1971 年憲法（修正）法案は，自身の権利保護を目指した各民族を代表する団体が，互いの死活的な権利に干渉しないことを明文によって約束しあった結果として成立した。このような約束に根ざした同法は，多数派も含めたすべての主体を拘束するような仕方で実施され，政策に関する言論の自由を保障しつつ，政策をめぐる議論の場としての BN の成立を促すことで，多様な主体が参加し続ける枠組みを提供したのである。

　しかし，憲法改正に関する合意を出発点として NEP が実施され，BN を通

じた利益調整が始動したことの一つの帰結として，マレーシア政治に新たな勢力が登場することになる。次章では，1980年代に噴出した既存政党と新勢力の対立と，それがもたらした新たな政治制度について論じる。

# 第4章

## 1981年，1983年結社法（修正）法
―― 新興主体NGOの制御と包摂 ――

　1972年に第二次マレーシア計画が策定され，新経済政策（NEP）の実施が本格化したことの一つの帰結として，1970年代末までに，国民戦線（BN）の枠組みでは対処しきれない新しい問題が生じた。特に1970年代後半以降，NEPの目標実現のために政府が民間セクターに積極的に介入し，また国営・公営企業を通じたマレー人企業家に対する再分配努力を拡大していくにつれ，新しい産業政策の恩恵に浴すことのできない華人企業家やマレー人中下層グループからの不満が蓄積していった。このような不満は，BNの枠組みで表明，解決されるのではなく，経済団体やアドヴォカシー型のNGOによる集会や出版を通じて表明されるようになっていく。このような事態を憂慮した政府は，結社法の改正によって，結社の政治活動を規律化しようとした。

　結社法とは，秘密結社を取り締まることを目的として19世紀に成立した結社勅令に起源を持ち，独立後の1966年に議会立法として成立した法律で，労働組合と企業以外で7人以上の成員を持つすべての結社に対して結社登録を義務付け，これらを行政の監視の下に置くものである。1972年には，左派運動を制御する目的で13A条が挿入され，結社登録官が，結社の利益や公共の秩序にとって必要であると確信した場合に，役員を連邦市民と規定すること，海外の組織や政府との関係を禁止すること，憲章を改正することを当該結社に命令する権限が定められた。

　1970年代末からNGOが経済政策や教育政策について発言するようになったことをうけ，政府と与党は，1981年に更なる修正を試みたが，NGOや経済団体，労働組合等からの反対を受け，彼らとの協議の末に，最も反対の強かっ

た規定を削除した1983年結社法（修正）法が成立した。

既存研究は，結社法を，政府が社会団体を監視，制御する手段として主に理解してきた（Weiss and Saliha eds. 2003; 金子2001年b）。このような見方は，1981年，1983年改正についても援用されてきた。たとえば，ミーンズは，1975年以降の学生運動やその他の社会運動に対して一貫して抑圧的な態度を取ってきたマハティール首相が一連の改正の主要な促進者であり，1981年から1983年にかけての改正は，「より独裁的な改正」であったと論じる（Means 1991, 85-86, 194）。これとは反対に，ワイスやタン／シンは，結社法が「禁止的（prohibitive）」な立法であると認めながらも，一連の改正においてNGOが一定の影響力を行使し，彼らの活動の活性化につながったと評価する（Weiss 2006; Tan and Singh 1994）。

本章は，「禁止的」でありながらもNGOの活動を活性化するという一見矛盾したものとされてきた結社法について，その内容や成立過程に注目することで，この解釈からさらに進んで，81年から83年にかけての政府，政党，社会団体の間での協議を経て作られた結社法こそが，NGOや経済団体の活発な参加の制度的基礎を提供しているという見方を示す。結社の活動を監視しようとする政府，結社による政治活動を制限することで利益表明のチャネルを自らに集中させようとする政党，そして，自分たちの利益やアジェンダの主張を可能にする自由な結社活動を保障する制度の構築を目指す結社といった，異なる制度選好を持つ主体が，結社法をめぐり議論，取引するなかで，すべての結社の活動を保障しつつ政府による監視権限を定める結社法が，妥協点として成立したというのが，本章の見方である。

## 1 ── 1970年代の産業政策への社会の不満

結社法改正の背景は，1970年代の産業政策とそれに対する不満だった。NEPは，「国民統合は，より多くの平等，国家の開発への参加，近代化，そして経済発展の恩恵の分配におけるマレーシア社会内部と民族間の均衡なしには達成不可能であり，また，人口の多くの部分が貧困にとどまる限り，また増加する労働力に対して十分な生産的雇用機会が与えられないかぎり，促進されえない」とする基本的な理解にもとづき（Malaysia 1971, 3-4），(1) 民族の別を問わ

ない貧困の撲滅と，(2) 都市部と農村部，マレー人と非マレー人の間の経済的な不均衡の原因となっている民族と職業の一致状況を緩和し，最終的には除去する「社会再編」という二大目標を掲げた。(2) の目標のために，マレー人とその他の先住民族が多数を占める農村部の近代化，都市部経済の発展などが計画されたが，その中でも特に重視されたのが，マレー人（もしくはブミプトラ）商工業コミュニティ（Malay Bumiputera commercial and industrial community）の創出であった。

　政府は，この目的のために国営・公営企業を活用した。具体的には，国営持ち株会社（Permodalan Nasional Bhd.: PNB），州経済開発機構（State Economic Development Corporations: SEDCs），都市開発機構（Urban Development Authority: UDA）などの国営・公営企業を通じて，マレー人に対して商工業セクターにおける参入機会と経営技術を提供することが計画された。

　だが，政府歳入の財源が，華人企業から成る近代セクターの動向に依存していたという事情，そして工業分野における雇用拡大が必要であったという事情から，第二次マレーシアプラン起草時には，華人ビジネスセクターの阻害要因となるような国営・公営企業を通じた政府介入は避けられるべきであるという主張が強かった（Faaland, Parkinson and Saniman 1990, 57-58）。そのため，NEP が急速な経済発展を背景として，「いかなる者も権利，特権，収入，職や機会を剥奪されないような方法で実施される」こと，政府財政の拡大が，「生産的な民間セクターの活動に不利益を与えない」ように行われることが明記された（Malaysia 1971, 6, 8）。このような思慮に導かれ，1970 年代半ばまで，民間セクターへの政府介入は低く抑えられていた。

　しかし，1970 年代半ば，産業政策に大きな変化が起こる。一部の UMNO 議員は，NEP 下で推進されたマレー人の商工業への参入のほとんどが，マレー人が取得した免許でもって非マレー人が企業活動を行うという「アリ・ババビジネス」によるものに過ぎないと非難し，マレー人の近代セクターへの参入をより強力に促すことを要求した。

　この要求の帰結は，NEP ガイドラインの遵守を条件として操業ライセンスを与えることを定めた 1975 年産業調整法（ICA）であった。「産業の秩序ある発展」を目的とする ICA は，製造業に従事する企業における生産品目，数量，価格，資本，役員，従業員，販売先におけるマレー人占有率に関する情報にもとづき，

表 4-1　国営・公営企業への公的資金の配分（1966 年～ 85 年）

|  | 第二次マレーシア・プラン (1971–75 年) | | 第三次マレーシア・プラン (1976–80 年) | | 第四次マレーシア・プラン (1981–85 年) |
|---|---|---|---|---|---|
|  | 当初予算 (百万 RM) | 修正予算 (百万 RM) | 当初予算 (百万 RM) | 修正予算 (百万 RM) | 当初予算 (百万 RM) |
| 国営企業公社 (PERNAS) | 100 | 150 | 200 | 382.53 | 200 |
| 都市開発機構 (UDA) | 100 | 175 | 300 | 300 | 568.79 |
| 州経済開発機構 (SEDCs) | 45.6 | 192.93 | 368.8 | 662.67 | 1131.49 |
| 国営持ち株会社 (PNB) | – | – | – | 500 | 1500.97 |
| ブミプトラ殖産振興公社 (MARA) | 73 | 215.27 | 315 | 231.92 | 495.3 |

出典：Malaysia (1971, 179; 1976, 240; 1981, 120, Appendix A).

商工相が免許を交付，剥奪する権限を定める[1]。これに対して，華人商工会議所連合 (Associated Chinese Chambers of Commerce and Industry of Malaysia: ACCCIM) は[2]，これが企業の決定権を損ない，投資環境と工業発展に悪影響を与えるとして反対した[3]。これを受けて政府は，マハティール商工相（当時）主導の投資委員会を形成し，陳情手続きを整備し，ICA の対象となる企業の規模を限定するなどの改正を行ったが，ICA の性格は根本的には変わらず，華人経済団体からの不満は蓄積される一方だった (Jesudason 1989, 135–138)。

このように ICA によって非マレー人企業の活動が規制される一方で，国営・公営企業の数と活動の規模も拡大した（表 4-1）。これに加えて，公共セクター全体における赤字は 1970 年の 4 億リンギから 1982 年には 15.2 兆リンギへと急増し (Khoo 2001, 189)，華人経済団体や NGO の不満の原因となった。

またこの時期になると，既存の国営・公営企業の資産を国営の信託投資機関が買い取り，その株式を安価でマレー人個人に売却するという方法でもってマレー人資本家の育成が行われるようになり，この方法に対しても，マレー人社会の内部にさえ，これが大株主ばかりを利するものであるとする批判があった。

---

1) 安田 (1988 年) を参照。
2) 1975 年に華人商業会議所連合 (ACCC) が改称したもの。
3) 原不二夫「工業調整法についての全国商工会議所の覚書」，「1975 年のマレーシア ── 強まる国権・深まる権力闘争」『アジア動向年報』1976 年，418 頁。

## *2* ── NGO，都市部中間層，民間セクターによる政治活動

　NEPとその円滑な実施を保障するための政治的枠組みであったBNに対し，マレー人中下層，NGO，華人経済団体は，既存の与党連合を通じた方法では自分たちの利益を政策に反映させることができないと考え，独自の出版や集会を通じた政治活動を行うようになっていった。これが1981年結社法（修正）法の直接的な背景である。その中でも，特に活発な活動を展開していたのが，アドヴォカシー型NGOと華人経済団体であった。

### 2-1　アドヴォカシー型NGO ── 下層利益，普遍的価値の代弁者としての中間層

　1970年代に，次の二つのタイプのNGOが組織化し，政治化した。

　第一に，1970年代に国内外で教育を受けたマレー人中間層により指導されたイスラム回帰運動である。この運動が拡大した背景としては，世俗主義への反発やイラン革命の影響だけではなく，NEPの恩恵の不均等な分配が指摘されている。いいかえれば，イスラム回帰運動は，経済開発政策の恩恵にあずかっていないと感じていたマレー人下層の不満が，社会的公正というイスラムの概念に拠って主張されるという側面を有していた[4]。

　その中でも影響力を持っていた穏健派のイスラム青年運動（ABIM）は，物質主義の蔓延や資本主義の発展を非難しながら，経済開発の成果がマレー人の間でも不均等に分配されていることに不満を感じていた農村部や都市部のマレー人を支持層として影響力を拡大していた。さらに同組織は，1977年にBNを離脱し野党となっていたPASへの支持を表明していた[5]。

　政府とUMNOは，NEPに挑戦したABIMに対して，イラン革命と外国の

---

[4] イスラム回帰運動については，Zainah（1987）を参照。同著は，イスラム回帰運動の要因として，マレー人の宗教心や劣等感に加え，経済格差を重視し，次のようにまとめている。「失業者であれ，職のない学位取得者であれ，低成長の結果として経済的パイから押し出された新興の企業家であれ，マレー人の『持たざる』層にとって，公正を求め，マレー人の世俗エリートを利するような経済政策に対抗するために，イスラムに傾倒する理由は大いにあった」（*Ibid.*, 94）。

[5] そもそも1972年にPASがBNに参加する際，中上層マレー人を代表するUMNOと農村部の下層マレー人を代表するPASとの間で，マレー人のために「政治的安定と経済発展に必要な統一を達成」することが重要であるとする協定が結ばれた。しかし，このような認識にもとづいたBNの枠組みは，1970年代の終わりまでに崩壊していた（Funston 1980, 251）。

イスラム宣教師に影響を受け，マレーシアにおける経済開発を台無しにする過激分子というラベルを貼った[6]。1980年10月，結社登録官はABIMに対して外国組織との提携関係をすべて断つよう指導し，これに従わなければ結社登録を抹消すると通告し[7]，UMNO議員がこれを支持した[8]。

第二に，国家覚醒運動（アリラン），マレーシア環境保護協会（Environment Protection Society of Malaysia: EPSM），ペナン消費者組合（Consumers Association of Penang: CAP）などの改革志向団体が，1970年代後半以降，公共セクターの汚職や民族別の分配原理を批判するようになった。

これらの結社の中でも，特に政府による厳しい監視の下に置かれたのが，アリランであった。セミナーや出版を通じて強い影響力を持っていたアリランは，1980年10月に，結社登録官から登録を抹消されない正当な理由を示すよう要求された[9]。その直接の原因となったのが，1980年10月9日にスター（*Star*）紙に掲載された記事である。記事の中でアリランは，1980年6月に決定された公務員手当て引き上げに関して，公共サービスの非効率に対する不満がピークに達しようとしているときに手当てが上げられているとして，反対した[10]。

政府はアリランに対して執拗に介入を続けたが[11]，それは次の二つの理由によると考えられる。まず，アリランが新しい参加の形態を実践したことである。たとえば，サヌシ・ジュニド（Sanusi Junid）副内相による，アリランが政党と何ら違わないではないかという発言[12]，また，あるUMNO議員による，「我々は，彼ら（アリラン）がわが国で実践されている民主主義を誤用し，国民

---

6) *Utusan Malaysia*, October, 15, 1980 に掲載の社説。
7) *Star*, October 22, 25, 1980.
8) *Star*, November 28, 1980. UMNO議員は，「これが行われなければABIMは外国人宣教師を招きいれ，人民を誤った方向に導くだろう」として，「『イスラム』を名称に使用している団体」や，「政府の問題に首を突っ込み，正しいやり方を政府に教えようとするような結社」の活動が禁止されるべきであると述べている。
9) *Star*, November 7, 1980.
10) *Star*, October 9, 1980. この後も，アリランは，公共セクターにおける汚職に反対するセミナーを開催している（*Star*, November 3, 1980）。
11) *FEER*, January 9, 1981, pp. 11-13; *Star*, December 23, 1980. 前述の理由開示請求（show cause letter）に対して，アリランが愛国的な主張であると反論すると，結社登録官はさらに，アリランが1978年11月に，結社の憲章中にある「ルクヌガラ（国家理念）にしたがって」という文言を「普遍的な倫理的価値にしたがって」と書き換えるための申請を行ったことを理由に，再び同結社に登録取り消しを迫っている。
12) *Star*, December 23, 1980.

に誤った影響力を与えることを許すことはできない」（括弧内は，引用者による）とする発言からは[13]，BN における政党間の協議による決定という慣行から逸脱しようとする結社に対する強い不信感と警戒心を見て取ることができる。

次に，アリランが既存の経済政策や教育政策，公共セクターを批判していたことから，政府は，同結社が「マレー人の感情を煽っている」とみなした[14]。副内相は，アリラン会長が彼の著書の中で，マレー人に対する優先的な分配政策の問題点について触れたことに言及し[15]，同著がスルタンとマレー人リーダーをあざけり，「マレー人を分裂」させようとしているとして，同結社に対して監視を続けると述べた[16]。副内務相はさらに，アリランが国外の左翼組織によって利用される可能性があるとさえ述べ，同結社の外国組織との関係について調査を行うと繰り返し言明している[17]。

このようにアリランが行政から繰り返し干渉を受けたことに対して，この頃までに活動を活発化させていた ABIM，EPSM，スランゴール大学院生会（Selangor Graduate Society: SGS），マレーシア盲人協会（Malaysia Blind Society），その他消費者組合，マレーシア労働組合会議（MTUC）は，協調して結社登録官の決定に反対した[18]。これが，後の結社法改正反対運動の素地となる。

---

13) *Star*, November 28, 1980.
14) *New Straits Times* (*NST*), March 5, 1981; *Star*, March 18, 25, 1981. サヌシ副内相の発言。
15) アリラン会長チャンドラ・ムザファ（Chandra Muzaffar）博士の著書は，UMNO やスルタンなどのマレー人リーダーとマレー人コミュニティの関係を分析し，次のように主張する。リーダーとコミュニティの間には「保護者―被保護者」関係が成立している。この関係においては，保護者が奨学金，雇用機会，地位などを被保護者に分配する代わりに，被保護者からの「議論の余地のない忠誠」を要求する。だが，現在マレー人コミュニティを保護する名目で行われているマレー人に対する土地や奨学金，認可，公共セクターにおける雇用機会の優先的割り当ては，実際にはマレー人の下層には何らの効果ももたらしていない。それにもかかわらず「保護者―被保護者」関係が持続するのは，リーダーたちが，資本主義システムにおいて，後進的なマレー人は競争できないと主張していること，また，リーダーと上記政策の受益者である中間層の利益が一致していることに起因する。同著は，このようにイデオロギーとなった「保護者―被保護者」関係が民主主義的慣行を否定していると述べる（Muzaffar 1979）。
16) *Star*, March 18, 1981.
17) *FEER*, January 9, 1981; *Star*, March 18, 1981.
18) *Star*, November 8, 9, 11, 13, 28, 1981.

## 2-2　華人経済団体

1970年代末以降，華人ビジネスコミュニティも政府の経済政策に反対を表明するようになった。1978年4月に開催された「マレーシア華人経済会議」では，次の三点が問題とされた。

第一に，ICAが製造業，流通業に対して品目，数量，資本，雇用等における規制を課している（ACCCIM 1978, 85-86, 98-99）[19]。第二に，政府財政や規制を後ろ盾として，PERNASをはじめとした国営・公営企業が貿易や流通に参入し，華人やインド人の小売や卸売が影響を受ける（ACCCIM, 90-97）[20]。第三に，マレー人やその他のブミプトラ企業保護を名目として，銀行に対する貸付指導をはじめとした行政指導が行われるようになった（ACCCIM, 104-106）[21]。

前章で論じたとおり，ACCCIMに代表される華人ビジネスコミュニティは，NEPとその法的根拠を提供した1971年憲法改正に合意した。だが，実際にはNEPが華人の正当な利益を害する形で実施されていると認識した華人ビジネスコミュニティは，経済会議において，ICA撤回を含むNEP実施過程の見直しを政府に対して要請したうえで，自らは，ビジネスに影響する立法を監視するための委員会を設立し，自身の不満を政府に対して代表すると決定した（ACCCIM, 89）。つまり，もっぱらBN内の華人政党を通じて利益表明するというこれまでの戦略を改め，独自に政治活動を行うことを決意したのである。その結果，政府や与党と華人経済団体の関係は悪化していった[22]。

---

19) たとえば，製造企業は，製品の30％をブミプトラ業者による流通に割り当てること，さらに，資本金25万リンギ以上，あるいは従業員25人以上の製造企業は株式の30％をブミプトラに対して売却すること，被雇用者の50％がブミプトラであることといった条件を課され，これを満たさない企業は認可を取り消されることとなった。

20) 特に，PERNASが民間企業を買収していることや，華人商人が長年行ってきた中国からの輸入を制御し，輸入品に対してコミッションを課していることなどに対して不満が表明された。

21) たとえば，中央銀行は1976年10月に，銀行と金融に対して貸付指導を行った。この指導は，銀行に対して貸付先を規制するもので，優先的貸付先として住宅ローン，農林水産業，製造および建設を指定し，それぞれに貸付の10％，10％，25％を割り当てることと，ブミプトラおよびブミプトラ企業に対して25％を割り当てることを，残りの自由貸付の条件とした。この中で，華人が主流を占める流通，鉱業が優先的貸付の目標に含まれないことも彼らの不満の原因となっていた。

22) たとえば，MCA指導者は，華人経済団体が，同党を攻撃する傾向にあり，これらの団体が政党批判の道具として利用されない場合に限り対話を行うとしている（*Star*, November 13, 1981）。

## 3 ── 1981年結社法（修正）法案

以上のような結社の組織化，政治化を懸念した政府と与党は，結社活動の抑制を目指して，1981年4月に結社法（修正）法案を成立させた。

### 3-1　1981年結社法（修正）法案の内容とインプリケーション

1981年結社法（修正）法案の内容は次のとおりである。

(1) 第2条：結社の範疇化

結社法における用語の定義を定めた第2条は，「政治結社」に関する規定が挿入され，改正された。「政治結社」は次のように定義された。

(a) 目的もしくは規則によって，それらが主要なものであるか，単なる付随的なものであるかにかかわらず，次の目的の活動を行うもの
　(i) いかなる方法であれ，マレーシア政府，州政府，もしくは公共機関に対してある程度の制御力を持つこと，または影響を与えること
　(ii) マレーシア政府，州政府，公共機関，法定機関，もしくはこれらの政府の省庁や機関の政策や活動，特定の政策や活動，職務，運営，実行に影響を与えること
　(iii) (i) もしくは (ii) に述べられたような制御を獲得する，または影響力を行使するために他の結社を援助すること
(b) 目的や規則に記されることに関係なく，全体としてその原則や目的が，マレーシア政府や州政府の政策として採用されることを促す傾向のある行動，もしくは活動を行うもの
(c) 政党
(d) ある政党を支持するもの，支持もしくは賛意を表明するもの，または反対するもの，あるいは反対を表明するもの

---

他方で華人経済団体の側もMCAに対して警戒心を強めていた。たとえば，スランゴール華人商業会議所は，MCAによる制御を恐れ，同党とつながりのある候補者は委員会メンバー選挙に立候補すべきでないとしている（*Echo*, April 4, 1981）。

(e) 次のものを支持するか支持を表明するもの，もしくは反対するか反対を表明するもの
　(i) 下院，州議会もしくは地方政府選挙の候補者
　(ii) 上院への任命もしくは選出に関するもの
(f) (e) で述べられた選挙もしくは任命について，ある政党を支持するか支持を表明するもの，または反対するか反対を表明するもの

(2) IA 部（18A 条～ 18H 条）：政治結社に関する規定
「政治結社」は，新しく挿入された IA 部の各規定（18A 条～ 18H 条）の下に置かれた。
政治結社の登録に関する 18B 条 2 項は，「結社が，政治結社と明示せずに登録を申請しても，登録官が，その目的と規則から，当該結社が政治結社であると確信した場合，当該結社を政治結社とすることができる」と定める。これと同様の趣旨で，18D 条 2 項と 18E 条において，登録官はいかなる時でも，ある結社を政治結社とすることができ，また，ある結社がもはや政治結社ではないと確信すれば，非政治結社とすることができるとされた。さらに，非市民が成員となること，外国から資金を受け取ることが，18F 条と 18G 条でそれぞれ禁止された。

(3) 2A 条：結社は憲法に準じて活動を行うこと
新しい 2A 条は，憲法に従って活動することが全ての結社の義務であり，(a) 憲法上の主権者により率いられる連邦の民主的統治システム，(b) 連邦の宗教としてのイスラムの地位とその他の宗教，(c) 公的目的のための国語の使用，(d) マレー人とサバ，サラワク州の先住民族の地位，(e) その他のコミュニティの正当な権利，(f) その他の事項，の六項目に違反，もしくは，中傷，または，不利益を生じせしめる，あるいは，軽視するやり方で活動している（原文は，"in any manner violate of, or derogatory to, or militates against or shows disregard for"）場合には，登録官は当該結社の登録を取り消すことができるとした。

(4) 9A 条：役員，アドヴァイザー資格の剥奪
新しい 9A 条は，重大な罪を犯した者，および，政治的拘禁を受けている者は登録結社の役員，アドヴァイザーとなる資格を剥奪されると規定した。

(5) 11A条：外国との関係を持つための申請

結社が国外に関係を持つ際には，登録官に許可を申請しなければならないとする11A条が新たに挿入された。

(6) 13A条：結社登録官の権限

結社登録官の結社に対する命令権限を定めた13A条が修正された。以前の同規定は，結社登録官に与えられた権限として，(a) 結社の役員と結社の運営にかかわるすべての者が連邦の市民であるべきことを結社の憲章中に定めるよう命令すること，(b) 連邦外の結社と提携関係あるいは連絡を持つことを禁止することの二つを定めていた。

1981年の改正では，次の三つの登録官権限が新たに明記された。(1) (a) 結社の役員は連邦市民でなければならないということを結社のルールもしくは憲章に定め，連邦市民以外の者を要職から解任するよう命令すること，(1) (b) 結社に対して，マレーシア国外の結社，組織，団体，もしくはマレーシア以外の国家，領土，地域に存する政府またはそのほかの権力と直接，もしくは間接的に提携関係，通信，コミュニケーション，またはそのほかの関係を持つことを禁止すること，(2) 結社に対して，ルールや憲章を結社法や登録官の要請にしたがって改正するよう命令すること。

(7) 18H条，2A条2項，9A条5項，13A条6項：大臣の決定は裁判所で争うことはできない

2A条の下での登録取り消しの決定，政治結社に関するIA部の下での決定，役員やアドヴァイザー資格を剥奪された者が結社登録官に同規定の適用を免除するよう申請することができるとした9A条4項の下での決定，そして，結社登録官の命令権限に関する13A条にもとづく決定について，登録官の決定に不満のある結社は大臣に対して異議申し立てを行うことができるが，大臣の決定は最終的かつ確定的であり（final and conclusive），法廷でこれに異議を唱えたり，訴えたり，再審理したり，廃棄したり，問題とすることはできないとする各規定が挿入された。

敷衍すれば，1981年改正は，(1) 結社のルール，役員，資金源，外国組織との関係を制御することによって，国内結社の性格を規格化すること，(2) 結社

の範疇化により，政治への参加資格を限定すること，そして，(3) 行政に対して，政治主体の性格を制御し，参加資格を与奪する絶対的な権限を与えることを目的としていた。

## 3-2　法案に対する態度 (1) ── 政府の意図

　なぜ政府はこのような内容を持つ法案を上程したのだろうか。

　ガザリ・シャフィ (Ghazali Shafie) 内相とサヌシ副内相は，法案上程の目的として，次の四点を強調した。第一に，ある結社が「非政治結社と自称しながら，その言動，要求，非難により政治的性格を帯びている」という事情に鑑みて[23]，「政治的性格」を帯びた結社が「非政治結社」として「偽装する機会」が制限されねばならない[24]。このために，改正により「結社が自分で定めた目的にしたがって活動するように種類と形式を定め」，「スプーンはスプーンとして，柄杓は柄杓として認識する」ことが必要である[25]。

　それでは，政府は，スプーンと柄杓，つまり，政治結社と非政治結社をどのように区別しようとしていたのか。内相らの発言からは，彼らが政府や既存政策に反対するタイプの結社を「政治結社」と範疇化しようとしていたことがわかる。彼らによれば，「団地の住民からなる住民組合が市政府に対して排水溝を洗浄するよう求めたとしても，彼らは政治結社とはならない」。というのは，実際に市政府はそのような政策を実行しているからである[26]。他方で，副内相は，マレーシアの環境問題をテーマとする映像を作成したCAPの例を引き合いに出しながら，これが「政治結社」とみなされると暗示している。というのはこれが「政府の政策に反対している」とみなされるからである[27]。

　第二の意図は，新しく挿入された11A条とIA部の18F，18G条によって，国内結社が外国の組織に利用されることを防ぐことである。この改正に関して内相は，外国から資金を受けたり，外国人が会員であったり，世界各地で会議

---

23) *PRPDR*, April 8, 1981, Menteri Hal Ehwal Dalam Negeri (Muhammad Ghazali Shafie), p. 2088.
24) *Ibid.*, p. 2090.
25) *Ibid.*, p. 2087.
26) *Ibid.*, Timbalan Menteri Hal Ehwal Dalam Negeri (Sanusi Junid), p. 2215.
27) *Ibid.*, pp. 2195–2196.「もし消費者組合が……映画賞を獲るためにマレーシアの悪い側面を示すならば，その動機が何なのか，その団体がそれによってどのように利益を受けるのか，どのように国家が利益を得るのかを知りたい」とする副内相の発言。

を行ったりする結社が，外国の機関に利用されるという事態が「マレーシアの民主主義」を脅かしていると述べている[28]。

このような政府の認識の背景にあったのが，イスラム主義と自由民主主義の普及と冷戦である。たとえば副内相は，「今日のイデオロギー戦争，冷戦の状況において，ソビエト，中国，その他の場所から来た敵が，我々の結社を手先にしようと競争している」という状況があり[29]，国内の共産主義勢力（共産主義戦線，Communist United Front: CUF）の影響力拡大が避けられるべきであると論じた[30]。また，1970年代末の「人権外交」に典型的な自由民主主義のアイデアの普及も重要である。たとえば副内相は，アムネスティ・インターナショナル（Amnesty International）がマレーシアの国内事情に干渉していると述べている[31]。これに加えて，1979年のイラン革命が，イスラム原理主義の普及に対する政府の警戒心を喚起した。

改正の第三の意図は，登録結社が憲法に即した活動を行うことを義務付けることであり，そのために新しい2A条が挿入された。内相は，特に，「既存の統治システム，国教としてのイスラムの地位，スルタンの地位に対して反対したことのある結社は，登録を取り消されてしかるべきである」としている[32]。

第四の意図は，結社の指導者が責任感を持ち，信頼に足る人物であることを確認することで，この目的のために新しい9A条が挿入された[33]。

## 3-3 法案に対する態度（2）── 野党の反対

以上の政府の説明に対して，野党DAPとPASはそれぞれ法案に反対する議論を展開した。その論旨は次のようなものであった。

---

28) *Ibid.*, Menteri Hal Ehwal Dalam Negeri, (Muhammad Ghazali Shafie), p. 2089.
29) *Ibid.*, p. 2098. たしかに，1978年のベトナムによるカンボジア侵攻という背景は指摘できる。しかし他方で，共産主義勢力と国内結社の結びつきという主張は，全く根拠のないものであるという見方もある（チャンドラ・ムザファ博士へのインタヴュー，2004年9月23日，於プタリン・ジャヤ）。
30) *NST*, April 4, 1981.
31) *NST*, March 5 1981; *Star*, March 25, 1981.
32) *PRPDR*, April 8, 1981, Menteri Hal Ehwal Dalam Negeri (Muhammad Ghazali Shafie), p. 2094.
33) *Ibid.*

（1） DAP

　DAP は，法案が「議会制民主主義の仮面をかぶった独裁の制度化」と三権分立の阻害をもたらすと評し，次の各点を批判した[34]。

　第一に，登録官の権限でもって登録結社を「政治結社」と「非政治結社」とに分類することは，「厳重な統制を通じて利益団体と圧力団体を活動不能にする」ものであり，「民主主義の理念，民主主義の精神を破壊するために大打撃を食らわせよう」とする政府の意図の証左である。この改正の帰結として，「社会団体（*Kumpulan-Kumpulan Sosial*）が，あらゆる問題について自由な見解を述べることができなくなる」こと，そして，「結社がもはや，国民（*rakyat*）[35]の希望を伝える効果的なチャネルとなりえない」ことが指摘された[36]。さらに同党議員は，ある結社が政治結社と指定されれば，外国からの資金援助や外国人成員を排除せねばならない点も問題とした[37]。

　第二に DAP によれば，大臣の決定を裁判所で争うことはできないとした各規定は，行政を司法の上に置き，権力分立の原則を変更するものである。また，「結社（の範疇）の決定は裁判所で行われるべき」（括弧内は，引用者による）こととも主張された[38]。

　第三に，登録官の命令権限を定めた 13A 条のうち，特に，結社が国外組織との提携関係，コミュニケーション，もしくは，その他のあらゆる関係を持つことの禁止に関する（1）（b）について，同党議員は，「コミュニケーション」や「あらゆる関係」の意味が明らかでないといった条文の曖昧さを指摘しつつ[39]，「国際的協力関係を禁止あるいは監視するための退行的手段である」と論じた[40]。

---

34) *PRPDR*, Lim Kit Siang, p. 2101.
35) 本章以降では，市民／国民／一般市民という概念が登場する。国民と市民（原文は People/*rakyat*）は，国家において市民的，政治的権利を有する人々を指すが，個々人の権利が特に強調される文脈では「市民」，集合的な決定の担い手として捉えられるときや，単に人々の集合を意味する場合には「国民」と区別した。原文が citizen の場合は，市民と訳した。引用部には，必要に応じて，原文を付した。この原則は，第五章，第六章，第七章にも当てはまる。
　　また，*orang ramai/orang jelata* という語は，政治エリートや政府に対して「普通の人」というニュアンスを含むので，「一般市民」と訳した。
36) *Ibid.*, p. 2110.
37) *Ibid.*, p. 2106.
38) *Ibid.*, p. 2110, 2120.
39) *Ibid.*, pp. 2118-2119.
40) *Ibid.*, Lee Lam Thye, pp. 2164-2165.

第四に，結社が憲法に従った活動を行うことを規定した2A条が，登録官は憲法に定められた事項を軽視する結社の登録を取り消すことができると定めていることに関して，「登録官が連邦裁判所のみならず，枢密院の権力も一掃してしまう。(なぜなら，一行政スタッフにすぎない) 登録官が，誰が(憲法規定に)違反，もしくは，中傷，または，不利益を生じせしめる，あるいは，軽視するやり方で活動しているのかを決定する」からであるとしている (括弧内は，引用者による)[41]。

　最後に，9A条により，政治的拘禁を受けている者が候補者になれないのではないかという点も指摘された。これまでもISAによって党員がたびたび拘留されてきた同党にとって，この改正は特に重要だった[42]。

　以上より，DAP党首は，「1981年結社法 (修正) 法案が現在ある形で成立したならば，1981年4月8日はわが国の歴史の中で暗黒の日となり，マレーシア人は，マレーシア市民 (*rakyat* Malaysia) の自由と正義に関する生来の権利が，議会の野蛮な過半数によって突き刺され否定された日として記憶するだろう」と述べた[43]。DAPは，「政府が，関係結社に対して，この国における基本権と自由に影響するこの重要な問題について，彼らの意見を表明する十分な機会を与えることなく，本法案を性急に上程することを決定」し，さらには「一般市民 (*orang ramai*) に対して十分な議論の機会を与えることなく……過半数を利用して本法案を可決させる」という「非民主的姿勢」によってこれを成立させようとしているとして[44]，法案が議会特別委員会に付されるよう要求した。

　このようにDAP議員は，(1) 民主的過程における結社の積極的な役割，(2) 行政に対する司法によるチェック，(3) 結社が構築してきた国際的協力関係，(4) 行政による憲法解釈にもとづく結社登録の抹消，(5) 政治的拘禁を受ける議員の資格剥奪の可能性を重視し，結社の「自由と正義に関する生来の権利」は議会の多数をもってしても否定されえないという立場から，法案の正当性に疑問を呈した。

---

41) *Ibid.*, Lim Kit Siang, pp. 2112-2113.
42) *Ibid.*, p. 2221. この点についての行政からの明確な説明はない。
43) *Ibid.*, p. 2101.
44) *Ibid.*, Lee Lam Thye, pp. 2161-2162.

### (2) PAS

　PAS議員もまた法案に異議を唱えた。同党議員は,「行政への軽率な権限集中は,あらゆる階層の市民の基本権を害するならば不正である」と述べ,法案が行政に強い権限を与えることに不信感を示した[45]。同党は,具体的には,結社が政府の政策に沿わなければ,当該結社は「政治結社とみなされ,様々な禁止により縛られ,また,非常に広い登録官の権限の下におかれ,常に登録取り消し(の危険)にさらされる」(括弧内は,引用者による)として[46],法案は「政府に対する批判の封じ込め」を意図したものであると論じた[47]。また,同法はイスラム結社が「政治結社となることを強要する」ものであるという意見も提起されている[48]。当時ABIMと協力関係にあったPASが前者の活動を制限する結社法案を牽制したのは,当然ともいえる。

## 3-4　法案に対する態度 (3) ―― 与党UMNOとグラカン

　他方で,与党UMNOとグラカンは,結社の自由に対する経済開発や安全保障の優先,政党や議会を中心とした利益表明の優位を主張し,大臣の意見に完全な賛意を表明した。

### (1) グラカン

　グラカン議員は,法案が特に教育を受けた市民の不安を喚起していることを認めつつも,「外国からの脅威と国家の治安の問題とに直面している」,「国民により任命された小さな開発途上国の政府」として,自分達はエリートのみならず非エリートにも責任を負っていると論ずる[49]。

　グラカン議員によれば,この改正は「結社の自由を否定しようとしているのではない」[50]。なぜなら,「国民が代表を通じて国家の開発や,治安に関する問題について発言する機会」は,議会において保障されているのであり,「もし改正後に彼らの政治活動が制限され,政治的意見を発する機会が与えられな

---

45) *Ibid.*, Nakhaie Ahmad, p. 2184.
46) *Ibid.*, p. 2191.
47) *Ibid.*, p. 2186.
48) *Ibid.*, Nik Abdul Aziz Nikmat, pp. 2136-2137.
49) *Ibid.*, Tan Tion Hong, pp. 2128-2129.
50) *Ibid.*, p. 2130.

いのであれば，既存政党の成員になるか，自分たちで政党を結成すればよい」からである[51]。

さらに同議員は，大臣の決定を裁判所で争うことができないとする規定について，「『裁判所で』（争えない）だけである。しかし我々は国会に来て，ある結社の登録停止の理由を大臣に尋ねることができる。なぜなら，大臣は議会に出る責任があり，我々は大臣に対して説明を求める権利がある」（括弧内は引用者による）からである，と論じている[52]。このように，グラカンは，政治的利益表明のチャネルが既存政党と議会に集中することを志向していた。

最後に同議員は，法案の可決によって，「一般市民（*Rakyat jelata*）はさらに組織化，規律化され，第四次マレーシアプランが成功裡に実施されるよう，彼らの義務を行ううえでの責任を果たすだろう」という発言で結び，個人の自由に比して，経済開発のための責任をより重視すべきであるとする認識を明らかにした[53]。

(2) UMNO議員とBNマレー人議員

UMNO議員の関心は，結社を区別する2条，結社と外国との関係を規律する11A, 18G, 18F各条，大臣の決定を最終決定とする各規定に集中した。

まず2条の挿入についてUMNO議員は，「あまりにも多くの者が，非政治組織のプラットフォームを使って政治的日和見主義者のように振る舞っている」[54]，あるいは，「社会問題に専心すべき結社（*pertubuhan sosial*）が……政治結社（*pertubuhan politik*）よりも政治的な意見を発している」という現在の状況に対して，法案は「政治的，非政治的なものの違いを明らかに」すると述べる[55]。上のような政治活動を行っている団体として弁護士協会[56]や，ABIMが名指しされた[57]。これらの発言に明らかなように，大半のUMNO議員の狙いは，政治活動を行うグループの正体を明らかにし，政治的アリーナへの参加資格を明確化することであった。

---

51) *Ibid.*, pp. 2131-2132.
52) *Ibid.*, p. 2133.
53) *Ibid.*, pp. 2133-2134.
54) *Ibid.*, Hussein Mahmood, p. 2148.
55) *Ibid.*, Azharul Abidin Abdul Rahim, p. 2159.
56) *Ibid.*, Hishamuddin Yahaya, p. 2127; Azharul Abidin Abdul Rahim, p. 2159.
57) *Ibid.*, Hassan Adli Arshad, p. 2158. 同議員は，UMNOではなく，BN直接党員。

ただし議員の中には，政治主体の参加資格のさらなる制限を主張する者もあった。たとえば，改正によって既存団体を通じた政治参加ができなくなるのであれば，その結社を「我が国において合法かつ正当な政党にすればよい」とする発言には，選挙によって選ばれた代表でなければ政治参加資格を与えるべきでないという認識が表れている[58]。

　第二に，UMNO議員は，外国組織と関係を持つ場合には事前の申請が必要であるとした11A条，政治結社に対する外国組織の影響力排除を目的とした18F，18G条についても賛意を表明している。このような態度の背景にあるのは，自国が国際社会から不断に干渉されているという認識であった。議員らは，周辺国の状況や「国際レベルで小国を転覆させようとする試み」[59]，さらには，「宗教的形態と名称を使用し，様々な方法でカネをばらまき，援助を行い，いくつかの国の社会結社や福祉結社のリーダーとなる人々を利用し，買収し，飼いならし，……国家の統治構造を変えるという彼らの計画のために働くよう仕向けている」外国の機関の存在に言及している[60]。このような国際組織に影響を受けた国内の集団が「民主主義を誤用し，この国で実践されてきた民主主義を抹殺しようとしてきた」というのが[61]，マレー人与党議員の弁であった。法案上程以前の新聞報道から，少なくともアリランとABIMがこのような国内の集団として認識されていたと推測することができる[62]。

　第三に，大臣の決定は裁判所で争うことはできないとする各規定については，「議会が至高」なのであり，「議会が司法へ行って，立法してもよいかどうか伺うなどということはない。司法は定義を与えたり，勅令や法令を解釈したり，立法の真の意図は何かを考慮するのみである」とする発言があった[63]。

　最後に，2A条に関しては次のように論ぜられた。(a)から(e)の各項目は1971年憲法改正によって言論の自由を制限された事項であり，「1974年，1978年選挙において，国民に受け入れられているのかどうか検証」されたのだか

---

58) *Ibid.*, Hussein Mahmood, pp. 2147-2148.
59) *Ibid.*, Hussein Mahmood, pp. 2151-2152. ベトナムによるカンボジア侵攻を意識した発言と思われる。
60) *Ibid.*, Hassan Adli Arshad, p. 2155.
61) *Ibid.*, Yusof Malim Kuning, pp. 2181-2182.
62) *Star*, 28 November, 1980.
63) *PRPDR*, Hishamuddin Yahaya, pp. 2125-2126.

ら[64]，これに反対する積極的な理由はないはずである。

　UMNO議員の発言は次のようにまとめることができる。第一に，政治活動の参加資格を明確化する必要がある。第二に，イスラム革命や自由民主主義といった外国の思想の国内への流入を避けるために，行政が国内結社と国外の組織との結びつきを制御する必要がある。第三に，大臣の決定が最終的であるとする規定は，議会の至高性を考えれば何ら問題でない。第四に，1971年の憲法改正の後，BNが常に国民によって過半数を与えられていることは，憲法改正が広く国民に受け入れられていることの証左であり，結社が憲法に従って活動することは当然である[65]。

　以上の議論の末，1981年結社法（修正）法は与党の支持を得て成立した。しかし，一度議会で成立したこの法は，NGOや経済団体，専門家団体からの激しい反対と，政府とNGOの話し合いの末に，二度の修正を経ることになる。このような協議過程の創出をもたらした結社の法案に対する態度は，次のようなものであった。

### 3-5　法案に対する態度（4）—— 結社

　結社法改正をめぐる政治過程では，NGOや経済団体などの結社が，積極的な役割を果たした。法案上程の報道の直後から，アリラン，ABIM，CAP，華語学校理事組合（United Chinese School Committees' Association: UCSCA）を中心とした改革志向団体，宗教団体，華語学校団体など19のNGOが反対運動を組織し[66]，後に48団体を擁する大規模な活動へと発展した。これとは別に，弁

---

64) *Ibid.*, Hussein Mahmood, pp. 2149-2150.
65) ただし，UMNO内部にも法案に対する留保や反対の声はあった。たとえば，セヌ・アブドゥル・ラーマン（Senu Abdul Rahman）議員は，「自由と市民（*rakyat*）の基本権を制限することは，民主主義を損ない，侵食する」とし，「率直に言って，私は現在あるISAと治安法が，本改正法案で懸念されている問題を監督するのに十分であると思う」と結論している（*Ibid.*, Senu Abdul Rahman, p. 2140, 2144）。
66) *Star*, March 21, 1981. ABIM，アリラン，CAP，EPSM，SGS，UCSCA，マレーシア地球の友（Friends of the Earth Malaysia），西マレーシア盲人協会（Society for the Blind West Malaysia），マレーシア国民大学教員組合（Universiti Kebangsaan Malaysia Academic Staff Association），MARA工科大学イスラム学生グループ（Institute Teknologi MARA Islamic Students Group），MARA工科大学大学院生協会（Institute Teknologi MARA Graduates Associations），マラヤ大学工学部卒業生協会（Engineering

護士協会と華人経済団体も，法案成立阻止を目指した[67]。これらの結社の主張を，以下にまとめる。

(1) NGO

法案上程の直前，48団体の代表は内務省幹部と会談し，(1) 結社の自由の侵害，(2) 行政決定に関する司法審査の排除，(3)「政治結社」カテゴリー，(4) 外国組織との関係の制限，(5) 政治的拘禁中の者の役員資格に関し，次の主旨の共同声明を手渡した。

第一に，提案されている改正は結社の権利を縮小し，それを市民（public）には直接的に責任を負わない登録官に委譲するものであり，「登録官に与えられた広範囲にわたる権限は，マレーシア憲法の基本原則と国連人権規約を侵害する」。

第二に，登録官の決定は大臣にのみ異議申し立てできるとする規定は，「行政行為を司法審査に服従せしめることは我々の民主的システムを強化する」というマレーシア憲法起草時の理解に反する。

第三に，「政治結社」に関する規定は，政府が民主主義システムの仕組みを全く理解していないことを示している。「全ての個人と結社は国家の問題について議論」し，「政府の政策と活動に影響を与える権利を持っている」。投票者，地区のごみ収集についての不満を新聞に投書する主婦，言語や文化の問題に対して社会の注意を引こうとする文筆家，社会を倫理的視点から検証しようとする宗教運動，自身の利益を聞き入れるよう国家を説得する経済団体，よりよい財とサービスを要求する消費者団体，より住みやすい環境を目指す環境団体，民族関係を改善しようとする改革運動は全て，政府の政策に対して影響を与えようとしている。これに鑑みて，上の規定は，次の二つの帰結をもたらす。

まず，「利益団体，圧力団体は，政党が選挙上の考慮から関わることのできない問題に関して，非党派的視点を提供することができなくなる」。次に，「利益団体，圧力団体が，市民の意見を表明するための効果的チャネルとして貢献

---

Alumni Association of the University of Malaya），運輸設備労働者組合 (Transport Equipment Employees Union)，マレーシアエンジニア協会 (Malaysian Association of Engineers)，マレーシアウラマ協会 (Malaysian Ulamas Association)，ペナンウラマ協会 (Penang Ulamas Association)，中東OB・OG協会 (Middle-East Ex-Students Association)，全国イスラム学生組合 (National Union of Islamic Students)，青年キリスト教労働運動 (Young Christian Workers Movement) の19団体。

67) *Star*, April 5, 1981.

し，また，政府が求めるフィードバックを提供することができなくなる」。特に，「公務員，教師，講師，その他の公的な仕事に従事する者は，結社が『政治的』であるという理由で，いわゆる『政治結社』での活発な活動から撤退させられる」可能性があり，「教育を受けた者が少ない開発途上国においては，このようなグループが撤退することは，社会問題に関する公の討論の質が著しく下がることを意味している」。

第四に，結社と外国組織との関係を制限する登録官の権限は，国内結社の多くがすでに国外に関係を持っていることを考慮すれば，退行的措置である。

最後に，犯罪者，拘禁中の政治犯が結社の指導者となることを禁止する規定については，一度刑罰を受けたのならば，その者は自由な市民となるべきであり，また，拘禁中の政治犯については，法廷で判決を受けていないのだから，資格を剥奪されるべきでないとした。

共同声明は結論として，利益団体や圧力団体の自由を制限することが，国家の民主主義の安定のみならず社会的正義にも影響を与えるとし，法案が撤回されるか特別委員会に付されることを要求した[68]。

以上の五点はこれ以降 NGO による結社法改正反対運動の骨子となった。議会内に利益表明の機会を持たず，BN にもコミットしないという NGO の立場を考えれば，彼らが結社の自由の保障を希求するのは至極当然である。その中でも最も重視されたのが，2条の結社の分類に関する改正である。ここには，ほとんどのアドヴォカシー型 NGO の指導者は国立大学の教員であり，ひとたびこれらの結社が「政治的」と範疇化されれば，指導者たちは大学・大学カレッジ法等の規定により職を辞さねばならないと考えられたという事情があった。また，彼らの多くが国外から資金援助を受けていたことは 11A 条をはじめとする規定に対する反対の基礎となっている（Tan and Singh 1994, 10）。他方で，犯罪者や拘禁中の者の指導者資格に関する 9A 条の改正は強くは主張されなかった[69]。

以上の要求が聞き入れられることなく法案が下院で成立すると，アリラン，ABIM，CAP など 12 団体は，ABIM 会長であったアンワル・イブラヒムを会長として調整委員会（のちに結社法調整委員会，Societies Act Coordinating

---

[68] *Star*, April 7, 1981.
[69] 結社の分類と指導者資格に関する NGO の立場は，チャンドラ・ムザファ博士へのインタヴューにもとづく。

Committee: SACC) を結成し，法案撤回要求を継続した[70]。またこの時点までに委員会に同調する結社が増加し，結社法への反対運動は，民族や宗教の差異を越えた大規模な運動として，存在感を増していった[71]。

下院に議席を持たないマレーシア人民社会党 (Parti Socialis Rakyat Malaysia: PSRM) と社会民主党 (Social Democratic Party: SDP) もまた，NGO に同調し，BN が「改正を無理に通すために野蛮な過半数」を使ったと非難した。特に党首が拘束されていた PSRM は，改正が党首の地位に影響するという理由からこれに反対したと考えられる[72]。

### (2) 弁護士協会

弁護士協会もまた自由主義の立場から議員に対して覚書を配布し，改正法案が「この国の民主主義の大義に対して憂慮すべき損害を与える」と主張した[73]。覚書はまず，結社の範疇化に反対する。「結社は，連邦，州政府，あるいは，省庁に対して影響を与える責任がある」。聴覚障害者のための結社は障害者のための立法を要求し，自然保護団体は政府に対して公園を作るよう要求し，消費者団体は政府に対して特定の商品の制限や，上限価格の設定を要求する。「これら全てが公益に適ったもの」であり，「政府が社会と対話し続けられるようにする一つの方法である。言論と結社の自由は，自由な社会に不可欠である」。

続いて覚書は，登録官が結社の登録を抹消できる一つの根拠である憲法の「その他の事項」を軽視することについて，これが登録官に対して憲法解釈の権限を与えるものであり，権力分立の原理を侵害すると批判した。

第三に覚書は，権力分立原則にもとづき，結社が登録官の決定について法廷に訴える権利を保障すべきであるとした。

---

70) *Star*, April 18, 1981. 参加した 12 団体は次のとおり。ABIM, CAP, アリラン, EPSM, SGS, UCSCA, マレーシア青年会議 (Malaysian Youth Council), 教職員組合 (Academic Staff Association of University Sains Malaysia), ヒンドゥ青年会議 (Hindu Youth Council), 青年クリスチャン労働者運動, 西マレーシア盲人協会, マレーシアムスリム学生連合 (National Union of Malaysian Muslim Students)。

71) 新たにペナンダーワ組織 (Dakwa Organisation of Penang), 英国マレーシア人工学系学生 (Malaysian Engineering Students in United Kingdom), 在ロンドンマレーシアイスラム研究団体 (Malaysian Islamic Study Group in London) などが参加している。

72) *Star*, March 25, April 10, 1981.

73) *Star*, April 8, 1981.

最後に，弁護士協会は，外国との関係に関する11A条の条文が曖昧であり，シンガポールに手紙を書くことでさえ許可を得なければならないのかと反駁している。

### (3) 華人経済団体

華人団体として反対の声を上げたのは，UCSCAをはじめとする華語学校関係団体のみではない。ACCCIMを含む100余りの華人経済団体は，次の内容を持つ覚書を首相に送付している。

第一に，結社の範疇化に反対する。結社を政治結社と非政治結社に分けることは，政策や行政に対して意見を述べる非政治結社の権利が奪われることを意味している。第二に，結社の範疇化や結社登録取り消しに関する行政の強大な権限に反対する。第三に，登録を抹消された結社が，法廷において結社登録官の決定に異議を唱える権利が与えられていないことに反対する。第四に，国家の民主的原則に従い，市民の権利に影響を与える立法に際しては政府が国民と審議することを要求する[74]。

本章第二節，第三節で論じたとおり，華人経済団体は1970年代後半以降の国有化や投資規定について強い不満を持っていた。さらに，華語学校団体と華人経済団体の双方が結社法改正に反対したのは次の事情にもよっている。高等教育機関への入学者数割り当てに関する1971年の憲法改正により，1970年代末までに，大学入学者数に占める華人の割合が半減していた。このような事態をうけて，国内の華語学校関係者は華人経済団体とともに，私立大学設立許可を求める運動を行った。彼らは，結社法の改正を，この運動を挫くものと見た。政府の教育政策と産業政策に異議を唱える彼らの活動が，行政による制御の対象となることは予想できない事態ではなかったのである[75]。

また，結社の分類は，国外との関係をもつ企業家にとって重要な問題だった。たとえば，修正結社法の施行の後，スランゴール華人商業会議所（Selangor Chinese Chamber of Commerce: SCCC），ペナン華人商業会議所（Penang Chinese Chamber of Commerce: PCCC），ACCCIMは，「通商と産業に関する問題について政府の意

---

[74] *Star*, April 13, 18, 1981; *FEER*, April 24, 1981, p.11. これらのうちには，スランゴール華人商業会議所会長兼ACCCIM会長も名を連ねている。

[75] 実際，UCSCAは1981年8月に，自らが定めたルールと目的に従って活動しなければ登録抹消もありうるとする結社登録官からの警告を受けている（*Star*, August 23, 1981）。

見を求め，また自らの見解を政府に述べる」という目的に鑑みて，政治結社として登録した[76]。しかし，1982年6月になると，ACCCIM が政治結社として登録申請したことを不満として，ACCCIM や SCCC の理事が要職を辞するという事態が起こる。ACCCIM のある役員が，同結社の政治結社としての地位に不満を表明し，自らは個人的に国際的な領域で活動を継続すると述べていることから[77]，ACCCIM が政治結社として登録したことによって，一部の経営者の間に，国外組織との関係が制限されることへの懸念があったと考えられる。

以上のように，国内の結社は，各々の事情から，憲法に定められる結社の自由という原則をかかげ，結社の範疇化，結社登録官の強大な権限，司法審査の否定の三点を中心として1981年結社法に反対した。この反対が，結局，政府に再修正を強いることになる。

## *4* —— 1981年結社法の修正へ向けた政府・結社間の協議

### 4-1　NGO による反対運動の拡大

結社法は1981年5月に施行されたが，この頃までに115団体を擁するまでに拡大した SACC は，結社法撤回を求める署名運動を中心とした反対運動を継続していた[78]。

1981年7月にマハティール首相とムサ・ヒタム（Musa Hitam）副首相の新政権が成立することが明らかになると，SACC は副首相兼内相との会談を求める文書を送付し[79]，さらに，結社法改正を求める運動から，「自由と正義の原則に関するそのほかの事項」にまで運動の射程を広げるべく，結社会議事務局（Secretariat for the Conference of Societies: SCS）に改組した。また11月の終わりまでには，「民族や宗教の境界を越えたイシューに関して，国内で初めての大規

---

76) *Malay Mail*, May 2, June 15, 1981; *Star*, May 26, 31, August 9, 14, September 18, 1981; *Echo*, August 8, 1981.
77) *Echo*, July 17, 1982.
78) *Star*, May 25, 1981.
79) *Star*, July 7, 1981; *NST*, August 16, 1981.

模な反応である」と言われた結社法に反対する7万人の署名を集め (Tan 1985, 102-103), これを政府に提出した[80]。

## 4-2 SCS/内相の協議 ── 市民の不同意,総選挙

このような運動を受け,内相は,撤回はありえないとした当初の立場を覆しSCSとの会合を決定した[81]。

政府のこのような態度の変化は,なぜ起こったのか。いくつかの要因を指摘することができる。

まず,結社と政府の関係に変化があった。結社法反対運動の急先鋒であり,立法の主要な原因の一つであったABIM会長のアンワルがUMNOに入党し[82],同じくSCSのメンバーであったUCSCAの2人のリーダーもBNから立候補することになった (Singh 1984, 22)[83]。UMNOが懸念していた,ABIMとPASの共闘関係にしても,アンワルが与党入りした今,これを警戒する必要はそれほどなくなったはずである。

さらに,マハティール首相が,結社の範疇化を肝とする結社法改正にそれほど意義を見出していなかったという事情もあった[84]。前政権が結社法改正に踏み切った背景の一つに,結社が政党政治の枠組みの外で公共セクターを非難したという事情があったことは,すでに指摘したとおりである。しかし,新たに首相に就任したマハティールは,国営・公営企業を利用したマレー人商工業コミュニティの創出に対しては当初から熱心でなかったという (Bowie 1991, 100)。つまり,新政権は,1981年結社法成立の背景となった脅威認識を共有していなかったという事情がある。

しかし,より重要だったのが,政府の権力が社会の同意から発生し,これに依存するものであるという政府の認識だった。

---

80) *NST*, November 18, 1981.
81) Singh 1984, 17; *NST*, November 18, 1981.
82) *NST*, March 27, 1982. 1981年12月頃からマハティール首相,ムサ副首相などの重役が直接入党をオファーした。
83) 政府は,結社側のリーダーが与党メンバーとして立候補することと引き換えに,改正を承諾したといわれている (Muzaffar 1986, 127)。
84) 1981年法案成立後に華人経済団体に対して,範疇化を急ぐ必要はないと論じたという報道から。*Star*, June 29, 1981.

前政権下の議会で結社法改正が成立し，実施された後も，結社が反対運動を継続したことは既述のとおりである。その中で，SCS に属する 115 の団体は，結社法への不同意を表明するために，結社登録官に範疇化を任せるという戦略を取った。これによって，結社登録官にはこれらの団体の活動の詳細を調査するなどの過剰な負担がかかったと言われている[85]。政府は，議会で成立した法案が，社会の反対にあって思いどおりに実施できないという事態に直面したのである。

　また，1982 年 1 月から準備が進められていた総選挙への考慮も，法案撤回を後押ししたと考えられる[86]。結社法をめぐる問題は，結社による会合や出版，署名活動に加えて，新聞報道でも頻繁に社会に伝えられており，重要な争点となっていた。1981 年改正法の成立にあたり，法案に反対した野党が，この争点を利用しないはずがない。NGO などからの反対を押し切り，1981 年法に固執すれば，与党は票を失いうることが予測されたのである。

　以上の理由から，政府は，1982 年 3 月に SCS の代表と会合を持ち[87]，その結果として，SCS は内相から「論争的な規定を変更することで，人々の協力と理解を得たい」とする言質を得た[88]。これに続き，1982 年 11 月に，新しい結社法改正法案が公表された。

## 5 ── 1982 年結社法（修正）法案の撤回と新たな法案に向けた協議

### 5-1　法案の内容

　1982 年結社法（修正）法案は，次の各点により特徴付けられる。

（1）「政治結社」の削除（2 条）/「政治結社」に関する IA 部の削除
　国内結社を「政治結社」と「非政治結社」とに分類するとした 2 条を，1981 年改正以前の条文に戻し，「政治結社」について規定した IA 部を削除した。

---

[85] *Star*, May 25, 1981; *NST*, December 8, 1982.
[86] 選挙の準備は，1 月に始まっている（*NST*, January 7, 1982）。
[87] *NST*, March 8, 9, 1982.
[88] *NST*, October 15, 1982.

(2) 8B 条：外国からの資金援助

すべての結社は，結社登録官からの許可なしに外国から資金援助を受けてはならないとする新しい8B条が挿入された。

(3) 63条，64条：結社に対する家宅捜索

登録官と副登録官が結社に対して家宅捜索を行うことができると定めた63条と64条に関し，登録官，副登録官の後に，「登録官により権限を与えられた役人（officer）」という節を挿入する改正が行われた。

この法案に対して，SCSは，自分たちが主張した(1) 結社の範疇化の撤廃，(2) 内務省権限の制限，(3) 国外組織との関係の制限の撤廃，(4) 司法審査を否定する規定の撤廃，(5) 重大な犯罪履歴のある者の役員資格剥奪の撤回の五点のうち，「政治結社」に関する規定の削除のみが法案に反映されるにとどまったばかりか，63, 64条の改正により一役人が家宅捜索を行えるようになったこと，すべての結社が外国から資金援助を受ける際に結社登録官に対して許可を求めなければならなくなったことを非難し，新法案の撤回を要求した[89]。

この反対をうけて政府は，再び法案を撤回し，SCS，各政党，UMNO青年部やUMNO婦人部といった党内グループとも会談し，それぞれの意見を考慮しながら「政府の自由主義的な態度を反映し，全面的に改善された」法案を，次期国会に提出することを約し，1983年1月にSCSと二度目の会合を持った[90]。

## 5-2 NGOによる自由主義的新規立法の試み

三回目の法案上程に向けたこの過程で，SCSは，結社法そのものを80年代における結社の新たな役割を反映した新規立法とすることを目的として，「マレーシアの発展における国民参加の幕開け（A New Dawn for People's Participation in the Development of Malaysia）」と題する覚書を提出した。覚書は次の五点を新規立法の原理として提起する。

第一に，新規立法は民主主義的価値に従うべきである。結社勅令が制定され

---

[89] *NST*, November 13, 1982.
[90] *NST*, December 8, 1982, January 14, 23, 1983.

た植民地期とは異なり，独立以降の憲法は「結社の権利」という基本権を定めており，また，この権利は「人権に関する普遍的な概念」と，「イスラムやその他の宗教により奨励される価値」と一致する。

第二に，結社の登録手続きを簡明化すべきである。結社の設立が政府によって与えられた特権であるかのような印象を与える規制を設けるべきではない。

第三に，結社を規制する法として，刑法，国内治安法など様々な法がすでに存在しており，これ以上の立法は行うべきではない。立法の過多は合法的な民主的活動を阻害する。

第四に，登録官および大臣の決定を法廷で争う権利を結社に対して与えるべきである。民主的社会においては，当局により権利を侵害された市民は，救済のために裁判所に訴えることを許されるべきである。マレーシアの司法は，民主主義の重要な制度として，相当な敬意と意義を与えられるべきである。

第五として，結社の活動の詳細は，結社側が自主的に登録官に対して報告するものとすべきである。具体的には，7人以上の団体は目的とルールとを公表し，会計や成員の規模，役員の履歴について登録官に報告書を提出し，この内容に問題がある場合には結社登録官が裁判所を通じて結社の正当性を問うべきである。また，国内外の組織との関係や資金についても，事前の承認を求めるのではなく，結社登録官に報告書を提出し，問題があれば司法的解決にゆだねる。結社の設立と結社を通じた活動は，自由な社会における基本権であり，公序良俗を損なうと立証されない限りは，制限，制御されるべきではない。

以上の原理を基礎として，SCSは次の法改正案を提出した。第一に，「政治結社」，「非政治結社」といった分類に関する2条とIA部を撤廃すべきである。第二に，結社登録義務（6条）を撤廃すべきである。登録義務を継続する場合には，申請の処理期間を定めるべきである。また，申請却下の事由（7条2項）を限定し，さらに，ある結社の申請が却下された場合には，その理由が開示されるべきである。第三に，行政の権限については，13A条そのものを撤廃する。そうでなければ，13A条の下での命令に背いた結社の登録抹消や停止を行う大臣の権限を削除するべきである。また，登録官による結社に対する家宅捜索について定めた63条と64条に関しては，令状の取得を条件とすべきである。第四に，司法的救済に関する規定について，大臣の決定を裁判所で問題とすることができるとした文言を挿入すべきである。第五に，結社指導者の資格について定めた9A条を撤廃すべきである。このほかにも，秘密結社や非合法結社に

ついて定めた各規定の削除，罰金の金額を下げること，結社から結社登録官に対する報告事項として，国外での提携関係や資金援助に関する事項を挿入することなどが提案されている[91]。

## 5-3 法案に対する反対の縮小

このようにSCSが結社法の自由主義的転換を求めて運動を継続する一方で，当初結社法に反対していた結社の多くは，この頃までに，もはや反対を表明しなくなっていた。その典型が，ACCCIMを筆頭とする華人経済団体である。華人経済団体は，1981年法案の可決後，行政から説明を受けた後，改正を受け入れ，「政治結社」として登録していた[92]。とはいえ，この範疇化に対しては，不満も残っていたことは，すでに論じたとおりである。

しかし，1982年法案で，最大の懸案であった「政治結社」と「非政治結社」の区別を定めた規定が削除されることが明示された今，華人経済団体が法案に反対する強い理由はなかった。またこの頃までに，ヒンドゥー青年会議やマレーシア盲人協会など，当初SACCを構成していた結社が，自分たちは既存の政党によって利益表明を行うとして，法案をめぐる政治過程から離脱していった[93]。

## 6 ── 1983年結社法（修正）法案

政府と与党，SCSの間での議論，取引，妥協の結果は，1983年3月に下院に提出された法案として結実した。以下に，法案の内容を見たうえで，各主体の法案に対する態度から，三者間の協議過程を追ってみたい。

---

91) "A New Dawn for People's Participation in the Development of Malaysia," (Singh 1984, 87–91).
92) ACCCIM (*Echo*, August 8, 1981, July 17, 1982)，SCCC (*Malay Mail*, May 2, June 15, 1981)，PCCC (*Star*, September 18, 1981)，マラッカ華人商業会議所 (Malacca Chinese Chamber of Commerce) (*NST*, July 28, 1981) に加え，スランゴール華人大会堂 (SCAH) (*NST*, March 22, 1982)，ペナン華人公会堂 (Penang Chinese Town Hall) (*Star*, August 9, 1981) がこのように決定している。これらの多くが範疇決定に際してマハティール首相と結社登録官と結社法について会談する機会を持っている (*Star*, June 29, 1981; Singh (1984, 16–17))。
93) たとえばヒンドゥ青年会議は，「何か問題や疑問があれば，MIC……に伝える」として自らは非政治結社を名乗った (Singh 1984, 19)。

第4章　1981年，1983年結社法（修正）法 | 145

## 6-1　法案の内容

法案の主要な点は次の五点である[94]。

### (1) 2 条の改正，IA 部の撤廃：結社の範疇の削除

「政治結社」という範疇について定めた 2 条と「政治結社」に関する規定を含む IA 部が撤廃された。

### (2) 2A 条 (f) の削除：憲法に従った活動

登録結社が憲法に従った活動を行うことを定めた 2A 条のうち，文言が曖昧すぎるという指摘があった「その他の事項」とした (f) が削除された。

### (3) 11A 条および 14 条：外国組織との関係

結社が国外組織と関係を持つ前に大臣に申請しなければならないとする 11A 条が撤廃された。その代わりに，結社による報告について定めた 14 条に新しい規定 (1 項 (da) (db)，2 項 (da) (db)) が挿入され，結社は毎年，そして登録官が要求した場合に，外国組織との提携関係，資金調達についての情報を登録官に提出することが定められた。

### (4) 大臣の決定は法廷で争えないとする各規定の削除

大臣の決定は「最終的かつ確定的であり，法廷でこれに異議を唱えたり，訴えたり，再審理したり，廃棄したり，問題とすることはできない」とした 2A 条 2 項，9A 条 5 項，13A 条 6 項が撤廃された。この結果，①結社が憲法規定に従って活動することを定めた 2A 条の下での結社登録取り消し，②犯罪履歴のある者が役員となることを禁止する 9A 条適用の免除，③ 13A 条に定められた，結社の役員，外国組織との提携関係，憲章等の変更に関する登録官の命令

---

94) この他にも，次の改正がある。(1) 10 条 1 項の改正：書類の検査 (inspection of documents)。結社から提出された報告書や申請書等の書類は国民に開かれるべきであるとする SCS の意見を反映し，以前は当該結社の成員にのみ公開されていた文書の一部が，正当な理由があれば非成員に対しても公開されるとする改正が行われた。(2) 11 条 1 項 (a) /14 条 1 項 (c) の改正：会合の場所の変更。旧法では，結社は名称，活動場所，会合の場所を変更する場合 (11 条)，あるいは年次総会の後 (14 条) に結社登録官に報告しなければならないとする規定があった。これに対して SCS 側は「会議の場所」を対象から除外することを求め，これが法案に反映された。

について，結社がこれを不服として裁判所に訴える権利は，18条により定められることとなった。

18条は，大臣の決定が「最終的である」とするにとどまり，司法的解決を排除する積極的な文言はない。この点について副内相は，大臣の決定が，①権限踰越である場合や権力を濫用したとみなされる場合，②彼の裁量によらず，機械的に決定された場合には，司法による審査が可能であると説明した。

### (5) 63条の改正：結社に対する登録官の家宅捜索権限

もともと63条は，「登録官あるいは副登録官は，登録結社やその成員により会合や活動の場所として使用されていると確信するあらゆる場所に立ち入ることができる」とする条文であり，立ち入りの用件等については何らの規定もなかった。1982年改正法案に対してSCSから強い反対があがったことに応えて，今回の改正では，登録官と副登録官のみが，「事前通告をした後に限り」家宅捜索を行うことができるとされた。

1981年から1983年にかけての法案の変遷は，表4-2としてまとめた。

## 6-2 法案のインプリケーション

1983年法案が，SCSの要求した自由主義的法にはいたっていないことは明らかである。第一に，外国組織との関係や結社のルール，役員等の事項について，結社登録官が結社に介入する権限（13A条）には変更はない。第二に，争点としての重要度の低いものではあったが，重大な罪を犯した者や政治的拘禁を受けている者が役員やアドヴァイザーとなることができないとした9A条も1981年以降変更されていない。第三に，結社が行政の介入を不服として裁判所に訴える権利が積極的に規定されることはなかった。最後に，結社登録義務は撤廃されなかった。

しかし，1983年修正法がSCSの反論を反映していることも看過されるべきではない。まず，82年法案に引き続き，結社の分類が削除された。第二に，外国組織との関係に関しても，事前に内務省から許可を得る必要があるとした規定が撤廃され，それに代わって結社が自主的に報告書を提出するというSCS側の対案が採用された。第三に，行政による介入については，結社登録官の家宅捜索権限に一定の制限が課せられたと評価することができる。第四に，司法

表 4-2　法案の変遷

| | | 1981 年改正 | 1982 年改正 | 1983 年改正 |
|---|---|---|---|---|
| 結社の範疇 | 2条 | 結社は，政党，政治結社，非政治結社に区別する | × | × |
| | IA部（18A条〜18H条） | 結社登録官はある結社を政治結社と範疇化する権限を持つ／政治結社において非市民が成員となることを禁ずる／政治結社が外国から資金提供を受けることを禁ずる | × | × |
| 外国組織との関係 | 8B条 | - | 結社は，内務省結社登録官からの許可なしに外国からの資金援助を受けてはならない | × |
| | 11A条 | 外国の結社と関係を持つ際には，登録官に許可を申請しなければならない | × | × |
| | 14条1項，2項 | - | - | 結社は，毎年外国組織との提携関係，資金調達に関する情報を内務省に提出せねばならない |
| 役員資格 | 9A条 | 重大な犯罪を犯した者や，政治的拘禁を受けている者は，役員資格を剥奪される | | |
| 行政による介入権限 | 13A条 | 内務省結社登録官は，結社のルール，役員を変更し，また，外国との関係を禁止する権限を持つ | | |
| | 63条 | 登録官および副登録官は，結社の活動場所に立ち入ることができる | 登録官および副登録官，または彼らから権限を与えられた役人は，結社の会合や活動場所に立ち入ることができる | 登録官または副登録官は，事前通告をした場合に限り，結社の活動場所に立ち入ることができる |
| 司法権 | 13A条6項，18H条，9A条5項 | 内務大臣の決定は最終的かつ確定的であり，裁判所で争うことはできない | | 内務大臣の決定は最終的である |

による解決を否定する各規定が削除された。

以上から，1983年法案のインプリケーションとして次の三点を指摘したい。第一に，すべての登録結社に対して政治活動を行う権利を保障した。他方で，第二に，登録義務と自主的な報告義務を課することにより，行政は，結社の資金，メンバーシップ，憲章，役員，外国組織との関係を監視し，また，13A条によって必要とあらば介入する権限を得た。ただし，第三に，憲法に従った活動を定めた2A条と家宅捜索について定めた63，64条の改正に典型的なように，行政が結社の活動に対して介入する要件が明確化されたことも指摘されるべきであろう。

## 6-3 法案に対する態度（1）── 政府

改正された各規定についての政府の説明は次のようなものであった。第一に，「政治結社として認定されることを意図しないにもかかわらず，政治結社としての認定を求めた結社があった」といった技術的問題が生じたことを理由として，結社の分類に関する各規定が撤廃された[95]。

第二に，11A条の削除により各結社は国外組織と関係を持ち続ける自由を与えられた。

第三に，大臣の決定は最終的であり裁判所で争うことはできないとする規定の削除に関して，政府は，決定が権限踰越の場合などには裁判所での係争が可能となったとする見方を示した。他方で，結社が行政の決定について司法に訴える権利を保障する規定が盛り込まれなかったことに対する野党議員からの批判に答えて（後述），「法により与えられた権限にもとづく行政の行為を問題とする司法の権限を限定するような一節を挿入することは，立法においては通常の行為である」としている[96]。

第四に，登録官の権限については次のように述べる。そもそも政府はこれまでに「登録官による権力濫用の報告は受け取っていない」。仮に権力誤用や権限踰越があれば，裁判所による差し止め命令（Court injunction）を出すことも可能である[97]。しかも，政府は登録官の家宅捜索権限について定めた63条を改

---

95) *PRPDR*, 23 Mac, 1983, Timbalan Menteri Hal Ehwal Dalam Negeri (Kassim Ahmad), p. 7217.
96) *Ibid.*, p. 7392.
97) *Ibid.*, p. 7391.

正した。登録官の権限は「単に結社の活動が登録されたとおりのものであることを確かめ，会員の利益を守るために結社の事務所を検査することができるのみ」であり，63条の改正に明らかなように，「この改正における登録官の権限はより制限されている」。

以上の改正についてムサ内相は，「結社の要求のうち合理的と思われるもののほとんど全てに見合うものになった」と評した[98]。しかし，結社からの要求を反映する改正を行う一方で，彼は，「政府は基本的な問題について妥協をするつもりはない」と述べてきた[99]。「基本的な問題」とは，「監視されなければ一般の繁栄と国家の治安を台無しにする共産主義と過激主義」である[100]。

政府が修正法案によって目指したのは，「常に結社の活動を監視し，法に反する行動をとらせない」ことであった[101]。副内相は，1983年の立法がSCSの要求した新規立法ではなく既存法の改正にとどまったことについて，政府が結社の代表と会談し，彼らの提案を検討した結果，「結社の活動をリベラルな方法でもって監視する」という目的のために改正が適していると結論したと述べている[102]。SCSが，結社が民主的過程においてより積極的な役割を果たすことを可能にするために，結社の自由を基礎とする新規立法を希望したのに対して，政府が適切であるとみなす結社法は，結社の政治活動を行う権利を保障しながらも，彼らが既存秩序から逸脱することを予防するために結社を「監視」する権限を行政に対して与えるものだったという，根本的な思想の違いをここに見て取ることができる。

## 6-4　法案に対する態度（2）―― 野党

野党陣営からは，DAP議員が発言した。同党議員は総じて，「政治結社」に関する規定の削除，大臣の決定は最終決定であり裁判所で問題とすることはできないとする各規定の削除，そして国外に関係を持つ場合には事前に許可を取

---

98) *NST*, March 17, 1983.

99) *NST*, December 8, 1982.

100) *PRPDR*, 23 Mac, 1983, Timbalan Menteri Hal Ehwal Dalam Negeri (Kassim Ahmad), p. 7220. 法案上程前にも内相と副内相はCUFやCPMを警戒する主旨の発言を行っている（*NST*, January 2, 24, 1983）。

101) *PRPDR*, 23 Mac, 1983, Timbalan Menteri Hal Ehwal Dalam Negeri (Kassim Ahmad), p. 7390.

102) *Ibid.*, p. 7216.

得することが必要であるとした11A条の削除を評価した。だがその一方で，「全体としてみれば，1983年改正は副内相が約束したほど公正でも自由主義的でもない」と結論し[103]，次の各点を指摘している。

第一に，結社登録官等が結社に対して家宅捜索を行う権限について定めた63条に関して，ある結社が結社法に違反していると登録官が確信することが要件となっているのみで，登録官の権限に対する不安がいまだにある。DAP議員らは，裁判所からの令状取得を要件とすべきであると主張した[104]。

第二に，大臣の決定は裁判所では争えないとする規定は削除されたものの，結社が登録申請や憲章改正に関する大臣の決定を不服とする場合に司法に訴える権利を保障する条文はいまだにない[105]。

第三に，外国組織との関係を制限する11A条が削除されたものの，登録官は，13A条に定められた権限によって，いつでも結社が国外に持つ関係や外国人成員を禁止することができる[106]。このほかにも，結社の指導者資格について述べた9A条が改正されていないとする非難もあった[107]。

以上のようにDAPは，行政権限の制限，司法権重視の立場から法案を批判した。

## 6-5　法案に対する態度（3）—— 与党UMNO

1983年法案を批判したのは，野党ばかりではなかった。UMNO議員は，結社登録制度をはじめとする行政の権限，結社の国外組織との関係について支持を表明する一方で，結社の分類については，異論を述べた。

同党議員は，まず，結社登録制度が撤廃されなかったことについて，「結社が国家の敵に侵入されないように……すべての結社とその活動を保護し，監督する」ためにこれが必要であると述べている[108]。

第二に，SCSの提案によって挿入された結社の報告義務について，UMNO

---

103) *Ibid.*, Tan Seng Giaw, p. 7235.
104) *Ibid.*, Lee Lam Thye, p. 7224, 7235; Tan Seng Giaw, p. 7228; Sim Kwang Yang, p. 7251; Ling Sie Ming, p. 7261.
105) *Ibid.*, Lee Lam Thye, p. 7222.
106) *Ibid.*, Tan Seng Giaw, p. 7232; Sim Kwang Yang, p. 7250.
107) *Ibid.*, Tan Seng Giaw, p. 7235.
108) *Ibid.*, Dusuki Ahmad, pp. 7257-7258.

議員は，共産主義団体の国内結社への浸透や[109]，1982年8月にDAPの招聘で外国人弁護士がマレーシアで行った人権保護状況の調査を引き合いに出しながら[110]，「外国の手先になろうとする団体がないよう結社の活動に制限を加える」ために必要であると述べ[111]，これを支持した。

しかし，同党議員のうちには，結社の分類の削除に不満を表明した者もあった。たとえば次の発言がある。「以前ならば，全ての結社が政治結社と非政治結社とに区別されねばならなかったが，現在ではこれが廃止された。私の意見では，これが復活する可能性がある。というのは，もしある結社が政治結社として認識されたのなら，我々は誰が実際に政治家で誰が政治家の仮面をかぶっているのかを知ることができるからである」[112]。また，「紳士的な態度を持った人ならば，政治的活動をする際政党に入ればよい。ボランティア団体や福祉団体……などの背後で偽装する必要はない」はずである[113]。

このように，UMNO議員は，あくまでも政治活動を行う資格が政党にのみ与えられるべきと考えていた。「政府に対しては，その自由主義的な態度を示すうえで……，個人的利益にもとづいた圧力や要求には屈するべきでないと言いたい」という発言にも明らかなとおり[114]，政府とUMNO議員の法案に対する態度には温度差がある。しかし同党は，行政が結社を監督し，必要とあれば介入する権限を明記したことに賛同し，法案を支持した。

## 6-6　法案に対する態度（4）── SCSとその他の結社

SCSは，法案が新規立法ではなく微修正にとどまっており，自由主義的精神を欠くと評価し，次のように述べた。彼らの主要な要求のうち，法案に完全に反映されたのは結社の分類について定めた2A条の改正およびIA部の削除のみである。登録官権限のほとんどは手付かずであり，また，結社が司法にア

---

109) *Ibid.*, Daud Taha, pp. 7268–7269.
110) *Ibid.*, Abdul Rahman Suliman, pp. 7273–7274. 1982年8月にフランス，イギリス，アメリカ，日本から8人の弁護士が国連の活動の一環としてマレーシアを訪問した際，UMNO青年部，MCA議員，MIC青年部らが内政干渉であるとしてデモを行った。特に彼らを招聘したDAPが非難の的となった（*FEER*, August 13, 1982, pp. 12–13）。
111) *PRPDR.*, 23 Mac, 1983 Ismail Arshad, p. 7279.
112) *Ibid.*, Daud Taha, p. 7268.
113) *Ibid.*, Ismail Arshad, pp. 7281–7282.
114) *Ibid.*, Wan Mohd. Najib Wan Mohamed, pp. 7244–7245.

クセスする権利についても,「大臣の決定は最終的である」としたにすぎない。国外組織との関係を持つために事前の許可が必要であるとした11A条の削除と,結社に対して国外組織との関係についての報告書提出を義務付ける14条1項,2項の改正は,SCSの要求に沿ったものであったが,この改正は,13A条により登録官に与えられた,結社の国外組織との関係を禁止する権限により事実上無意味化されている。最後に,犯罪者や政治的拘禁を受けている者の指導者資格剥奪についても,変更はなかった (Singh 1984, 98-99)[115]。

しかし,SCSによる自由主義的立場からの批判は,他の結社からの賛同を得ることはなかった。既述のとおり,1981年結社法改正に対する反対運動の一角を占めていた華人経済団体にとっては,国外組織との関係を制限されないこと,また,経済政策についてアドヴォカシーを行う機会が与えられることが重要だった。その他の団体にとっても,1981年法案における「政治結社」というカテゴリーが削除されたいま,彼らが法案に反対する強い理由はなかった。

以上の理由から,SCSの法案に対する反対が大規模な運動となり,さらなる法改正を政府に強いることはなかった。その結果,1983年修正法案は大きな反対に遭うことなく成立し,運用された。

## 7 ── 1981年, 1982年, 1983年結社法(修正)法案をめぐる政治過程

一連の法改正をめぐる政治過程は,1981年修正法案の提出に始まる。政府と与党は,BNの外での利益表明の制限を目的として,結社の範疇化や司法による救済の制限を核とする法案の成立を推進した。これに対して,NGOや華人経済団体が結社の範疇化を中心に反論を提起したが,当初,政府はこれを容れず,法案は与党の支持を受けて成立した。

しかし,SCSとして組織化された結社による反対運動は拡大し続け,マハティール率いる新政権は,社会からの合意なき法が実施局面で困難に直面すること,社会からの反対を惹起することを思い知る。特に,政権発足後初の選挙を控えた政府は,結社法が選挙の争点となることを危惧した。

---

115) しかし,1982年以前にABIMの会長であったアンワルは,いくつかの欠点にもかかわらず,改正法が「ずっとリベラルになった」と評価していた(アンワル氏へのE-mailでのインタヴュー,2006年10月20日回答)。

表4-3　1983年法案に対する政府，与野党，社会団体の態度

|  |  | 政府 | 与党 | 野党 | NGO・経済団体等 SCS | その他 |
|---|---|---|---|---|---|---|
| 結社の範疇化の撤廃 | 2条 1A部（18A条～18H条） | ― | 政党のみが政治活動を行うべき | 評価できる | 評価できる | ― |
| 外国組織との関係を規律する規定 | 8B条 11A条 14条1項, 2項 | 国外組織と関係を持つ自由を与えられた | 外国の手先になろうとする団体を規制 | 13A条により大臣はいつでも，結社と国外の関係を禁止することができる | 13A条により大臣はいつでも，結社と国外の関係を禁止することができる | ― |
| 犯罪者の役員資格剥奪 | 9A条 | ― | ― | 改正の必要あり | 改正の必要あり | ― |
| 行政による介入権限 | 13A条 63条 | 登録官による権力濫用はない／登録官の権限は制限された | 評価できる | 権力濫用の恐れあり | 権力乱用の恐れあり | ― |
| 司法権 | 13A条6項, 9A条5項 | 行政行為に対する司法審査を限定することは通常の行為 | ― | 結社が行政の決定に異議を唱える権利が保障されていない | 結社が行政の決定に異議を唱える権利が保障されていない | ― |

＊網掛けは，反対／「―」は，特段の言及なし

　そこで，新政権は，華人経済団体，SCS，与党とそれぞれ会合を持ち，新たな法案策定に取り組んだ。多くの結社は，結社の範疇化の削除を要求した。SCSはさらに進んで，結社登録制度そのものをなくす自由主義的な結社法の制定を主張した。他方で与党は，政治活動の参加資格を限定するために，結社の範疇化を残すことを希望した。政府はというと，社会からの反対が拡大することは避けつつも，結社活動の監視は必要であると考えていた。1983年法案は，このような異なる制度選好を持つ主体間での議論，取引，妥協の末，次のような特徴を持つにいたった。

　まず，最も論争的だった結社の範疇化が削除され，すべての登録結社による政治活動が保障された。また，外国組織との関係を持つための許可に関する規

定の削除，結社に対する家宅捜索手続きの明確化，行政決定に関する司法への異議申し立てを禁止する規定の削除など，結社の主張が反映された修正がなされた。これらの点で SCS やその他の結社に妥協する代わりに，政府と与党は，結社登録制度や，結社のルール，リーダー，外国との関係や資金源に対する行政による監視・命令権限を法案に盛り込んだ。

このように政府，結社，与党の間の協議の帰結として成立した 1983 年法案については，多くの結社がこれを受容し，SCS の反対も広がりを見せなかった。こうして，全体としてみれば，1983 年法案が受容されるにいたったのである。

## 8 ── 結社法はどのように運用されたのか

改正の中で議論された登録制度やその他の規定はどのように実施されたのだろうか。次の二点を指摘したい。

第一に，結社が様々な制限の下に置かれている一方で，結社法の条文を越えた適用は，必ずしも起こっていない。もっとも，国内治安上の理由[116]，結社内の内紛[117]，報告書提出義務の過怠を理由として[118]，社会団体や与野党の登録が抹消された事例はある。また，結社登録に時間がかかることも指摘されている（Weiss 2003, 32-34）[119]。たとえば，アムネスティ・インターナショナルのマレーシア支部は登録申請から許可までに 9 年かかった。さらに，マレーシア社会党（Parti Sosialis Malaysia）は，1999 年以来，政党としての登録を申請してきたが，結社登録官は，党中央委員会の構成を理由に同党の登録申請を却下し続け[120]，同党が正式に政党として登録されたのは，2008 年のことだった。この

---

116) Al-Arqam や Al-Ma'unah などイスラム原理組織の登録が抹消されている（*Star*, October 22, 1997, August 20, 2001）。
117) SNAP（*Star*, November 17, 26, 2002），サラワクダヤク民族党（Parti Bangsa Dayak Sarawak: PBDS）（*Star*, December 7, 2003）に加え，UMNO が違法支部の存在を理由に登録抹消されている（第 6 章で言及する）。
118) 野党サラワク人民党（Persatuan Rakyat Malaysia Sarawak）が結社登録官からの複数回にわたる要請にもかかわらずこれを提出しなかったとして登録抹消されている（*Star*, August 1, 1995）。
119) 同論文は，国民人権組織（Persatuan Kebangsaan Hak Asasi Manusia）などをこのような例として挙げる。
120) 全国政党の党中央委員会は最低でも 7 州の代表から構成されねばならないというのが，申請却下の主な理由だった。同党は，この決定を不服として裁判所に訴えたが，申請却下の事由は合

ような事情から，時間のかかる結社登録を避け，会社法の下で登録，活動する NGO もある[121]。

　以上のような例があるものの，全体としてみれば，登録拒否や抹消は稀である。まして，まったく恣意的な決定で政治的にアクティヴな結社の登録が抹消されるという事例は管見のかぎりない。内務省による命令や登録抹消圧力によって，各結社は活動を行う際に自制的にならざるを得ないだろうし，登録抹消もありうるということは事実だが，それでも彼らが政治的利益表明を行う権利は，合法的な活動を行っている限りにおいて保障されていると考えてよいだろう。

　第二に，NGO の政治過程への参加が拡大した。これは，修正された結社法において，NGO が政治活動を行いうることが明らかにされる一方で，NGO に対する行政の監督権限が明記されたことによって，政府や政党の NGO への恐怖心が低下し，彼らを政治過程に参加させる素地ができたためである。

　たとえば，NGO によるアドヴォカシーや助言が，政策や立法に反映された事例をいくつか挙げることができる。1980 年代後半に全国女性組織評議会（National Council of Women's Organizations）を中心とする女性団体が組織した，女性に対する暴力に反対する共同行動グループ（Joint Action Group Against Violence Against Women）の活動は，与党議員の支持も得て，一年以上の実刑を盛り込んだ 1989 年レイプ法の改正（Penal Code (Amendment) Act, 1989），1994 年家庭内暴力法（Domestic Violence Act, 1994）の立法に結実している（Lai 2003, 60-63; Martinez 2003, 76-77; Tan and Singh 1994, 26-29）。EPSM などの環境団体によるアドバイスや要求も省庁に受容されるようになった（Ramakrishna 2003）。また，教育法改正をめぐる議論や，長期経済計画策定過程に NGO が参加し，提言を行った事例もある。

## 9――小括 ―― 政府，政党，NGO によるルール形成と参加の拡大

　1970 年代末以降，NGO や経済団体が，既存の政党政治の枠組みを越えて，NEP 実施後の経済政策や教育政策に異議を唱えるようになった。このような

---

　理的であるとして訴えは退けられていた（*Star*, August 17, 2006）。
121）たとえば女性や移民問題を扱うテナガニタ（Tenaganita）は，会社として登録し，活動している。

事態に警戒心を抱いた政府と与党は，政治活動を行うことのできる結社を限定し，結社のルールや外国組織との関係に対する行政の介入権限を拡大したうえで，行政権限を司法によっても異議を唱えられないものとする1981年結社法（修正）法を成立させた。

しかし，この立法は，NGO，野党，経済団体等，様々な集団からの反発に遭う。その後，政府，与党，NGO，経済団体の間での議論，交渉を経て，1983年には，全ての登録結社の政治活動を保障しながらも，結社のリーダー，ルール，外国との関係，資金源に対して行政が介入する権限を定めるという特徴を有した修正法案が成立した。結社法改正をめぐる政治過程とその産物としての結社の自由を規律する制度について，次の三点が重要である。

第一に，一連の改正をめぐる政治過程は，結社の自由に関して異なる態度を有した次の三つの集団の間の協議の過程として理解することができる。

(1) SCS，弁護士協会，DAP ── 自由民主主義

第一のグループを構成するのは，1981年に改正法案が上程されて以来，同法の自由化を主張してきたDAPを中心とした野党と，SCSを中心とするNGO，そして弁護士協会である。1983年のSCSの覚書に典型的なように，このグループは，基本権の保障，行政権限の限定，司法審査，議会多数によっても侵害されえない個人の自由などの立憲主義に立脚し，結社登録制度の廃止や，行政決定に対する異議申し立て制度の確立を要求した。

このような立場は，彼らが政治社会において占めていた地位によっている。まず，DAPは議会における少数派を構成しており，SCSは議会に代表を持っていなかった。さらに，SCSは，BNとそれによる分配に対する不満の中で政治化した結社の集まりである。そのため，彼らは，党派政治にとらわれないNGOが集合的意志決定において積極的な役割を果たしうるような，多元的な自由民主主義的意思決定の確立を模索した。

(2) 与党，政府 ── 議会多数派の意思＝国民の意思という擬制

上の主体が，政府と与党を「非民主主義的である」と断罪する一方で，政府と与党もまた，改正により彼らの民主主義を守ろうとしていた。ある与党議員は，「誰かが我々の支持する民主主義を消滅させようとしているのに，黙って

坐っていることは正しいのか」と問うている[122]。それでは，政府と与党が奉じる民主主義とはいったいどのようなものだったのか。

彼らは，「議会多数派」の意志という擬制を重視する。たとえばある UMNO 議員は，「（反対しているのは）国内の 30,000 の登録結社のうち，せいぜい 50 団体であり，1％にも満たない」（括弧内は，引用者による）として，結社の反対を取るに足らないものと切り捨てる[123]。またグラカン議員は，「教育を受けた者が少ない開発途上国においては，このようなグループ（教育を受けた者が指導する NGO）が撤退することは，社会問題に関する公的討議の質が著しく下がるということを意味している」（括弧内は，引用者による）という NGO の主張に応えるようにして次のように論じる。「社会にはエリートがいる。衣食に足り，大きな車や家を持つ人，専門職の人もいる。このような人々は必要だが，政府の責任は有識のエリートに対するもののみではない。政府は，声なき大衆（silent majority）に対して，また，失業者，麻薬中毒者，地方部，新村[124]に住む人々に対しても責任がある」[125]。

また 1981 年の法案可決後，沈静化しない反対運動にいらだった内相は弁護士協会に関して，「弁護士協会は，多数者に対して自分たちの意志を押し付けようとする小規模の圧力団体」にすぎず，「国家は議会によって運営されているのであって，圧力団体によって運営されているのではない」として，結社法は国民の代表によって可決されたものであるために小規模の圧力団体に屈することはできないと述べた[126]。

与党と政府は「多数」を代表しているという自負を持っていた。このような信念を持つ政府と与党にとっては，新しく登場し影響力を持ち始めた NGO や，活発に政治問題について発言する弁護士協会は，「多数」の国民の意志に対する「少数者」の優位という好ましからざる状況をもたらし，彼らの「議会制民主主義」を脅かすものと映った。政府，与党は，自身の奉ずる民主主義を守るために，「少数派」の自由が制限されなければならないと考え，第一に，外国組織からの影響の遮断，憲法，治安法等のルールの遵守などを政治主体の参加

---

122) *PRPDR*, April 8, 1981, Tan Tiong Hon, pp. 2132–2133.
123) *Ibid.*, Hashim Endut, p. 2176.
124) 共産党武装勢力から住民を隔離することにより武装勢力の拡大を防止する目的で，英国政府により 1950 年代に作られた居住区。新村住民の多くが華人貧困層であった。
125) *Ibid.*, Tan Tion Hong, p. 2128.
126) *NST*, April 11, 1981; *Star*, April 11, 1981.

資格とし，政治社会の多元性を限定することにより政党の優位を確立し，第二に，国民の代表からなる議会と，議会多数派の信託を受けた行政の決定が，司法という国民の信託を受けない機関のそれに優越することが望ましいと考えた，とまとめることができる。

(3) 華人経済団体とその他のNGO —— 個別利益実現のためのチャネルの重視

第三のカテゴリーであるACCCIMなどの華人経済団体やSCS以外の結社は，結社法が自らの活動に影響を与える限りにおいてこれに反対するという態度をとった。彼らは，自分たちの利益を代表する機会が保障されていればよいのであって，これが保障される限りにおいて，あえて反対する理由は見出さない。

既述のとおり，いくつかの団体は1981年改正後に，既存政党を通じた活動を行うとする方針転換をして反対運動の前線から去っていった。ICAやNEPの実施に不満を持っていた華人経済団体は，当初は法案に反対したものの，政府要人や官僚との会談を経て，SCSと共闘する代わりに「政治結社」としての登録の道を選び，さらに「政治結社」と「非政治結社」の区別に関する規定が撤回されることが明らかになった1982年12月以降には，結社法に対する反対や不満を表明していない。1983年改正法案に反論したのがSCSのみであったことを考えれば，1981年時点で反対の声を上げた多くの結社が，このカテゴリーに入るとみなしてよいだろう。

「政治結社」と「非政治結社」という範疇の導入によって政治主体を限定しようとする政府と与党の当初の試みは，自由民主主義の主唱者と，個別利益を代表する機会を保障しようとする主体による反対運動が同調したことによって，見直し圧力にさらされる。この圧力を受けて，上記(1)〜(3)の主体がそれぞれ協議，取引，妥協した産物が，1983年結社法（修正）法であった。

もちろん，かくして成立した1983年結社法に対して，全ての主体が満足したわけではない。たとえば，SCSは新たな法の自由主義的性格の欠如を指摘した。しかし，1983年立法は，それ以前の法と比較したときに，結社の範疇化の撤廃，行政権限の制限とその範囲の明確化，司法による救済を積極的に排除する文言の削除により，自由化したといえる。

他方で，与党は，結社の範疇化を削除する改正に異議を唱えた。ただし，1983年結社法は，登録官の命令権限を定めた13A条に加え，14条における結

社の報告義務に典型的なように，結社の活動を行政が監視，命令する権限を定めており，与党議員はこの点を重視し，法案に賛成した。

このように，1983年結社法は，異なる主体間での交渉を経て，それぞれの反対がかなりの程度低くなるような地点で成立した。1983年立法は，自由主義を掲げる野党やSCS，多数者の意志を重視する政府と与党，そして個別利益の表明機会を求める経済団体やNGOの間での協議を経て，結社の正当な活動と政府の正当な介入の限界を定めるルールとして成立した。

第二に，かくして成立した結社法が，政府も含めたすべての主体を拘束するルールとなったことも指摘できる。同法が，結社の活動をある程度制限していることは否定できない。しかし，政府が好き勝手に同法を運用し，批判的な結社を突然に非合法としたり，結社の活動に頻繁に介入することは稀である。つまり，結社法は，政府と結社の双方に対して，等しく箍をはめているといえる。これは，合意された法の範囲を越えて政府が結社の自由に介入することが，再び1980年代のような結社による大規模な反対を引き起こしうるということを政府が予見しているからであり，他方で，結社側も，結社法によって定められるルールを侵害すれば，直ちに政府からの介入の対象となることを予測しているからである。

第三に，1983年改正法の成立後，NGOによる立法や，政策形成過程への参加が増加した。これは，改正をめぐる過程の中で，自由主義陣営の要求を反映して「政治結社」なる範疇が削除され，すべての結社が政治活動を行う権利が保障される一方で，行政の監督，介入権限が明記されたことにより，これまで利益集約，表明のチャネルを独占していた既存与党と政府のNGOに対する警戒心を下げつつ，新しく組織化されたNGOが決定過程に参加できるような仕組みができあがったことに拠っている。

# 第5章

# 1986年国家機密法（修正）法
―― 開発の時代の情報公開 ――


　1981年に成立したマハティール政権は，財政赤字の軽減を目指し，全般的には緊縮財政を進める一方で，マレーシアのNICs（Newly Industrializing Countries）化を目指し，重工業や大規模建設業への集中的な政府支出によって産業の高度化を図った。この下で，1980年に設立されたマレーシア重工業公社（HICOM）への投資が行われ，1985年には国産車プロトンの生産が始まった。また，経済開発における民間の役割を拡大する目的で，政府と民間企業との距離はかつてないほどに縮まっていった。

　しかし，緊縮財政に起因する内需縮小と，折からの一次産品価格の下落，先進国市場の不振による電子機器輸出の低迷によって，マレーシアは1984年末から1986年にかけて不況を経験する。1985年，1986年の経済成長率は，それぞれ−0.1％，1％にとどまり，産業政策の重点とされたHICOMも思うような成果を上げず，債務が拡大していた（Jomo 1990, Ch. 8）。

　政府による大胆な産業政策の転換と，官民関係の緊密化，経済停滞が同時に起きたことによって，政府の経済運営への社会からの厳しいチェックがはじまる。1986年国家機密法（修正）法案は，不況を背景に，不透明な政府の経済運営と汚職の慣行への不満が拡大するなかで上程された。

　国家機密法は，そもそも，半島部とサバ州における1950年国家機密勅令と，サラワク州において実施されていた英国の1911年，1920年国家機密法をまとめ，1972年10月に成立した議会立法である。同法は，主に米ソ両国のスパイを想定し，防衛機密の保護を目的として，令状なしに機密漏えい者を逮捕する

権限を警察に対して与えるなどの内容を持っていた[1]。1983年には,「東南アジア地域の政治情勢が変化し,強大国がこの地域における発展にますます関心を持つようになり,「外国のスパイが公務上の秘密に関する情報を得ようと試みている」として,外国人スパイに接触された者が当局に報告する義務を負うことなどが追加された[2]。冷戦を理由としたこのような一連の立法に対して,1986年の改正は,国内における経済開発上の必要に端を発しているという点において,異色をなしている。

これまでの研究は,1986年機密法を次のように評価してきた。まず同法は,不明瞭な入札や民営化の慣行を隠蔽することを目的とし (Jomo 1990, 217),公表されないほとんどの政府文書を「公務上の秘密」とするものである (Means 1991, 197)。また,機密法をめぐる政治過程において,社会団体から反対の声があったにもかかわらず,この反対が「議会におけるBNの過半数」を用いた強引な立法によって無駄になってしまった (Means 1991, 198; Khoo 1995, 277)。以上のように,既存研究は,同法が市民の知る権利を一方的に否定するものであったという解釈を提示している。

しかし,実際には,本章で見るとおり,1986年改正は,複雑な過程を経て成立した。同法案上程の後,政府文書の流出をなるべく抑えようとする政府と,政府の経済運営に対してしかるべきチェックをするための情報へのアクセスを保障しようとする与党,さらに進んで「知る権利」の確立を目指す野党,NGO,記者組合,弁護士協会などの間で,およそ9カ月にわたり法案をめぐって綱引きが生じた。その中で,「公務上の秘密 (official secrets)」とは何か,公務上の秘密を指定することができるのは誰か,公務上の秘密の指定に関する行政の権限はどのくらい制限されていなければならないか,市民は何をどのくらい知る権利があるのかが議論された。政府は,与党や記者,NGOなどの意見を部分的に取り入れ,三つの修正法案を随時提出,公表,撤回し,1986年12月に法案が成立した。

以上の過程とその後の実施の検討から,本章では,市民の知る権利を制限するだけでなく,情報の流れを制御する政府の権力を制限するルールとして,国家機密法が解釈されるだろう。

---

1) *PRPDR*, 11 Ogos, 1972, pp. 2164–2262.
2) *Ibid.*, 18 Oktober, 1983, pp. 10127–10324.

## 1 ── 機密法改正の背景 ── 官民協力の深化と汚職問題の争点化

　機密法改正の背景には，経済政策の転換と，その帰結としての官民関係の変化があった。そもそも，1981年に始まる第四次マレーシアプランは，民間部門主導の資本形成を目標として掲げていた。しかし実際には，PNBによる外資企業の国有化やICAへの市場の警戒心から，民間投資は低迷する一方で，商工業部門への公共投資が増加し，財政赤字が拡大していた[3]。

　この問題に対処するために，マハティール政権は，民間セクターを経済成長の原動力とすべく，1983年2月に「マレーシア株式会社構想（Malaysia Incorporated）」を，その三ヵ月後に，民営化政策を発表した。「マレーシア株式会社構想」は，民間企業とその補助役たる政府との間に協調的関係を形成しようとするアイデアであった。1985年には，官民協力の具体的なメカニズムとして，ACCCIMやマレーシア製造業連合（Federation of Malaysian Manufacturers: FMM）など民間セクターと政府で構成される産業諮問委員会（Industry Advisory Council）が成立した。同委員会における協議を経て，輸出志向の製造業への投資を活性化する目的でICAが改正され，NEP規制が緩和した[4]。このほかにも，公営企業の民営化や政府プロジェクトの公共入札[5]，また，ブミプトラ企業家のダイム・ザイヌディン（Daim Zainuddin）の財務大臣就任など，官民協力の深化が進んだ。

　このような官民協力の発展と軌を一にして，公共入札や民営化の過程の不透明性が指摘され，政府プロジェクト入札をはじめとする政府の経済運営が公の関心となった。また，香港の*Asian Wall Street Journal*（*AWSJ*）紙を中心とした外国の報道機関が，閣僚の汚職疑惑を報道するようになった[6]。

---

[3] 1980年代半ばの不況と政府の対応については，木村（1998, 67-138頁）を参照。
[4] 改正以前，ICAによる規制の対象は，資本金（shareholders' fund）25万リンギ以上，あるいは，従業員25人以上の企業とされていたが，改正により資本金100万リンギ以上，あるいは，従業員50人以上の企業のみが対象とされるようになった。また，輸出志向型企業による操業能力拡大や生産品の多様化にあたり，事前承認が不要となった。以上の改正によって，国内の半数以上の企業が同法下での免許取得の必要がなくなった。ACCCIMやFMMは，「要求のほとんどが反映された」としてこの改正を評価した（*NST*, December 12, 13, 1985）。
[5] 1985年までに6件の民営化が実行されている。Gomez and Jomo（1999, 75-116）を参照。
[6] *AWSJ*, September 12, 1984. *AWSJ*は，ダイム財務相が，大臣就任直前に大量の銀行株を取得したことなどに触れ，大臣としての公益とビジネスマンとしての私益が衝突していると論じた。

一連の報道の中でも最も関心を集めたのが，国営ブミプトラ銀行（Bank Bumiputra）の香港の子会社，ブミプトラ・マレーシア・ファイナンス（Bumiputra Malaysia Finance: BMF）による不良債権問題である。BMFは1970年代の終わりから1980年代の初めにかけて香港の不動産会社に対して貸付を行い，23億リンギの不良債権を抱え込んだ。この事件が*AWSJ*によって報道され，DAPがこの問題を追及した結果，政府は1984年に調査委員会を設置したが，この中で公的資金運用の失敗のみならず，BMFにおいて汚職の慣行が蔓延していたことが明らかにされ，これに対する批難が噴出した[7]。

　このようにメディアの存在感が拡大するなかで，1985年10月，中国とマレーシアの貿易拡大に関する閣議決定の内容を紹介した*Far Eastern Economic Review*（*FEER*）誌の外国人記者が，機密法違反で逮捕された[8]。汚職報道に加え，閣議文書の漏洩に直面した閣僚らは，出版メディアに対する警戒心を顕にし，出版の自由の制限をほのめかすようになる[9]。機密法改正法案が下院に上程されたのは，その直後のことだった。

## *2* ── 1986年国家機密法（修正）法案（1）── 1986年3月上程

### 2-1　法案の内容

　1986年3月，既存の国家機密法が「有効でない」ことを理由として，国家機密法（修正）法案が下院に提出された。法案は，違反者に対する罰金の増額と，

---

7) この問題については，Khoo (1995, 209-219) を参照。
8) *Star*, October 11, 1986. マハティール首相は，逮捕の理由として「我々とは異なるシステムを有しており，以前は敵国とみなされていた国家との関係は，非常に深刻な問題である」としている（*PRPDR*, Disember 6, 1986, p. 6263）。結局，同誌記者に対して，クアラルンプール地裁は，閣議決定内容を報道することは機密法違反であるとして，罰金刑を科した。なお，問題とされた記事は，*FEER*, July 4, 1985, pp. 12-14 に掲載。
9) 出版社に対して，政府のプロジェクトや政策を批判する際には建設的で，合理的であるべきであるとした州知事の発言（*NST*, March 8, 1986），汚職報道を受けて政府の経済プロジェクトを批判していたCAP，マレーシア消費者組合連合（Federation of Malaysian Consumers Association: FOMCA），アリラン，EPSMを非難し，言論の自由は，平和，発展と繁栄のために行使されるべきであり，また，明確な制限を設けるべきであるとした法務相の発言（*NST*, March 10, 1986）がある。

一年間の実刑判決の強制を主たる特徴としていた。ただし,「公務上の秘密」が何を意味するのかを明記する条文はなく,その定義は,「いかなる場合においても,政府はどの情報を国民に対して伏せるかを決定する権利を持っている。そのような情報は公務上の秘密」であるという1980年の判決によっていた[10]。

政府は,FEERによる機密漏えいのほかに,政府プロジェクトへの民間入札において,ある入札者の書類が他の入札者に漏れるといった事例を参照しながら,実刑を強制する改正が必要であると説明した[11]。

## 2-2　ジャーナリスト,NGO,与野党,新聞編集者による反対と法案審議の延期

法案の内容は,様々な勢力の反対を喚起した。反対の急先鋒であったのが,全国ジャーナリスト連合(National Union of Journalists: NUJ)である。NUJは,第一に,同法の違反者を一年以上の実刑に処することを目的とした法案の完全撤廃,もしくは,明瞭な用語の定義による法案の修正,第二に,世論を勘案した機密法の見直しのための議会特別委員会の設置,第三に,法学者,法務家,ジャーナリスト,労働組合員,NGOから構成される市民委員会を議会委員会の補助として設立するという要求を政府につきつけ,行進や署名活動,議員や各州知事に対する陳情を行った[12]。

野党,労働組合,NGOもNUJに歩調を合わせた。野党DAPとSDPは,法案が出版の自由を制限するという理由でこれに反対した。とりわけDAPにとっては,同法は報道の自由を規制するもののみならず,「議員の免責特権をあざけるものであり,議員がその義務を遂行することを阻止するもの」であった[13]。当時DAPは,国会において,BMFをはじめとする公営企業の

---

10) *Lim Kit Siang v. Public Prosecutor* 〔1980〕1 M. L. J. 293.
11) たとえば,サミー・ヴェリュ(Sammy Vellu)公共事業相とマハティール首相が入札文書漏えいについて言及している(*Star*, March 13, 1986; *NST*, April 1, 1986;マハティール元首相へのインタヴュー(2007年1月17日,於クアラルンプール))。もちろん,これとは異なり,不明瞭な入札や民営化の慣行を隠蔽するためであったという解釈もある(アンワル氏へのE-mailでのインタヴュー,2006年10月20日回答)。
12) *NST*, March 23, April 2, 3, 1986.
13) *NST*, March 17, 1986.

汚職問題を追及し，不透明な経営の実態を市民に対して知らせるという役割を担っていた。機密法の可決は，政府に対して公的資金の運用についての説明を求めるうえで，DAP議員が実刑に処される可能性があることを意味していた。

労働組合としては，MTUCが，改正がさらなるスキャンダルの隠蔽につながる可能性があること，市民の知る権利を制限する同法の改正がジャーナリストのみならず，市民の福祉を擁護する利益団体や労働組合にも影響を与えうることを指摘し，NUJの運動に賛同した[14]。また，公共セクター労働者組合（Congress of Unions of Employees in the Public and Civil Services: Cuepacs）も用語の定義の不明瞭さを非難し，市民の知る権利を主張した[15]。

このほか，アリラン[16]，弁護士協会[17]，マレーシア消費者組合連合（Federation of Malaysian Consumers Association: FOMCA）[18]，そしてUCSCAをはじめとする華人教育団体が[19]，第一に，法案が強制的な実刑を定めており，裁判所による裁量の余地を否定していること，第二に，そもそも現行法における「公務上の秘密」の定義がはっきりせず，非常に幅広い範囲の情報を含む可能性があること，第三に，記者や政府関係の仕事に従事するものが，それとは知らずに違反行為を行ってしまう可能性があることを指摘し，NUJの運動への支持を表明した。

このほかにも，与党や与党系新聞の編集者など，政府に近い団体や個人からも法案に対する反論が提起された。たとえば，グラカン[20]，MCA[21]，アンワル教育相（当時）は[22]，法案上程直後から，「公務上の秘密」の定義を明確化し，安全保障以外の情報は公開する必要があると述べている。また，新聞編集者組織（Organization of Newspaper Editors: ONE）と報道クラブ（National Press Club:

---

14) *NST*, March 25, 1986; *Star*, March 13, 1986. このほか，国際自由労働組合同盟（International Confederation of Free Trade Union）（*NST*, March 21, 1986），プランテーション労働者組合（National Union of Plantation Workers）（*Star*, March 22, 1986）も，知る権利を侵害するものとして法案に反対している。
15) *NST*, March 29, 1986.
16) *NST*, March 25, 1986.
17) *Star*, March 13, 1986; *NST*, March 28, 1986.
18) *Star*, March 20, 1986.
19) *Star*, March 30, 1986.
20) *Star*, March 13, 16, 22, 24, 1986; *NST*, March 25, 1986.
21) *Star*, March 23, 1986.
22) *Star*, March 18, 1986.

NPC) も，法相や首相との会合によって意見を法案に反映させようとした[23]。

このような多方面からの法案修正圧力を受けて，政府は，法案撤回はありえないとした当初の立場を覆し[24]，公務上の秘密の定義の厳密化を確約し[25]，さらには，法案の延期を発表した[26]。出版関連団体や社会団体からの陳情に加えて，次期総選挙が迫っていたことが，このような政府の態度の変化を引き起こした[27]。法案は取り下げられ，総選挙から二ヵ月後の 10 月，修正を加えた新法案が上程された。

## 3 ── 1986 年国家機密法（修正）法案（2）── 1986 年 10 月上程

### 3-1　法案の内容

10 月法案の内容は次のとおりである。

(1) 附則の挿入：公務上の秘密の範疇

附則において，①閣議文書，記録，決定，審議，②州行政評議会文書，記録，決定，審議，③国家安全保障，防衛，国際関係に関する文書，④連邦政府と州政府の関係に関する文書，⑤政府の運営と機能に関する意見，助言，提言，⑥通貨，予算提案，外国投資など国家経済に関する文書，⑦公共調達，労働，供給，サービス，プロジェクトへの入札に関する文書の七分野が公務上の秘密とされた。

(2) 2A 条の挿入：附則の変更に関する大臣の権限

大臣は，官報において公表しさえすれば附則を追加，削除，修正できるとす

---

23) *NST*, March 19, 27, 1986; *Star*, March 28, 1986. 法案に反対する一方で，NPC 会長であったザイヌディン・マイディン（Zainuddin Maidin）ウツサン・ムラユ編集長は，DAP や SDP と共闘していた NUJ が「既得権益」に利用されていると非難し，NUJ による反対運動を牽制している。
24) *NST*, March 27, 1986.
25) *NST*, April 1, 1986. マハティール首相による。
26) *NST*, April 4, 1986; *PRPDR*, April 8, 1986, p. 3166. ライス・ヤティム（Rais Yatim）情報相による発表。
27) UMNO 最高会議は，法案審議延期決定の翌日に総選挙の時期について議論している（*NST*, April 5, 1986）。

る新しい 2A 条が追加された。

(3) 2B 条の改正：附則の変更に関する公務員の権限

附則の追加，削除，修正について定めた 2B 条が改正され，従来は大臣のみに与えられていた公務上の秘密を指定する権限が，「行政のあらゆる成員もしくは公務員」に対して与えられた。

(4) 16A 条の挿入：公務上の秘密の指定に関する司法の介入

ある情報を公務上の秘密とする行政の決定は，裁判所において問題とすることはできないとする新しい 16A 条が追加された。

(5) 4，7A，7B，8，9 (2)，11，12，13 (1) 条の改正：罰則

刑罰としての罰金の選択肢をなくし，違反者は，1 年以上 14 年以下の実刑に処すると定められた。

## 3-2 法案への反対の高まり

上の法案に対して，次の二つのグループが反対した。

(1) 弁護士協会，NGO，野党 —— 自由主義の主張

第一のグループは，司法審査，裁判所の裁量権，知る権利，行政権限の制限を原則として法案の撤回を求めた弁護士協会，NGO，野党である。

改正にいち早く反応した弁護士協会は，法案上程前に臨時総会を開き，全会一致で政府に対して法案の再考を促すことを決定し，次の四点を主張する覚書をまとめ，首相に送付した[28]。第一に，「公務上の秘密」の定義は国家安全保障と防衛の問題にのみ限定されるべきで，附則に挙げられた七項目のようなあまりにも広い意味で使用されるべきではない。第二に，「すべての行政職員あるいは公務員」に与えられた「その他の公的文書，情報，資料」を公務上の秘密と範疇化する権限は「強大すぎ，いかなる状況においても弁明不能である」。第三に，内相に付与された権限，すなわち，2A 条の下で文書，情報，資

28) *NST*, October 21, 1986.

料を公務上の秘密として追加する権限は，司法の審査を容れない立法権限を大臣に対して与えるものであり，望ましくない。第四に，違反者を最低一年の実刑に処するという規定は，司法の自由裁量権を侵食するため，受け入れられない[29]。

法改正に対するこのような認識は，弁護士協会のみならず，NUJ[30]，NGO[31]，研究者[32]も共有していた。また，労働組合としては，Cuepacs と[33]，MTUC がそれぞれ特別委員会における関係団体との協議による立法を要請する声明を出している[34]。特に前者は，公務員が通常の職務中に，そうとは知らずに公務上の秘密に遭遇し，機密法に違反する可能性を指摘し，法案に反対した。

これらの団体は，DAP が組織した集会などを通じて協力枠組みを構築し，アハマド・ノーディン・ザカリア（Ahmad Noordin Zakaria）元検事総長を中心に，「憲法に定められた市民（citizen）の権利を実現する」ことを目的として，法案の撤回と議会特別委員会への付託を求めた[35]。

### (2) BN 各党，党内会派，ONE

このような社会団体からの反対に対し，与党リーダーや閣僚は，法案が入札関連文書と閣議文書の保護を目的としたものにすぎず，以前のそれと比べれば定義も限定されているとして法案を擁護した[36]。

しかし，党内会派からは，反論が提起された。たとえば，MCA 婦人部，青年部，

---

29) *NST*, November 7, 1986.
30) *NST*, October 29, 1986.
31) たとえば，アリラン（*NST*, October 28, 1986），連邦直轄区消費組合（Federal Territory Consumers' Association）（*Star*, November 8, 1986），パハン州華人結社（Pahang Federation of Chinese Association）（*Star*, November 6, 1986），ペナン華人公会堂（*NST*, October 26, November 14, 15, 1986）が，基本的人権の蹂躙や，情報へのアクセスの拒否を理由として法案に反対した。
32) マレーシア社会科学協会（Malaysian Social Science Association）が学術研究の阻害を理由に法案に反対した。*NST*, November 13, 1986.
33) *NST*, November 10, 1986.
34) *Star*, October 26, 1986.
35) *NST*, November 10, 1986; *Star*, November 12, 1986. この枠組みには DAP，弁護士協会，アリラン，EPSM，NUJ が名を連ねている。
36) MCA 副党首（*Star*, November 7, 1986），副厚生相，MIC 副党首（*Star*, October 29, 1986），副農業相，グラカン財務担当（*Star*, October 30, 1986），副首相府相，サバ統一党（Parti Bersatu Sabah）役員（*Star*, November 14, 1986）の発言。

地方支部は，公務上の秘密の定義が未だに広すぎることと，一年以上の実刑を科す改正が，公務員，ジャーナリスト，弁護士に，情報の取り扱いに際して恐怖心を抱いて暮らすよう強いることを理由に，法案に反対した[37]。下からの突き上げに遭い，結局 MCA は党として法案に反対することを決定した[38]。

またグラカンのペナン支部が，政府プロジェクトの入札関連文書が公務上の秘密から除外されるべきと主張したのに続き[39]，グラカンは，公務上の秘密の定義を限定すること，1 年の実刑を定めた規定を削除すること，大臣が附則で定められる秘密情報の範疇を変更することができるとした 2A 条を修正することの三点を要求し，法案が議会特別委員会に付託されるべきであるという趣旨の覚書を政府に提出した[40]。さらに，1985 年の選挙後に BN の構成党となったサバ統一党（Parti Bersatu Sabah: PBS）も，違反者に対する一年間の実刑を定める規定と公務上の秘密の定義について異論を述べている[41]。

ONE もまた，公務上の秘密の保護の重要性は理解すると述べつつも，その範疇を問題とし，特に，内閣と州行政評議会における決定が含まれていることについて難色を示した。そのうえで，立法者に対して様々なグループからの陳情を受け入れるべきであると促し，自らは政府との直接対話を求めた[42]。

法案に反対を表明した二つのグループは，互いにけん制し合い，明示的な協力関係は構築しなかったものの[43]，社会における反対の総量は目に見えて拡大し，政府の妥協を引き出すことになる。

### 3-3　法案に対する三つの立場

政府は，以上の批判を受けて，11 月半ば，各団体に対して法案に関する覚

---

37) *NST*, October 31, 1986; *Star*, November 7, 9, 1986.
38) *Star*, November 12, 1986.
39) *Star*, November 2, 1986.
40) *NST*, November 3, 10, 1986; *Star*, November 3, 7, 8, 13, 1986.
41) *Star*, November 5, 1986.
42) *NST*, November 10, 1986.
43) たとえば，グラカン党首リム・ケンヤク（Lim Keng Yaik）は，DAP が活発に法案撤回を求める運動を展開している事態に触れながら，法案が改正されうる方途は，「内閣を通じてか，公式の覚書を通じてか，平議員（backbencher）を通じてか」の三つしかなく，過去の事例に照らせば BN 平議員を通じた改正しかあり得ないと述べている（*NST*, November 10, 1986）。

書を提出するよう要請し，法案修正の意思を示した[44]。これをきっかけに，法案をめぐる運動が拡大，組織化し，次の異なる態度を持った三つのグループ間の政治が展開した。

(1) 野党，NGO，弁護士協会，研究者，労働組合 ―― 「情報公開キャンペーン」

政府による覚書提出要請の結果，さらに多くの労働組合[45]，NGO[46]，研究者団体が[47]，知る権利の保護をめざして法案をめぐる議論に参加するようになる。さらに，NUJ，アリラン，SGS と弁護士協会は，「情報公開キャンペーン (Campaign for Freedom of Information)」を組織した。「情報公開キャンペーン」の中核をなす主体は，法案の撤回にとどまらず，情報の自由な流れを保障する「情報公開法 (Freedom of Information Act)」の制定を要求し，MTUC や野党 PAS とも共闘した[48]。またサバ州では，報道関係者，弁護士協会，女性団体，キリスト教団体，労働組合，与党 PBS から成る「コタキナバル国家機密法共同行動委員会 (Kota Kinabalu OSA Joint Action Committee)」が組織された[49]。

このような自由主義原理に基づく運動が展開するにあたっては，DAP が，法案の問題点を，政府による説明責任の欠如，情報へのアクセスの否定，司法権に対する行政の優位といった一般的な自由民主主義の問題として提示するこ

---

44) *NST*, November 15, 1986; *Star*, November 14, 1986.
45) 公営企業従業員合同評議会 (National Joint Council (Staff Side) for Statutory Bodies) が，情報の自由な流れはマレーシアの民主主義にとって不可欠であるとして，国家機密法の撤回と情報公開法の導入を主張し，NUJ の反機密法キャンペーンに参加している (*NST*, November 19, 1986)。新聞労働者組合 (National Union for Newspaper Workers) もまた，公務上の秘密の定義を要求した (*NST*, November 23, 1986)。
46) たとえば，ペナン公民権委員会 (Penang Civil Rights Committee) (*NST*, November 20, 1986)，半島部マレーシア牧師会議 (Peninsular Malaysia Pastoral Convention) (*NST*, December 12, 1986)。
47) 高等教育機関合同評議会 (Joint Council of Higher Institutions) (*Star*, November 14, 1986)，ペナン工科大学行政・教職員組合 (USM Administrative and Academic Staff Association) (*Star*, November 15, 1986)，マラヤ大学代表会議 (Universiti Malaya Representative Council) (*Star*, November 17, 1986) などが，法案が市民の知る権利を否定し，学術研究を阻害するという理由で反対している。
48) *NST*, November 20, 22, 1986.
49) サバ報道クラブ，サバ弁護士協会，アリラン，サバ女性行動資源協会 (Sabah Women's Action Resource Group)，サバ環境保護協会 (Sabah Environmental Protection Association)，サバ消費者協会 (Consumer Association of Sabah)，サバクリスチャン運動 (Sabah Christian Movement) と，与党 PBS の代表から成り，サバ MTUC 組合員もこれに参加した (*NST*, November 20, 22, 1986)。このほかにもサバでは Cuepacs が法案の見直しを要求した (*NST*, November 22, 1986)。

とにより，記者や公務員の保護といった当初の反対運動に顕著な個別の利害への関心を超越して，より一般的な自由民主主義的統治を求める運動を展開すべきであると主張したことが重要だった[50]。

### (2) 与党，経済団体 —— 個別規定への反対

与党内部の個人や会派の中には，情報公開法の制定を求めるものもあったものの[51]，一般的には，与党や与党内会派の反対は，公務上の秘密の定義（附則），実刑を定めた各規定，公務上の秘密を特定する公務員の権限を定めた 2B 条など[52]，個別規定に集中した。経済団体もまた，一般的な自由化要求の枠組みには与せずに，政府プロジェクトの入札関連文書を附則から除外することを政府に対して陳情した[53]。

### (3) 首相とその他閣僚

このような反対に遭い，一部の閣僚は，抑止力としての実刑を定めた罰則については妥協しないとしながらも[54]，附則や[55]，公務上の秘密を特定する権限について[56]，反対運動側に譲歩を示すようになった。しかし政府の中には，法案撤回要求を牽制する勢力もあった。たとえば，マハティール首相は，マレーシアは個人の絶対的権利を重視する「西欧諸国とは異なり，共同体と多数派の権利を重視してきた」として，NGO などの「少数派」からの反対を聞き入れるつもりはないと明言していた[57]。

---

50) *NST*, November 17, 23, 1986.
51) たとえばフセイン・オン（Hussein Onn）元首相（*NST*, November 19, 1986），グラカン（*NST*, November 17, 1986），MIC グリーンガーデン支部（*NST*, November 20, 1986），ペラ州グラカン青年部（*NST*, November 23, 1986）。
52) たとえば PBS 議員がこのように主張した（*Star*, November 21, 1986）。
53) ジョホール華人商業会議所（Johore Chinese Chamber of Commerce）（*Star*, November 14, 1986），イポー市の 13 の経済団体（*Star*, November 19, 1986）が，この趣旨の発言をした。
54) ガファー・ババ副首相の発言。*NST*, November 16, 1986.
55) たとえば，ガファー副首相は，機密情報の範疇を，防衛，安全保障，入札に限定するとした。*NST*, November 23, 1986.
56) アンワル教育相は，公務上の秘密の特定について定めた 2B 条に関し，この権限を大臣と一部官僚にのみ付与すると述べた（*NST*, November 24, 1986）。また，ラザレイ商工業相は，入札関連の情報は，必要であれば公開するとした（*Star*, November 23, 1986）。
57) *NST*, November 17, 1986. このほかにも，パハン州知事が，入札をはじめとした政府文書が保護される必要があるとして，法案撤回要求を牽制した（*NST*, November 22, 1986）。

## 3-4 政府と与党，社会団体の直接・間接的協議

しかし，マハティール首相のこのような態度にもかかわらず，人々はさらに新しい修正法案を目にすることになる。

それは，情報公開法制定を求める第一のグループと，個別規定の修正を求める第二のグループとでは，選好する制度は異なっていたものの，既存法案への反対という点で一致しており，結果として，法案への反対の総量が大きくなったためである。さらに，一部では，NUJ や弁護士協会が，平議員から成る国民戦線議員クラブ（Barisan Nasional Backbenchers Club: BBC）を通じて自らの意見を政府に対して表明することを企図したり[58]，PBS が「コタキナバル国家機密法共同行動委員会」に参加するなど，与野党や議会内外主体の別なしに，協調が一部で起こり始めたことも重要だった。

このような協調の一つの成果が，11月24日に行われた閣僚を除くすべてのBN議員と首相との会合であった。会談では，首相が法案の意義を説明し，他方で，BBC が，法案の問題点を提起した[59]。BBC の行動は，与党だけではなく，NUJ にも促されたもので，会談の中では，NUJ や弁護士協会の見解も表明されたと言われている[60]。この会談の後，閣議において，公務上の秘密の範囲縮小が決定され[61]，BBC は，自分たちの要求のうちの少なくとも一部が修正後の法案に反映されたとして，政府への支持を表明した[62]。

---

[58] *NST*, November 19, 1986.

[59] *NST*, November 13, 19, 1986; *Star*, November 12, 13, 25, 1986. 与党各党のリーダーが，党の平議員の口を借りて，他の政党や政府に反論するというやり方は，マレーシアの連合与党内ではしばしば見られる。

[60] *NST*, November 19, 26, 1986.

[61] 修正法案の閣議決定と時を同じくして，首相は ACCCIM とも会談を持ち，経済の安定を確保することが目下の最重要課題であり，外資導入に努めている今，外資に不安，恐れを与える発言は容認できないと述べ，これを法案上程の理由とした。さらに首相は，機密法が国家の安定と経済状況に影響の大きい場合を除いては適用されないこと，公務上の秘密を指定する権限は大臣と大臣に任命された役人にのみ与えられることなどを約束した（『南洋商報』1986年11月28日）。

[62] 罰則規定や司法の介入の除外についての不満も残ったが，結局，多くの議員が賛意を表明した（*NST*, November 25, 26, 1986; *Star*, November 25, 1986）。ただし，党議拘束の適用を示唆する報道（*NST*, November 26, 1986; *Star*, November 8, 25, 1986）もある。

## 4 ── 1986年国家機密法（修正）法案 (3) ── 1986年12月上程

### 4-1 法案の内容

12月2日，国家機密法（修正）法案が上程された。主要な改正は次のとおりである。

(1) 附則：公務上の秘密の範疇

公務上の秘密として，①閣議文書，決定の記録，または審議，②州行政評議会の文書，決定の記録，または審議，③国家安全保障，防衛，国際関係に関する文書，の三つの範疇を指定する。

(2) 2A条：附則の追加，削除，修正を行う大臣の権限

大臣は官報を通じた命令により，附則の規定を適宜追加，削除，修正することができるとする新しい規定を挿入する。

(3) 2B条：公的文書を公務上の秘密とするための公務員の任命

大臣と州知事は，公的文書を公務上の秘密と特定するために役人を任命することができるとする新しい規定を挿入する。

(4) 2C条：大臣あるいは公務員による公務上の秘密指定の解除

大臣もしくは官庁や公共事業において各種責任を有する公務員，または，州知事もしくは州行政に携わる上級官吏 (principal officer) は，附則に定められたすべての文書や，公務上の秘密と指定された文書，情報，資料の秘密指定を適宜解除することができるとする新しい規定を挿入する。

(5) 16A条：大臣，権限を有する公務員，州知事による証明書は確定証拠である

大臣もしくは官庁や公共事業において各種責任を有する公務員，または，州知事もしくは公的文書，情報もしくは資料を証明する州行政を管理する上級官吏による証明書は，その文書，情報，資料が公務上の秘密であることの決定的

な証拠であり，いかなる理由であれ，裁判所で問題とされるものではないとする新しい規定を挿入する。

(6) 17A条：公務員に対して与えられる保護
「本法の下での違反により起訴された者は，もしそのような行為を公務上，または適切な権限をもって行ったことが証明されれば，有罪とはならない」とする新しい条項を挿入する。

(7) 4, 7A, 7B, 8, 9 (2), 11, 12, 13 (1) 各条：罰則
刑罰としての罰金の選択肢をなくし，罰金の代わりに，違反者に対しては1年以上の実刑を科すとした条項を挿入する。

## 4-2 法案の変遷とインプリケーション

前節までに明らかにしたように，法案をめぐっては，(1) 公務上の秘密の範疇，(2) 公務上の秘密を指定する行政権限，(3) 司法審査権および罰則を決定するうえでの司法の裁量権，(4) 1年以上の実刑を科す罰則規定の各点が主要な論点となっていた。これにしたがうと，12月に上程された法案の主な点は，次のようにまとめられる。

第一に，附則に定義される公務上の秘密として，10月に上程された法案で定められた範疇のうち，(1) 連邦政府と州政府の関係に関する文書，(2) 政府の運営と機能に関する意見，助言，提言，(3) 通貨，予算提案，外国投資など国家経済に関する文書，(4) 公共調達，労働，供給，サービス，プロジェクトへの入札についての文書，の四つが削除された。これにより，デフォルトで公務上の秘密となる範疇は大幅に限定された。ただし，2A条に定められるとおり，大臣の決定一つで，附則が変更される可能性は残された。

第二の争点である行政権限の制限については，2A条は据え置かれたが，2B条が修正され，大臣と州知事に任命された役人のみが公務上の秘密を指定できるとされ，下級役人が個人的な利益のためにある情報を市民の手の届かないところに置く可能性は排除された。また，指定の解除について定めた2C条が新たに挿入された。

第三の司法の介入と裁判所の裁量権，そして，第四の刑罰に関する変更はな

表 5-1　1986 年国家機密法（修正）法案の変遷

| | | 1986 年 3 月 | 1986 年 10 月 | 1986 年 12 月 |
|---|---|---|---|---|
| 行政の権限 | 附則の変更 (2A) | — | 大臣は官報を通じた命令により，附則の規定を適宜追加，削除，修正することができる | 大臣は官報を通じた命令により，附則の規定を適宜追加，削除，修正することができる |
| | 指定を行う役人の任命 (2B) | — | 大臣と「行政のあらゆる成員あるいは公務員」は，公務上の秘密を指定することができる | 大臣と州知事は，公務上の秘密を指定する役人を任命することができる |
| | 指定解除 (2C) | — | — | 大臣，州知事，または権限を持つ役人は，公務上の秘密の指定を解除することができる |
| | 司法権 (16A) | — | ある情報を公務上の秘密とする大臣の決定は，裁判所で問題とされるものではない | ある情報を公務上の秘密とする大臣の決定は，裁判所で問題とされるものではない |
| | 罰則規定 | 違反者は 1 年以上の実刑に処する | 違反者は 1 年以上の実刑に処する | 違反者は 1 年以上の実刑に処する |
| | 公務上の秘密の範疇（附則） | — | (1) 閣議文書，(2) 州行政評議会文書，(3) 安全保障関連，国際関係文書，(4) 連邦・州関係関連文書，(5) 政府に対する助言，提言関連文書，(6) 国家経済関連文書，(7) 入札関連文書 | (1) 閣議文書，(2) 州行政評議会文書，(3) 安全保障関連，国際関係文書 |
| | 公務員保護規定 | — | — | 公務上または適切な権限を持って違反行為を行った場合には，有罪とはならない |

かった。

　第四に，2C 条の挿入によって，公務上の秘密の解除手続きが定められた。

　最後に，公務員の保護規定が挿入された。

　1986 年 4 月から三回にわたり作成された機密法（修正）法案の内容は，表 5-1 としてまとめた。

## 4-3　マミンコ (Maminco) 株式会社をめぐる攻防

　新たに上程された法案に対する各主体の態度を検討する前に，ここで，新たな法案の起草に影響したと考えられるマミンコ (Maminco) 株式会社をめぐる論争に触れておく。マミンコ社は，政府がマレーシアの主要な輸出品である錫の価格を安定させる目的で1981年に設立したもので，同社が1981年から1982年にかけて，マハティール商工相（当時）も含めた閣議の承認を受けて先物取引を行った結果，数億リンギに上る損失を出したという噂が，1986年8月頃に出ていた。翌9月にマハティール首相はこれを認めたが，$AWSJ$ が，損失は国家財政によって補填されたと報道したことをうけて[63]，DAP のリム党首は，国民の代表として国家財政の運営に関して知る必要があるとして，同企業の設立と取引の承認に関する閣議文書の公開を要求した[64]。結局リムの要求は受け入れられなかったが，この一連の事件が「公務上の秘密」の内容に影響を与えたことは明らかである。

　このような新たな要因を加えた背景の中で起草された法案について，各勢力はどのような態度を示したのか。

## 4-4　法案に対する態度 (1) —— 政府

　首相はまず，機密法が可決されなければならない理由として次の二点を挙げた。第一に，政府の運営において，秘密情報の設定が必要であり，これを漏洩した者を罰する法が必要である。なぜなら，情報が「無責任な人や，異なる利益を持つ人によって公開されてしまうと，社会のすべての業務や計画は失敗する」からである。このような状況では「社会はカオスとなり発展しない」[65]。第二に，首相は，外国の新聞による BMF やマミンコに関する報道によって，「少数派が大きな発言権を持とうとしている」と指摘し[66]，報道と，報道にもとづき政府を糾弾していた DAP を中心とした「少数派」に対して掣肘を加えるという機密法改正にこめた意図を隠さなかった。法案の目的をこのように説

---

[63] $AWSJ$, September 25, 1986.
[64] $NST$, November 27, December 6, 1986.
[65] $PRPDR$, Disember 5, 1986, Perdana Menteri (Mahathir Mohamad), p. 6094.
[66] $Ibid.$, p. 6237.

明したうえで，首相は法案の各規定の正当性について次のようにまとめた。

第一に，行政権限に関する 2A 条について，首相は，BN の大臣は責任感のある大臣であり，同規定の濫用は起りえないとしたうえで，将来，ある範疇の情報を附則に追加するか否かの決定は「詳細に検討」した後になされると言明した[67]。また 2B 条に関しても，すでに公務上の秘密に関する安全ガイドライン（*Arahan Keselamatan*）があるため，問題とはならないと述べている[68]。

第二に，司法権については，次のように論ぜられた。

> 我々は立法に際して，十分な規定を作り，正確な用語を使用する。それでも，他の機関は異なった解釈を行いうる。不文法に権限を与えれば，成文は軽視（*dibelakangkan*）されてしまいかねない。他国における実行は例にはなるが，成文法があるのなら，使用されるべきは成文法である。そうでなければ，立法行為は何らの意味もなさないではないか。

> ……議会により立法が行われるとき ── これは議会の権利なのであるが ── その目的は明白である。もし混乱するようであれば，法を議会に上程した議員の演説や，（議会で）行われた議論を参照すれば，法の意味が分かるだろう。そうすれば，混乱は起きないし，正義が実現される（括弧内は，引用者による）[69]。

議会により策定された法に従って裁判を行うことこそが司法の機能であるというこのような理解においては，議会における立法や議会に責任を持つ大臣の決定に対して，司法が介入する余地はない。なぜなら，裁判所が司法機能を果たす際に参照すべきは，議会の多数によって定められる法の条文と立法者の意図であって，普遍的原則やコモン・ローではないからである。16A 条や罰則規定の基礎となったのは，個人の権利の救済者としての独立の司法という理解とは相容れない，このような信念であった。

第三に，首相は，公務上の秘密の範囲に関して，「定義が明確でないと非難した者」に答えて，政府は過去の法案を撤回し，定義を明確化，限定したと述べた[70]。

第四に，違反者に対する一年以上の実刑について，首相は次のような理由で

---

67) *Ibid.*, p. 6260.
68) *Ibid.*, p. 6294.
69) *Ibid.*, pp. 6089–6090.
70) *Ibid.*, p. 6083.

これを正当化した。「新聞同士の競争において，公務上の秘密の漏洩はある記者を有名にし，新聞の販売増加にもつながる。このような漏洩が国家の安全と安定を脅かしかねないという事実は，記者が公務上の秘密を広めることを，防げない」[71]。そのために，抑止が必要である。また，これとは別に，次のようにも説明されている。政府プロジェクトの受注を得られなかった納入業者にそそのかされた公務員が機密漏洩を行う場合，既存の規定に従えば，罰金を課されるのは賄賂によって公務員に漏洩をそそのかした業者であり，漏洩を行った者自身の行為の抑止とはなりえない。そのため，実刑だけが抑止となる[72]。

最後に，公務員保護規定については，保護の対象を議員にまで拡大するよう要請した DAP に対して（後述），首相は，「もし全ての議員が（秘密文書を入手する）権利を持っているのであれば，それはもはや公務上の秘密ではない」（括弧内は，引用者による）と述べるにとどまった[73]。

首相に代表される政府の態度は，政府の内部文書の漏洩にもとづく報道や政府入札の阻害を防ごうとする意図のみならず，首相の民主主義観にも立脚していた。当時，マハティール首相は，少数派や議会外勢力の影響力を憂慮していた。具体的には，野党 DAP による汚職糾明，議会外での法案をめぐる議論の高まりや[74]，BN が多数を占める議会による機密法案の成立が，市民の言論の自由の抑圧をもたらすという NGO や野党の主張が，問題とされた[75]。

このような状況について，首相は次のように論ずる。「民主主義においては多数が決定権を持っている」のであって，少数派のこのような行為は「少数派の意見を多数派のそれへとしよう」とすることにほかならない。議会においてBN が過半数を占め，決定権を持っているという事実は，「国民の選択の結果」であり，そのような決定にもとづいて構成される議会が「市民の権利の侵害者になるなどと述べるべきではない」。むしろ，「国民は，BN 議員が多くいれば，市民の権利が守られると信じた」ために，BN に対して「非常に大きな支持を

---

71) *Ibid.*, p. 6085.
72) *Ibid.*, p. 6086.
73) *Ibid.*, p. 6296.
74) これに関して首相は，次のように述べている。「立法について議論するのは，この国会においてである。……もし，大衆の感情を利用しようとするのであれば，我々は立法過程をこの国会から市井へと受け渡さなければならない。私はこの慣習が拡大し，この国に悪影響を与えることを心配している。……人民の力を見せ付けるという，フィリピンで起こっていることに興味を持つ者もいるだろう」(*Ibid.*, pp. 6255-6257)。
75) *Ibid.*, p. 6240.

第5章　1986年国家機密法（修正）法　179

与えている」のである[76]。

　ただし，その一方で，首相は，BN が多数をもって，それがなさんと欲することすべてをなすという統治観は慎重に否定する。たとえば，機密法改正法案は，「市民からの意見を考慮に入れながら，詳細にわたり検討」した「一般市民（*orang ramai*）からの批判の成果」である[77]。しかも，「非難のうちには，秘密の解釈などがあった。我々はこの非難が根本的なものであると考え，尊重し，これ（法案）を可決しなかった。その当時も我々は多数を有しており，簡単にこの法案を可決させることができたにもかかわらず，である」（括弧内は，引用者による）[78]。

　首相に代表される政府の法案に対する態度は，次のようにまとめることができる。第一に，「国家の安全と安定」のために，公務上の秘密は保護されねばならず，市民や出版によるこれらの情報へのアクセスを限定する必要がある。この目的のために，機密漏洩を抑止する効果を持つ実刑が必要である。第二に，議会における多数者の意志が決定の中心に据えられるべきであり，彼らは市民の権利の保護者である。その意味において，議会の多数派に責任を持つ大臣の行為（2A 条，2B 条）に疑念を持ったり，司法がこれに介入する必要はない（16A 条，罰則規定）。第三に，多数の意志を重視する一方で，議会外の主体や少数者による「根本的な」批判も勘案しながら，公務上の秘密の範疇を限定，明文化した（附則）。

### 4-5　法案に対する態度（2）── 野党 DAP と PAS

　他方，DAP は，次の立場から法案に反対した。

　第一に，2A 条に関し，官報によって発表しさえすれば附則の規定を追加，削除，修正できるという大臣の権限により，法案可決後に機密情報の範疇が増える可能性があり，これは「議会権限の略奪」である[79]。

　第二に，一年以上の実刑について DAP は，「裁判所が，自身の裁量を行使する権限を持つことができない」という理由からこれに反対した。これに加え

---

76) *Ibid.*, pp. 6236–6240.
77) *Ibid.*, pp. 6090–6091.
78) *Ibid.*, p. 6239.
79) *Ibid.*, Lim Kit Siang, p. 6110.

て同党は,「無能力,汚職の慣行,大臣や政治指導者,公務員の過ちを露呈することにより政府を困らせる」情報が,なぜ実刑によって保護されねばならないのかと批判した[80]。

第三に,DAP は附則に関し,国家の安全保障,防衛,国際関係に関する文書のすべてが公務上の秘密となることについて,反論を展開した。リム党首は,国家の安全保障に対して損害を与えるような情報の漏洩は防止すべきであるとしながらも,「汚職や不正な慣行が行われている防衛装備の購入は,機密法による保護の対象とされるべきではない」としている[81]。

さらに,同党首は,マミンコ事件に言及しながら,閣議決定は,「マレーシア市民の所有物なのであり,首相のものではない。首相と閣僚の役割は『被信託人(trustees)』にすぎず,一般市民(orang ramai)の利益は,閣議情報を護ろうとする大臣の見解よりも絶対的なのである」としている[82]。このように,DAP は,閣議決定や防衛関連の情報を公務上の秘密とすることが,政府の「汚職や無責任,不正な慣行を覆い隠す」ことになると考えた[83]。

第四に,司法の権限に関しては,法案が一年以上の実刑をあらかじめ定めており,裁判所の刑罰を決定する権限を侵害していることや,大臣や公務員による決定を問題とする司法の権限を否定していることから(16A 条),これが権力分立原則の侵害にあたるとした。

最後に,同党は,機密情報の取り扱いに関する保護規定に関しては,17A 条における公務員に対する保護が,記者,学術研究者といった情報の受け手をも包含するよう修正されるべきこと[84],議員に対しても,「公共の利益や国益のために」公務上の秘密を漏洩した場合には裁かれないとする保障が必要であることを主張した[85]。

NUJ 主催のパブリック・フォーラムに参加するなどして,NUJ やその他の団体とともに機密法に反対してきた PAS も[86],行政権限の大きさ,司法権の

---

80) *Ibid.,* p. 6107.
81) *Ibid.,* p. 6111. このような発言の背景には,リム党首自身が 1979 年に,マレーシア政府による軍艦の購入が公的資金の浪費にあたるとして,売買に関する内部情報を公にしたことにより,機密法違反で罰金を科せられたという経緯がある(*Lim Kit Siang v. Public Prosecutor*〔1980〕1 M. L. J. 293)。
82) *PRPDR,* Disember 5, 1986, Lim Kit Siang, pp. 6113-6114.
83) *Ibid.,* p. 6113
84) *Ibid.,* Lee Lam Thye, p. 6180; Chen Man Hin, p. 6197.
85) *Ibid.,* Tan Seng Giaw, p. 6288.
86) *NST,* November 20, 1986.

侵害，保護規定の不十分さ，一年以上の実刑を定めた規定を理由に，改正法案が市民の権利と自由に抵触するものであり，これが憲法とイスラムの教義に反しているとと非難した[87]。

このように，野党は，法案を，議会制民主主義，出版の自由，司法の独立，政府の説明責任，透明性といった原則の侵害とみなした。彼らは，その中でも，言論の自由が侵害されるという点を特に重視した。なぜなら，機密法によって「情報，証拠，データを得ることを禁止されるのであれば，一般市民は，政府を非難する彼らの権利を行使することができないか，もしくは，真空の中で議論することになる」からであり[88]，「政府に関する情報を得る市民の権利を否定することは，政府があからさまに民主主義システムの基盤を抑圧し，社会を抑圧しているということを意味する」からである[89]。市民の「知る権利」を否定することによって，機密法は「汚職の憲章（Charter for Corruption）」と堕する[90]。特に，当時，マミンコやBMF，閣僚の汚職の究明と批判の急先鋒に立っていたDAPにとっては，このタイミングでの機密法制定は，一連のスキャンダルが民主的過程によって暴露されるのを防ぐために政府が講じた手段と映った。

## 4-6　法案に対する態度（3）── 与党

反対の姿勢を維持した野党に対して，これまで慎重論を提起していたものも含めたすべての与党が支持を表明した。ただし，各党の立場は，以下に見るように，政府の立場をほぼ完全に支持したUMNOから，行政権限の制限を中心とした注文をつけながら法案を支持したMCA，グラカン，PBSまで，様々であった。

### UMNO

法案は，UMNO党員から見れば，「内閣による表現の自由と情報へのアクセ

---

[87] *PRPDR*, Disember 5, 1986, Abdullah Arshad, pp. 6206–6227.
[88] *Ibid.*, Lim Kit Siang, pp. 6106–6107.
[89] *Ibid.*, Lee Lam Thye, p. 6175.
[90] *Ibid.*, Lim Kit Siang, p. 6122.

ス重視」の証左であった[91]。そもそも,「一般市民の知識にとって重要なことは,閣議文書や州政府文書ではない。それらの会合で決定された事項が彼らに知らされ」ればよいと考えるUMNO議員にとって[92],NGOや弁護士協会が主張したような情報へのアクセスや政府の政策決定過程の透明性は,重要ではない。むしろ,マレーシアの「市民の政府に対する信頼を損なおうとする外国勢力」が野党,人権保護をめざす結社,政府の政策に反対する結社などの国内の勢力を利用しようとしていることに鑑みれば[93],「国益を守る一つの方法は秘密情報が一般市民,さらには敵や外国に漏れないように保障すること」であり[94],特に「権限のない者に漏洩すれば,政府のイメージや国家の安定と繁栄を脅かすような文書」は保護しなければならない[95]。このような立場にあるUMNO議員にとっては,論争を呼んだ実刑に関する規定も,機密漏洩の有効な予防策であり,「一般市民や外国勢力に公務上の秘密を知らせようなどという意図を持った者だけがこれを恐れる」にすぎない[96]。

以上のように,UMNO議員の法案に対する態度は,市民の情報へのアクセスの軽視と,抑止力としての罰則規定の支持によって特徴付けられている。この態度は,「我々は絶対的な自由など持っておらず,国益と国民の利益のために,1972年国家機密法を改正しなければならない」とする基本的認識によって支えられていた[97]。

### MCA

前述の首相とBN議員との会談の後,MCA中央委員会は法案に対して賛意を示していた[98]。

しかし,MCAが法案に対してとった態度は,UMNOのそれとは若干異なるものであった。法案審議に際して発言した議員は,「本改正が,情報の自由な流れや政府の過ちに対する批判を禁止することを意図したものではないと確信

---

91) アンワル教育相/UMNO青年部部長の発言。*NST,* December 3, 1986.
92) *PRPDR,* Disember 5, 1986, Abdul Hadi Derani, p. 6166.
93) *Ibid.,* Abdul Hadi Derani, pp. 6169–6170.
94) *Ibid.,* p. 6164.
95) *Ibid.,* p. 6166.
96) *Ibid.*
97) *Ibid.,* Mohd. Zihin Mhd. Hassan, p. 6140.
98) *NST,* November 25, 1986.

している」と述べ[99]，政府による機密法濫用の可能性を牽制しながら，次のように論じた。

第一に，行政の権限について定めた 2B 条と 2C 条に関し，政府が「一般的な意見を考慮し，管轄を持つ官僚に対して（のみ），ある情報や文書を公務上の秘密として範疇化したりこれを取り消す権限を与えたこと」（括弧内は，引用者による）を賞賛する[100]。

第二に，機密情報の指定に関する行政決定に対する司法の介入については，公務上の秘密に関する行政の決定は裁判所で争うことはできないとしたリム・キッシァン裁判における判例に鑑みて，改正を支持する[101]。

第三に，附則に関して，現行法がすべての政府文書を公務上の秘密としているのに対して，改正はその範疇を限定している上に[102]，附則に定められた三つの範疇の文書は，「そのように範疇化されるに足るほどに重要である」[103]。

第四に，実刑に関する司法の裁量については，1日以上14年以下の刑期を決定する裁量権を裁判所に与えるべきである[104]。これに加えて，起訴に関して，「無罪の者に対して無闇に起訴は行わないという首相の約束を実現する」ために[105]，起訴が検事総長本人のみによって行われることが提案された。

このようないくつかの修正案や留保にもかかわらず，MCA 議員は「国家機密法は深刻な犯罪に関するものであり，一般市民が公務上の秘密を財政的，政治的利益のために利用することを禁止するためのものである」として[106]，修正法案を支持している。

以上のように，MCA は，公務上の秘密の範疇の縮小，公務上の秘密を指定することのできる者の限定を評価し，さらに，行政による公務上の秘密の指定に対する司法の権限については，慣習的にこれがなかったというテクニカル

---

99) *PRPDR*, Disember 5, 1986, Ling Chooi Sieng, p. 6155.
100) *Ibid.,* p. 6153.
101) 引用された判例の一部は次のとおり。「我々は，我々の機能が司法であって立法ではないということ，そして司法権の行使という隠れ蓑のもとに自らの立場を立法に利用するようなことをしてはいけないということを肝に銘じておかねばならない。特に，我々はいかなる者に対しても，機密法やその他の法の規定を無視する権利を与える権限など持っていない」*Ibid.,* p. 6151)。
102) *Ibid.,* p. 5146.
103) *NST,* December 4, 1986. チュア・ジュイメン（Chua Jui Meng）議員による議会外での発言。
104) *PRPDR*, Disember 5, 1986, Ling Chooi Sieng, p. 6150.
105) *Ibid.,* p. 6152.
106) *Ibid.,* p. 6149.

な理由で受け入れた[107]。ただし，刑罰の緩和を提案したのに加え，政府が情報の隠ぺいを目的として機密法を乱用しないよう，暗に釘を刺すことも忘れなかった。

## PBS

与党構成党でありながら，行政による権限濫用の可能性にはっきりと警戒心を示したのが，1985年にBNに加盟したばかりであったPBSである。

PBSは二回目の法案上程直後から，公務上の秘密の定義と一年以上の実刑に反対してきた[108]。しかしPBS議員は，政府が二回の法案撤回を経て，新しい法案を上程したことに関して，同党の最終的な立場として，「政府が（公務上の秘密の）定義を縮小することにより本法案を修正したことは，政府がいかに市民の声に対して敏感かを示している」（括弧内は，引用者による）と評価し，法案に対して「完全な賛意」を表明した[109]。

しかし同党は同時に，行政の権限と罰則規定について次のように要請した。まず，2A条について，同規定によって定められた大臣の権限を撤回するか，もしくは，「すべての追加と削除が，事前に閣議で承認された後に関係大臣により行われることを条件として，この権限を受け入れる」[110]。また，2B条については，「特定の者が同法を誤用する大きな可能性を残すことが懸念される」として，見直しを求めている[111]。

第二に同党は，違反者に科せられる実刑の刑期が，1年以上14年以下から，1日以上14年以下と修正されることを要求した[112]。第三に，同党は，公務上の秘密の指定に関する行政の決定に介入する権限を裁判所に対して与えるべき

---

107) このほか，MCAの一部は，公務員や弁護士が職務執行上，機密情報の扱いを誤った場合の保護規定を設けるべきであるとする趣旨の発言を行っていた（*NST,* November 10, 1986）。下院では議論されなかったが，新しい法案が公務員に対する保護規定を定めたことは，MCAの法案に対する支持の一因となったはずである。

108) *NST,* November 6, 24, 1986.

109) *PRPDR,* Disember 5, 1986, Maidom Pansai, pp. 6157-6158.

110) *Ibid.,* pp. 6158-6159.

111) *Ibid.,* p. 6160. ジョセフ・パイリン（Joseph Pairin）党首は下院における審議の前に，ある情報を機密扱いするために公務員を任命する権限が知事に与えられている限り，改正には意味がなく，「PBSは同規定が撤回される場合に限り改正を支持する」と述べていた（*NST,* December 5, 1986）

112) *PRPDR,* Disember 5, 1986, Maidom Pansai, p. 6161.

であると主張した[113]。

PBS は，行政権限と罰則について上のように法案のさらなる修正を要求する一方で，それ以前の同党の要求のいくつかが受け入れられたこと，特に，附則に定められた公務上の秘密の範疇が縮小したことを評価し[114]，また，国民と国家への脅威となるような事件だけが機密法の下で裁かれるという首相による保障を受けて[115]，最終的に，「国家の安全保障，経済，そして将来のために」賛成票を投じたという[116]。

もともと PBS は，サバ州議会の最大会派で「汚職と失政の繰り返しによって特徴付けられる前政権」（Andaya and Andaya 2001, 327）を担っていた BN 構成政党サバ大衆同盟党（Parti Bersatu Rakyat Jelata Sabah）からの分派が結成した非ムスリム野党であった。PBS は，1985 年の州議会選挙とその後の党籍変更で 48 議席中 34 議席を占有した後，同党の申請により BN に加盟していたが，同党の「反ムスリム」的性格を懸念した UMNO がサバ州に進出したことを契機として，PBS と UMNO の関係は悪化していた。PBS が大臣や州知事の権限について示した上のような警戒心は，前政権の記憶と，中央政府との信頼関係の欠如に由来していると考えられる[117]。

### グラカン

グラカンは，MCA や PBS よりも，さらに強い留保をつけて法案を支持した。同党は，3 月の一回目の法案上程時から，「公務上の秘密」の定義を限定するよう要求し[118]，二回目の法案上程以降は，米国の情報公開法に倣った立法を主張していた[119]。しかし，グラカンは「情報公開キャンペーン」には加わらず，BN 構成政党間で改正について議論することによる法案修正をめざし[120]，11 月 24 日に行われた首相と BBC との会談のあと，数点のマイナー・チェンジを

---

113) *Star,* December 5, 1986. パイリン党首の発言。
114) *Star,* December 5, 9, 1986.
115) *NST,* December 7, 1986.
116) *Malay Mail,* December 7, 1986.
117) この時期，PBS が賛成票を投じたのは，そうしなければ BN から追い出され，新たに進出してきた UMNO と対峙しなければならなくなる事態を懸念したからだということも示唆されている（*Star,* December 6, 1986）
118) *NST,* March 21, 25, November 10, 1986.
119) *NST,* November 17, 1986.
120) *NST,* November 23, 1986.

要求する覚書を送付するとしながらも，法案に対する支持を表明した[121]。以上のような過程を経て，下院において表明されたグラカンの最終的立場は次のようなものとなった。

まず，行政権限に関して，「公務上の秘密とそうでないものを決定する際の行政権限が限定される」べきことが提案されている。特に，2A条が，附則に定められる事項以外の情報が大臣の恣意によって公務上の秘密とされるのを許していることが問題とされた[122]。

第二に，同党は司法権に関する16A条に関して，次のように述べている。「政府の意図がまったく良いものだとしても，また，行政が良い目的を持ち，国益を代表し，反映しているということが否定できないとしても，本法案を今のまま可決させることは……民主的社会の基礎への信念が欠如しているという印象を与えてしまう。独立以来我々は，政府の境界と限界，そして個人の知る権利（*hak individu kepada penerangan*）を定義した統治システムを作ってきた。……我々の遺産を心に留め，成熟した民主主義の原則を守り，評価しようではないか」[123]。グラカン議員はこのように述べて，「『公務上の秘密』とそうでないものとを決定する際の行政の裁量権限が限定されることを提案する」としている[124]。

第三に，公務上の秘密の定義に関して，同党は，現行の法案が，「定義を限定してほしいという要求に対する応答として」，これを限定したと評価している[125]。同党議員によれば，これによって，「政府は，市民，特に記者に対して公務上の秘密とはみなされない多くの情報を与えるという調和的なプログラムによって……（政府の法案に関する）善良な意図に意味をもたせるよう行動することができる」（括弧内は，引用者による）。しかし，やはり「より情報を持つ社会に到達するために，新しいキャンペーンを実施すべきである。なぜなら我々は，民主主義が情報を有した社会において健全に根付くと信じているからである」として，情報公開法の必要性が論ぜられた[126]。

第四に罰則規定について同党は，「本法の下での刑罰を決定するための司法

---

121) *NST,* November 25, 1986.
122) *PRPDR,* Disember 5, 1986 Paul Leong Khee Seong, p. 6184, 6188.
123) *Ibid.,* pp. 6186–6187.
124) *Ibid.,* p. 6184, 6188.
125) *Ibid.,* p. 6183, 6187.
126) *Ibid.,* pp. 6185–6189.

の役割が回復し，一年間の実刑が取り消されることを要求する」と述べた[127]。

このようにグラカンは，公務上の秘密を指定する行政の権限や罰則規定について，注文をつけた。結局，グラカンが法案を支持したのは，附則に定められる機密の範疇が限定されたことによっていたと結論することができる。

### 4-7 法案可決後の運動

下院における以上の議論の後，国家機密法(修正)法案は採決の末，131対21で可決した。しかし，機密法をめぐっては，法案可決後もしばらく論争が続いた。この論争は，1980年代後半のマレーシアの民主主義をめぐる議論を知るうえで興味深いので，ここにまとめておく。

法案可決後の運動は，NUJ，野党，NGOによる法案への反対運動と，政府や企業家による対抗的運動とに分けられる。

(1)「情報公開キャンペーン委員会」と NGO の主張 —— 少数派の権利保護

BN各党が修正後の法案をある程度評価し，賛成したのに対して，NUJは修正がうわべだけのものに過ぎないと批判した[128]。当初のBN各党による反対にもかかわらず，最終的には与党の支持によって法案が成立したことをうけて，アリラン，DAP, NUJ, MTUC, 弁護士協会が構成する「情報公開キャンペーン委員会 (Freedom of Information Campaign Committee)」は集会を開き，機密法そのものに反対する決議を採択した[129]。

委員会は，多数者の意志をもってしても侵害しえない原則があること[130]，少数派の意見も立法に反映されるべきことを主張したうえで[131]，政府による汚職と経済運営上の失態の隠れ蓑にすぎない機密法を撤廃し，市民が情報にアクセスする権利や政府の説明責任を定めた情報公開法を制定すべきと論じた[132]。このほかにも，消費者組合，労働組合などが法案に対する不満を表明

---

127) *Ibid.*, p. 6185, 6188.
128) *NST*, December 4, 1986.
129) *NST, Star,* December 8, 1986. 集会にはこのほか，Cuepacs，サバ報道クラブ (Sabah Press Club) が参加した。
130) *NST, Star,* December 8, 1986.
131) *Star,* December 23, 1986.
132) *NST,* December 8, 1986.

している[133]。

ただし，法案可決後の運動から与党が撤退したことから，この運動は，さらなる自由化をもたらすほどには拡大しなかった。

(2) 政府，与党，「民主主義原則を守る行動委員会」── 多数派による決定

「情報公開委員会」の主張に対して，マハティール首相は，次のように述べた。「国民の多数は，民主的過程を通じて，国家機密法の実施に合意したというのに，これが守られないのであれば，いったい民主主義などどこにあるのだ」[134]。「彼らの行為は経済に悪影響を及ぼしており，経済回復を困難にしている」[135]。これに歩調を合わせるように，閣僚や与党議員も，法案は民主的過程の中で可決したのであり，この決定が尊重されるべきであると発言した[136]。

この意見に賛意を示したのが，クアラルンプールの華人，マレー人，インド人商工会議所15団体で結成され，12月17日に発足した「民主主義原則を守るアクション・グループ (Action Group to Uphold Democratic Principles)」であった。同委員会委員長であったマレー人商業会議所連合会長は，少数派が，シオニズムに影響されており，マレーシア経済を危険にさらしていると述べている[137]。行動委員会が組織した集会に首相が参加していることからも，このグループが首相の肝入りで設立されたことは想像に難くないが，少なくとも，一部の商工会議所が政府に対して明示的に支持を与えたことは注目に値する。

前章までに検討した1971年憲法(修正)法と，1981/83年結社法(修正)法をめぐる政治では，ACCCIMをはじめとする華人経済団体が，政治制度の設計に対して積極的な意見表明を行った。もっとも機密法改正についても，ACCCIMが年次大会の中で決議案の一つとして法案の撤廃を採択している

---

133) ジョホール消費者組合，ペラ消費者組合，スランゴール消費者組合，CAP，政府系の労働組合 (Amalgamated Union of Employees in Government Clerical and Allied Services)，女性弁護士組合 (Association of Women Lawyers) に加え，野党 SDP や PSRM が法案を批判した (*NST*, December 4, 7, 1986)。
134) *NST*, December 11, 1986.
135) *NST*, December 22, 1986.
136) リン・リョンシック (Ling Lion Sik) MCA 党首と UMNO 議員らの発言 (*Star*, December 7, 1986)。このほか，ONE も，機密情報や行政権限の限定に賛意を示している (*NST*, December 4, 1986)。
137) *NST*, December 22, 1986.

が[138]，政府に対して直接働きかけるような運動は観察できない。そればかりか，経済団体の中には，上のグループのように，機密法の可決を是とするものさえあった。もちろん，多くの企業家団体が法案に反対する運動を展開しなかったからといって，彼らがこれに賛成していたと言い切ることはできないが，あえて反対運動をするほどのインセンティヴを持たなかったということはできるだろう。

このような経済団体の態度の変化は，本章第二節で検討した経済政策や産業政策の決定過程の変化によるものと推測できる。1980年代前半まで，特に華人企業家は ICA の成立や，国営・公営企業の拡大という問題に直面し，これを是正することを政府に対して求めて運動した。しかし，1983年にマハティール首相は「マレーシア株式会社構想」や民営化構想に代表される規制緩和へと経済政策をシフトさせ，しかも，華人企業家は，産業諮問委員会のような，政府に対して自身の利益を代表し，政策に自身の要求を反映させる仕組みを手に入れていた。以上の変化が，華人企業家を中心とした経済団体の態度の変化を説明するのではないか。

## 5 ── 1986年国家機密法（修正）法案をめぐる政治過程

機密法をめぐる以上の協議過程は，次のようにまとめることができる。

1986年4月の法案上程以来，公務上の秘密の定義，公務上の秘密の指定に関する行政の権限，行政の決定に対する司法の介入，違反者に対する実刑を定めた規定の是非が議論されてきた。

経済開発のために公務上の秘密の漏洩防止が死活的であるとした政府に対して，公務上の秘密を国防など限定的分野にとどめ，行政の決定に対する司法のチェックを確立し，実刑に関する規定の削除を求める NUJ，弁護士協会，NGO，野党などは，情報公開法の制定を要求した。他方で，与党や編集者など，政府と比較的近い立場にあったグループは，実刑規定の削除と，経済関連文書の公開を求めて，法案修正を要求した。

このような反対に直面し，政府は，次期総選挙への配慮もあり，法案の修正

---

138) 『南洋商報』1986年12月16日。司法権，新聞の自由権，市民の知る権利の侵害が反対の理由とされている。

を決意した。法案の変更にあたって，政府は，各団体からの覚書を受け入れたほか，与党や社会団体と直接，間接的に意見交換をしている。

1986年4月の上程から二度の修正を経て成立した機密法は，公務上の秘密の範疇を大幅に限定し，特に論争的だった経済関連文書を除外した。また，情報公開法制定要求を部分的に反映し，情報公開に関する手続きを定めた規定を新たに挿入した。ただし，機密漏洩を抑止しようとする政府の意図は，実刑に関する規定や公務上の秘密を指定する行政権限，それに対する司法の介入の除外に関する規定に明確に反映された。

1986年12月の法案について，与党や編集者が，特に論争的であった公務上の秘密の範疇の限定などを評価した結果として，社会からの機密法への反対の規模は，大幅に縮小する。その結果として，政府に法案の再修正を迫るほどの反対は起こらず，法案が成立した。

## 6 ── 国家機密法はどのように運用されたのか

それでは，かくして成立した機密法はどのように運用されたのだろうか。次の四点が重要である。

第一に，市民の情報へのアクセスが制限されるという側面を指摘すべきだろう。既存法では，政府文書にアクセスできるか否かの最終的な判断が政府にゆだねられており，論争を呼ぶような情報へのアクセスのリスクは高く，このことが出版の自由や知る権利の制限につながっている。

実際，同法は，公務上の秘密の漏洩防止を根拠として野党党員に適用された。たとえば，2000年には，野党 Keadilan 青年部部長（当時）が，公務上の秘密とされた汚職対策局（Anti-Corruption Agency）による現役閣僚に関する報告書[139]を公表したとして逮捕され，後に無罪判決を受けた[140]。このほか，マハティー

---

139) 報告書は，国際貿易・産業相に関する"The Anti-Corruption Agency's investigation into Rafidah Aziz"と，マラッカ州知事に関する"The Anti-Corruption Agency's investigations into Rahim Tamby Chik"。

140) *NST*, January 15, 2000. 公表された報告書は，附則に定められた三つの範疇ではなく，大臣，知事あるいは権限を与えられた公務員によって公務上の秘密と範疇化される文書（"Classified official secrets"）であった。そのため，裁判では，誰が，いつ，当該報告書を「公務上の秘密」と指定したのかが問題となった。有罪とされ二年間の実刑が科せられた第一審に対し，第二審では，

ル首相と対立関係にあったパイリンPBS党首を，州政府の安全保障委員会（State Security Committee）に出席資格のない者を出席させたとして，副防衛相が告発した例も，機密法適用の事例としてしばしば言及される[141]。ただし，機密法の適用は，危惧されたほどには頻繁でないと評価することができるだろう。

第二に，1986年法が情報公開法とは程遠いものであったにもかかわらず，実際には2C条を根拠とした情報公開が実施されてきた。たとえば，1987年に，マハティール首相主導の大規模な開発プロジェクトに対する非難が噴出し，当該プロジェクトに関連する情報の公開が要求された際，政府は，国産車，ペナン橋，ダヤブミ・プロジェクトなどの論争的な経済開発プロジェクトに関する閣議文書を公開した[142]。このほかにも，1992年に明らかになったクアラルンプール市役所の放漫財政に関して，NUJ，FOMCA，アリランが市の財政運営に関する情報公開を要請した結果，報告書が公開された事例がある[143]。近年では，各民族の資本所有比率に関する政府統計に異議を唱えたASLIレポートを契機として，政府統計の手法が公開された[144]。

一連の情報公開の事例の中でも，クアラルンプール市役所に関する事例は興味深い。この時，NUJは，「1986年に国家機密法が成立した際の精神」に則って政府が関係文書を公開するよう要求し，政府もこれに応じた。決して自由主義的ではない1986年立法が，市民の知る権利を行使する際の根拠となり，また，実際に政府に情報公開を強いたことは，機密法と立法時の共通了解が政府を拘束していることを示しているといえよう。

第三に，大臣に対して官報を通じて附則を追加，修正，削除する権限を与えた2A条は，いまだ実施されておらず，今日にいたるまで附則の変更はない。これは，すでに論じたとおり，与党連合内部からも同規定への反対があったことから，大臣によるこの権限の行使に対して抑止力が働いているためと考えられる。

最後に，公務上の秘密の保護は，協議機関を保護するうえでも重要な機能を

---

報告書が公務上の秘密とされた日付が確定できず，起訴事実における日付と符合しないことから，無罪とされた（*NST,* August 8, 2002, April 9, 16, 2004; *Mohammad Ezam v. Public Prosecutor,* http://www.ipsofactoJ.com/highcourt/index.htm〔2004〕Part 2 Case 14）。

141) *NST,* September 11, 1987.
142) *NST,* April 22, 23, 1987.
143) *NST,* August 27, 1992; *Star,* August 28, 29, 1992, October 21, 1992; *Malay Mail,* April 15, 1994.
144) *Malaysiakini,* October 26, 2006 (http://www.malaysiakini.com/print.php?id=58590).

果たしてきた。たとえば，1996 年の教育法改正にあたっては，これが「爆発性のある問題」であるとして，法案が機密法の下に保護された[145]。また，アブドゥッラー政権発足後に設立された，NGO，与野党等を含む警察の職務執行の質を高めるための特別委員会も機密法の下におかれた[146]。第 7 章で検討するNECCも同様である。

　もっとも，本節の第一の点として述べた特徴から，今日でも，国家機密法の自由化要求は継続している。特に，NUJやアリランなどのNGOが，出版や集会を通じた問題提起を続けている[147]。とはいえ，単に市民の権利を制限する立法という見方は，一面的な理解であるように見える。機密法は，汚職や経済政策の失態の隠蔽手段と目される一方で，情報公開の原則をも定めることにより，市民が知る権利を正当に行使する根拠を提供している。しかも，2C条の実施，附則の不変更，必ずしも頻繁でない適用に示されるとおり，多様な主体を巻き込んだ交渉を経て成立した機密法は，政府とその他の勢力の間での箍のはめ合いという意義を持ち，政府も含めた主体がこれに従わねばならないという状況をもたらした。

## 7 ── 小括 ── 情報公開のレファレンス・ポイントとしての国家機密法

　1980 年代半ば以降の民営化と官民協力の深化の結果，汚職や政府による経済運営が公共の関心となった。政府は，内部文書にもとづく外国メディアによる報道がマレーシア経済に与える負の影響の回避と，政府プロジェクトの円滑化を目的として，報道や市民による情報へのアクセスを制限するために，違反者に実刑を強制する法案の成立を目指した。これに対して，記者，野党，弁護士協会，労働組合，経済団体，与党が，特に公務上の秘密の定義の不明瞭さと罰則規定に反対し，法案に異議を唱えた。

---

145) *Star,* October 9, 1995. MCA リム党首の発言。
146) *Star,* February 27, 2004, April 2, 2004.
147) *NST,* August 27, October 4, 1992; *Star,* August 28, 1992, February 2, September 14, 2001, August 2, 2002, November 9, 2005. 現在では，アリラン，NUJ，マレーシア人権委員会（Human Rights Commission of Malaysia）がNGOの緩やかなネットワークとして「全国情報公開法連合（National Coalition for a Freedom of Information Act）」を組織し，出版や集会を通じてこの問題を喚起し続けている（Freedom of Information Campaign, *No More Secrets,* N. p.: n. p., n. d.）。

情報へのアクセスをできるだけ制限しようとする政府と，政府が多くの情報を公務上の秘密として伏せるのを防ごうとする記者やNGO，労働組合，与野党，経済団体は，公務上の秘密を指定する行政権限の拡大，公務上の秘密の定義，司法介入の是非，情報漏洩者に対する罰則の各点をめぐり，直接，間接に交渉を行った。結局，論争的な規定のうち，一年以上の実刑と司法介入の否定は残ったものの，限定的な公務上の秘密の定義，行政の権限の明確化，情報公開手続きの明文化を特徴とする法案が，与党と経済団体の支持を得て成立した。

以上の過程を経て成立した機密法とその運用について，次の三点を指摘したい。

第一に，1982年12月に成立した国家機密法（修正）法は，次の三つのグループ間での協議の産物である。

(1) NUJ，NGO，野党 ── 自由民主主義

第一のグループは，機密法適用の対象となりやすい記者，議会内少数派，情報への直接的なアクセスを持たない議会外主体から構成される。記者の組織であるNUJと，汚職問題を追及していたDAP，議会や政府に代表を持たないNGO，労働組合，弁護士協会は，知る権利が言論の自由の実現にとって不可欠であり，これが司法によって保護されるべきであるとして，情報公開法の制定を要求した。彼らは，「民主的システムにおいては，すべての個人が，多数派，少数派にかかわらず，言論，表現の自由を有している」として，法案可決後も，機密法に反対し続けた[148]。

(2) 政府，UMNO，「民主主義原則を守るアクション・グループ」── 「国益」，経済発展，多数者の意志

この立場の対極に位置するのが，個人の自由は「国益」や「国家の繁栄」のために制限されて然るべきであるとするグループである。彼らによれば，「我々は絶対的な自由など持っていない」[149]。「より重要なのは国家の繁栄と安定」であり[150]，これを保障するために「大衆や敵，外国に秘密情報が漏れないよ

---

148) *NST,* December 29, 1986.
149) *PRPDR,* Disember 5, 1986, Mohd. Zihin Mohd. Hassan, p. 6140.
150) *Ibid.,* Patau Rubis, p. 6203.

うにする」法が必要である[151]。政府やUMNOは、市民の情報へのアクセスやそれにもとづいた言論の自由が経済開発に対する雑音となっているという認識を持っていた。

　このグループは、「国家の繁栄」のために個人の自由が制限されるべきであると主張し、個人の自由が、多数者の意志により成立する立法や、それにもとづく行政行為によって合法的に制限されてしかるべきであるとする信念、そして、国民により選ばれた議会多数派による立法は裁判所の決定よりも重要であり、裁判所は多数の意志に従うべきであるとする信念によって特徴付けられる。このような信念においては、「国民の意志」を反映する議会とそれに責任を持つ政府が、経済開発のために多くの情報を公務上の秘密として伏せ、さらに、これに対する異議申し立てを認めないとしても、民主主義には抵触しないのである。

### (3) UMNO以外の与党、ONE、NPC、経済団体 ── 行政の権限、公務上の秘密の範囲の限定

　与党、編集者団体や経済団体は、政府が恣意的に情報を隠蔽する事態を防ぎ、自らが政府の情報へアクセスする機会を保障するために、公務上の秘密の範疇から特に経済関連文書や入札関連文書を除外すること、公務上の秘密の特定に関する行政の権限の制限、1年以上の実刑を定めた罰則規定に対する反論を主軸として、運動した。

　これらの団体のうちには、自由主義にコミットする立場を表明したものもあったし、BNの党議拘束のためにしぶしぶ法案を支持したといわれるものもあった。しかし、このような強制とは別に、政府との協議と法案の修正の過程が、これらの主体の法案に反対するインセンティヴを低下させたことも重要であった。たとえば、与党、編集者団体、経済団体は、首相やその他閣僚とのチャネルを通じて法案改正を働きかけ、行政権限や公務上の秘密の範疇、公務員の保護規定等、いくつかの点において、自らの意見を法案に反映させることに成功している。特に、経済関連文書や入札関連文書等が公務上の秘密の範疇から除外されたことについては、明確な支持が寄せられた。この結果、このグループは、最終的に留保つきではあるが法案を支持、あるいは、容認した。

---

151) *Ibid.*, Abdul Hadi Derani, p. 6164. このほかにも、たとえば、マハティール首相による一連の発言を参照されたい。

政府の意図，態度だけに注目すれば，国家機密法が，政府高官の汚職や政府の経済運営に批判的な報道を行った外国の出版社と，報道にもとづき汚職問題を追及した野党を抑圧するための立法であったという既存研究が指摘するような見方ができないわけではない。特に，首相のアキレス腱でもあったマミンコ事件をめぐり，野党と首相との間で閣議文書公開の是非をめぐる論争があったという文脈の中でこの立法が行われたことは，この見方を裏付けているようにも見える。

　しかし，「公務上の秘密」とは政府がそのように指定するすべての情報を指すとした判決に支えられていた当初の法案，七分野を指定した二回目の法案と比較すれば，第三の法案は，その範囲をはるかに限定している。また，行政権限も部分的にではあるが，限定，明確化された。二度の法案修正が，上の第一，第三のグループからの圧力と政府との交渉の結果だったことは，疑いを容れない。政府が，様々な主体からの反論を反映し，条文を変更したことを考えると，単に政府が一方的に「推し進めた」立法とする位置付けは，単純化といえよう。

　第二に，多様な主体を巻き込んだ機密法をめぐる政治過程は，政府による同法の解釈や運用に一定の枠をはめているように見える。たとえば，附則を変更する大臣の権限にもかかわらず，公務上の秘密の範疇は1986年以降変わっていない。また，権威主義的な制御としての機密法の適用事例は，それほど多くない。さらに，第三の点とも関連するが，2C条を根拠とする情報公開圧力が社会の側から出た場合に，問題とされている情報が公にされることがしばしばある。

　このように考えると，国家機密法は，何が公務上の秘密で，何がそうでないのかという問題において，政府，与野党，記者，編集者，社会団体が参照するレファレンス・ポイントとしての性格を持っているといえる。

　第三に，厳格な罰則規定や広範な行政権限の一方で，同法は，市民の知る権利やそれにもとづいた政治参加を完全に排除しているわけではない。市民は，公務上の秘密以外の文書や，秘密指定を解除された文書を合法的に入手し，それにもとづいて議論することができる。たとえば，ASLIのレポートが発端となり，民族毎の資本所有状況に関する統計手法が公開された際には，それをめぐり研究者や政治家が，活発に議論した。また，経済政策や教育政策に関する協議会が機密法の下におかれることにより，協議会内部での自由な議論が可能になったという側面も指摘できる。

機密法制定の後も，経済問題は対立の源泉であり続け，これに由来する立法が続いた。次章で見る1980年代末の二つの立法も，経済問題をめぐる対立を背景としていた。これらの立法は，限定的な協議過程によって特徴づけられるという点において，それ以前の立法とは異なり，これが，マレーシア政治に新たな動きを加えることになる。

# 第6章

## 1987年印刷機・出版物法（修正）法／
## 1988年憲法（修正）法
―― 自由主義制度と競争的政治過程の抑制 ――

　1987年印刷機・出版物法（修正）法と1988年憲法（修正）法の背景は，経済政策をめぐる競争的な政治過程の拡大と，自由主義制度に依拠した行政行為に対する異議申し立てという，1980年代後半に現出した二つの相互に関連する現象であった。前章でも論じたとおり，この頃，大規模開発プロジェクトを含む政府の経済運営が，政治社会における論争の的となっていた。これに加えて，NEPの終了期限（1990年）が近づいていたことから，民族毎の分配の正当性が争点となっていた。以上の論点は，国内外の出版物により報道され，絶えず政治社会における論争として人々の関心を引き続けることとなる。さらに，開発プロジェクトや出版への介入といった行政行為の正当性の問題は，出版や政党政治の枠を超え，裁判所においても争われるようになっていった。

　出版による世論喚起や裁判所への異議申し立ては，政府や一部与党から見れば，政府の決定と実施に対する阻害要因にほかならなかった。彼らは，開発行政の円滑な実施の保障と，出版の自由や司法による行政のチェックといった自由主義的要素を排した政治過程の成立を模索するようになる。

　1987年10月，華語学校の運営に関して教育省と華人政党の間に対立が起きたことを契機に，民族間の緊張が高まった。政府はこのような事態に対処するという名目で，ISAの下，106人を拘留し，その約一ヵ月後に，「印刷機，印刷物，印刷物の輸入，生産，再生産，出版，配布，またはこれらに関連した事項を規制する」印刷機・出版物法の修正法案を，さらにその三ヵ月後に連邦の司法権に関する規定を修正する憲法（修正）法案を国会に上程した。

　もともと，印刷機・出版物法は，印刷機の使用と国内の新聞および雑誌の出

版を規制する 1948 年印刷機法と，政府に対して輸入出版物が流通する前にこれを検査する権限を与えた 1958 年輸入出版物規制法をまとめて，1984 年に成立したものであった。1984 年の立法は，(1) 印刷機器や録音機器の技術進歩に法律の内容を合わせること，(2) 望ましからぬ文書や国家の治安を脅かすような記事を含む外国の出版物を規制，監視，処分する権限を大臣に対して付与すること，(3) 道徳や公序の観点から望ましからぬ出版物を規制すること，そして，(4) 発行の日から一年間有効の印刷機免許と出版物認可を定めた。1987 年の改正の主要な点は，「世論に不安を喚起しかねない (which is likely to alarm public opinion)」出版物の印刷，販売，輸入，流通，もしくは所有を禁止する権限を大臣に対して付与すること，虚偽の報道 (false news) を違法とすること，そして，印刷機免許や出版物の許可に関する大臣の決定を，裁判所において問題とされえないものとすることであった。

他方，1988 年憲法 (修正) 法は，政府開発プロジェクトと出版社への行政介入に関する裁判で，行政の決定を無効とする判決が出たことを契機とするもので，司法権は二つの高等裁判所と下級裁判所に賦与されるとする規定を，裁判所は連邦法によって与えられる権限を有する，と書き換えるものであった。行政の決定は裁判所で問題とされえないとする規定が国家機密法に挿入されたことは前章で述べたとおりである。その際に根拠となった主張，すなわち，議会における多数の意志によって成立した立法にもとづく行政の行為に対して，裁判所が異議を唱えるべきでないという主張が，1988 年憲法改正を支える論拠の一つであった。もっとも，憲法改正が実質的にマレーシアの政治体制の性質を変えたか否かについては，議論の余地がある。しかし，この修正法が，民主的に選出された議会とそれに責任を持つ政府は司法に優越するという政治的メッセージであったと見ることはできるだろう[1]。

既存研究は，ISA による大量逮捕から二つの立法までの一連の出来事を，マハティール首相やマハティール政権による地位確立の意思によって説明する。たとえばジョモは，ISA 発動の原因を，マハティール首相の NGO に対する嫌

---

[1] 法律家や法学者は，1988 年の憲法改正を，一連の司法危機の一部として理解する。憲法改正の後の 1988 年 6 月に，連邦裁判所長官 (Lord President) であったサレー・アバス (Salleh Abas) とその他判事 2 名が，首相の任命による特別法廷 (special tribunal) において，政府に対して批判的な言論を行ったなどの「不正行為 (misbehavior)」を根拠として更迭された。このことは，マレーシアが独立以来誇ってきた司法の独立に対する侵食であると解された。1988 年の司法危機については，Lee (1995, Ch. 3); Mohamed Salleh (1989) などを参照。

悪感や,マハティール政権が,連合政権の枠外での DAP や華人教育団体による権利の主張を,国内治安への脅威と見るようになったことに求め,大量逮捕によってマレーシア政府が「権威主義的民族差別主義(authoritarian racism)」の誹りを受けかねないと論ずる (Jomo 1988)[2]。さらに同著は,憲法改正についても,UMNO の内紛の結果として要職を追われたメンバーが起こした,UMNO 総会における選挙の正当性をめぐる裁判(後述)を最大懸案としていたマハティール首相が,自身の「地位を確固たるものとし,彼の主要な政敵であるラザレイを孤立させるために,現職の地位を利用」して,「司法が政府に対して好ましくない判決を出すことを阻止するために法改正を行った」と説明する (Jomo 1988 21-22)[3]。ミーンズもまた,ISA による大量逮捕という方法をとることによって,マハティール首相は UMNO 内の批判者に先手をうち,また,DAP と PAS を去勢することに成功し,多様な政治的争点における決定者としての地位を確立したと論ずる (Means 1991, 211-214)[4]。

首相個人あるいは政権が自身の地位確立を目的として,NGO,野党,華人社会,UMNO 内の政敵を抑圧したというこの説明は,大量逮捕から二つの法改正にいたる政治だけを観察する場合には説得的である。しかし,時間軸を伸ばすと,説明しきれない事柄が出てくる。たとえば,1986 年 3 月に MCA や華人教育関係者からの要請をうけて,首相が教育法の見直しを公表したこと[5],1990 年には華人与野党や UCSCA などの華語学校関係団体も含む教育法改正のための協議会設立が決定したことに鑑みれば[6],「民族差別主義」という理解は適切でないように見える。さらに,次章で論ずるとおり,NEP に続く長期経済計画のための諮問機関として 1989 年に組織された国家経済諮問評議会には,アリランや CAP など,逮捕の対象となった NGO の代表もメンバーとして召集された。大量逮捕の前後に,華人や NGO を協議会に参加させておきながら,この時期だけ彼らを抑圧したという説明には,すわりの悪いものがないだろうか。

---

2) これに加えてジョモは,シンガポール政府が 1987 年 5 月から 6 月にかけて ISA により大量逮捕を行った際に主張した国際的な共産主義勢力の陰謀という仮説をもっともらしく見せるために,マレーシアにも同様の大量逮捕を行うよう働きかけたとも述べている (Jomo 1988, 10-16)。
3) 同様の説明として,Cheah (2003, Ch. 6)。
4) 同様の見方をする文献として,Hwang (2003, Ch. 5.)。
5) *NST*, March 14, 1986.
6) *Star*, August 3, 1990.

1987年10月の逮捕とそれに続く立法は，マハティールの意志という「点」のみによってではなく，その前後の動向という「縦の糸」，そしてマハティール以外の個人や団体の意図という「横の糸」をも含むような枠組みによって説明されなければならない。このような立場にもとづき，まず本章は，立法の契機となったAWSJ記者の労働許可証をめぐる裁判と高速道路の民営化をめぐる裁判[7]，大量逮捕とその原因となった政治社会の論争，そして二つの立法をめぐる政治過程を検討し，自由競争の抑制という，二つの立法に込めた政府の意図を明らかにする。さらに次章において，立法後の政治について論じ，大量逮捕と二つの立法に関する新たな解釈を提示したい。

## 1 ── 二つの裁判を通じた行政に対する異議申し立て

### 1-1　AWSJをめぐる裁判 ── 発行許可と記者の労働許可証

　1986年9月，内務省はAWSJ紙の三ヵ月間の発行許可停止を決定したうえに，移民法の下で同紙の記者二名の労働許可証を取り消し，国外退去を命じた。メガト・ジュニド・メガト・アユブ (Megat Junid Megat Ayob) 副内相は，同紙が「人々に不安感を与える」報道を行っており，「この国の経済発展に対する妨害」となっていることを，この決定の理由とした[8]。前章でも触れたとおり，同紙は1980年代半ば以降，マミンコ社やBMF，ダイム財務相を中心とした閣僚の汚職に関する報道の急先鋒に立っていた。上の内務省決定の直前には，マミンコ社を通じた政府による錫取引の失敗，NEPの対マレーシア投資に与える悪影響[9]，国内銀行の債務危機[10]，そしてダイム財務相が，家族の保有する株式をPERNASに売ることにより個人的な利益を上げていたことなどを報道して

---

7) リーは，本章で論ずる二つの裁判とあわせて，検事総長の権限をめぐる司法と行政の対立を引き起こした刑事裁判 (*Public Prosecutor v. Dato' Yap Peng* 〔1987〕2 M. L. J. 311) が直接的契機となったと述べる (Lee 1995, 50-51)。1988年憲法改正では，検事総長の権限に関する145条も改正されたが，本書ではこの点については論じない。

8) *FEER*, October 9, 1986, p. 16.

9) *AWSJ*, September 22, 1986.

10) *AWSJ*, September 25, 1986.

いた[11]。首相は，重要な国際会議がある時に限って掲載される汚職関連の記事が，マレーシアに対する外国からの投資意欲を殺いでいるとして，報道に対する不信感を顕にした[12]。

労働許可証を剥奪された二人の記者は，内務省の決定を不服として裁判を起こした。内務省側は，労働許可証の取り消し決定は治安維持を根拠としたものであり，取り消しの理由を述べる必要はないとした。しかし最高裁判所は，記者は取り消された労働許可証に示されていた期限までマレーシア国内にとどまる「正当な期待」を有しており，期待された滞在期限を短縮する行政の決定に際して，記者が異議申し立てを行う機会が与えられることが「自然的正義（natural justice）」であるとして，内務省による決定を無効とした[13]。

この判決を受けて，内務省は，二人の記者に対して「意見が反映される権利（right to be heard）」を与えなかったという手続き上の誤りを認め，記者に対する国外退去命令と，AWSJの三ヵ月間の発行許可停止を取り消した。だが，後述するように，「自然的正義」という行政法の普遍的原則にしたがった裁判所の判決は，AWSJをはじめとする報道がマレーシア経済の成長を阻害していると考えていた一部の政府閣僚からの反発をひき起こした。

## 1-2　UEMをめぐる裁判 ── 民営化プロジェクトの是非

南北ハイウェイ建設をめぐる裁判もまた，司法と行政との対立の火種となった。南北ハイウェイは，当時首相を中心とした政府閣僚が，NEP目標の達成のための処方箋として重視した民営化コンセプトの下で計画された巨大プロジェクトの一つであり，高速道路の一部はマレーシア高速道路公社（Malaysian Highway Authority）により建設され，残りの部分の建設と運営を民間会社に委ねることが決定していた。政府は民間からの入札を募り，1986年12月に，ユナイテッド・エンジニアズ・マレーシア社（United Engineers Malaysia Bhd.: UEM）による受注が決定した。87年3月には，公共事業省とUEMが，後者による高速道路の一部建設と，完成後25年にわたる通行料の徴収について取り決めた

---

11) *AWSJ*, September 26, 27, 1986.
12) *NST*, October 2, 1986.
13) *J. P. Berthelsen v. Director General of Immigration, Malaysia* [1987] 1 M. L. J. 134; *FEER*, November 13, 1986, p. 17; *NST*, November 4, 1986.

予備契約書面（letter of intent）に署名し，同年8月には，UEMによる高速道路運営に法的根拠を与える連邦道路（民間経営）（修正）法案が国会で成立していた[14]。

しかし，DAPのリム党首は，南北ハイウェイの建設と運営の民営化を決定した閣議に，UEMの主要株主である登録会社ハティブディ（Hatibudi Sdn. Bhd.）の役員であった閣僚が出席していたことや，入札過程に不公正の疑いがあったことから，これが汚職行為にあたるとして，UEMと政府との契約の正当性を問題とし，UEM，財務相，公共事業相，マレーシア政府を相手として，契約の差止めをペナン高等裁判所に求めた[15]。裁判の中で，リム党首は，契約が行われれば，彼の「市民，ドライバー，納税者としての利益と公共の利益が損なわれる」と説明した[16]。

ペナン高等裁判所は，UEMに対する差止め命令の訴えが受け入れられれば，事実上マレーシア政府に対する差止め命令となり，これが，「裁判所は政府に対して差止め命令やその他の特定の行為を行う命令を出すことはできない」とした1956年政府訴訟勅令（Government Proceedings Ordinance, 1956）29条に反しているといった理由から，リム党首の訴えを退けた[17]。マハティール首相は，DAPがとった司法を通じた異議申し立てという作法について，政府の行為を

---

14) *NST*, March 8, July 10, August 10, 1987.
15) *NST*, July 10, 1987.
16) リム党首による訴えの根拠は次の五点である。第一に，ブミプトラ企業家を支援するためのプロジェクト施行を目的としてUMNOが設立し，マハティール首相，ガファー副首相，ダイム財務相らが理事を務めていたハティブディが，UEMの主要な株主となっている。リム党首は，道路建設工事と運営の民営化が決定した1986年1月の閣議に，同社の役員である四閣僚が出席したことは，「金銭上あるいはその他の利益」のために公的地位を利用した公務員や議員を，14年以下の懲役刑あるいは2万リンギ以下の罰金に処するとした1970年緊急勅令（the Emergency (Essential Powers) Ordinance No. 22 of 1970）に違反する汚職行為であると主張した。第二に，ハティブディの役員である財務相がUEMに対して予備契約書面を与える権限を有したことは，同じく同法に違反する。そのほか，第三の根拠として，公共事業相が党首を務めるMICとUEMに利害関係があったこと，第四に，入札が公正に行われなかったこと，最後に他の企業からの入札のほうが良い条件であったことが挙げられた（*Lim Kit Siang v. United Engineers (M) BHD.* 〔1988〕1 M. L. J. 35）。
17) その他，(1) 差止め命令は，マレーシア政府が契約を行うことを阻止しようとするものであり，公共の利益に反する，(2) 契約法に照らしても契約が非合法であったという証拠はない，(3) 十分に準備が行われたこの段階になっての差止め命令は，プロジェクトに重大な中断を帰結することが根拠とされた（*Ibid.*）

阻害するために司法が利用されるべきではないと不快感を示している[18]。

このようなペナン高裁の決定を不服としたリム党首は上訴し，最高裁判所はこれを受け入れ，最終的な決定が出るまでの暫定的な調印の差止め命令を出した。これに対し，UEM，財務相，公共事業相，マレーシア政府はそれぞれ，リム党首に訴因（cause of action）がないこと，同氏に当事者適格（locus standi）がないことなどを根拠として，上訴が認められるべきでないこと，暫定的な差止め命令が解除されるべきことを主張した。

しかし，政府側の主張は受け入れられなかった。上訴の妥当性を判断したクアラルンプール高等裁判所は，当事者適格の有無に関し，私人が行政行為の違法性を争う訴訟を提起する場合は，検事総長の名においてのみこれを為すことができるとした古い判決の存在を認めながらも，このルールは英国とマレーシアの判例の中で，時代とともに緩和されてきたとして，「もしも圧力団体……，あるいは公共心のある納税者が，旧態依然とした当事者適格の技術的ルールによって，……非合法的な行いを止めるために裁判所に問題を持ち込むことができないとしたら，公法システムの重大な欠陥（lacuna in our system of public law）となる」とした1976年の英国控訴院の判決を引用した。そのうえで，この問題が「数百万リンギにものぼる，疑いもなく，格別の，そして死活的でさえある公共の関心事（vital public concern）」となるべきものであり，「原告が……腐敗した慣行の中で生まれ（そして促進され）たという意味において，非合法性に蝕まれていると述べるところのものを」裁判所で問題としているのだとして，リム党首の当事者適格を認めた。またリム党首が，UEMとマレーシア政府に対して訴因を有していることも確認された。以上の理由から，クアラルンプール高等裁判所は，UEMと政府による差止め命令解除の訴えを退けた[19]。

これに対し，UEMと政府は，暫定的差止め命令を破棄すべく最高裁判所に控訴した。審理は1988年1月12日から3月16日にかけて行われ，その結果，3対2でUEMと政府の控訴が認められた。UEMと政府の訴えを支持した判事らは，(1) リム党首はUEMと何らの利害関係も持たず，訴因を有していないため，UEMに対する差止め命令は法的根拠を持たないこと，(2) UEMに対して差止め命令を出すことは，1956年政府訴訟勅令29条に反していること，(3) 当事者適格に関しては，リム党首は政治家としても，通行者としても，納税者

---

18) *FEER*, September 10, 1987, p. 62.
19) *Lim Kit Siang v. United Engineers (M) Bhd.* [1988] 1 M. L. J. 50.

としても，保護されるべき真正なる利益を持っているとはいえないことを，理由として挙げた[20]。

以上の *AWSJ* と UEM の裁判において，「自然的正義」やコモン・ローにもとづいて行政行為が無効とされたことは，次節以降で論ずる経済政策をめぐる論争，それに端を発する民族間の緊張の高まりとともに，二つの立法の重要な背景をなすことになる。

## 2 ── 経済政策をめぐる論争

これらの裁判は，政府とビジネスの癒着の慣行を暴露し，さらには，不況の克服と NEP 目標の達成のための切り札であった民営化プロジェクトの信頼を失墜させ，当時すでに噴出していた経済政策に対する不満を増長させる可能性があった。当時，マレーシアでは，重工業化政策，民営化政策,「マレーシア株式会社構想」など，マハティール首相が 1980 年代前半に打ち出した新機軸の経済政策が激しい論争の的となっていた。特に民営化政策は，これが不十分であるとする者と，逆に，公営企業の存続を希望する者との双方からの攻撃にさらされていた。

### 2-1 重工業化政策，民営化政策に対する非マレー人企業家，政党の不満

マハティール首相が，商工相時代に，労働集約型工業からの脱却と資本集約型高付加価値産業の育成を目的として打ち出した重工業化政策は，HICOM の下で国産車製造のためのプロトン社が設立されるなど，1985 年頃には本格的に始動していた。重工業事業の多くは，非金融系公営企業 (Non-financial public

---

[20] *Government of Malaysia v. Lim Kit Siang/United Engineers (M) Brhad v. Lim Kit Siang.*〔1988〕2 M. L. J. 12. この問題は，法廷外でも争点となった。特に，UEM が高速道路の通行料を徴収することについては，PAS と DAP，さらに UMNO と MCA や，運送業界（たとえばスランゴール州・連邦直轄区トラック・運輸組合 (Selangor and Federal Territory Lorry Transport Association)）から，州の工業開発や通行に深刻な影響が起きるとして反論が提起されていた (*NST*, August 11, 1987; *FEER*, October 15, 1987, p. 37)。DAP と複数の NGO は，UEM への発注による高速道路の民営化に対する反対を表明するために，通行料値上げ反対を掲げたピケを張るなど，集会や出版を通じて国家規模での反対運動を継続した。

enterprise: NFPE) と外資との合弁で行われたが，輸入資材への依存が高かったことから貿易収支の悪化をもたらし，さらに内需の冷え込みなどの要因から思うような成果を上げず，多くの NFPE が債務超過に陥っていた。

　重工業プロジェクトのための公営企業への公共投資と，公営企業の非効率的な経営は，製造業団体や ACCCIM をはじめとする華人経済団体からの非難の対象となった。たとえば，マレーシア製造業者連合（FMM）は，急速な公共支出の増大は，経済の非効率とゆがみをもたらすとして，政府による経済介入はインフラ整備に限定されるべきで，特に資本形成や雇用創出を目的とした介入は控えるべきであるとし[21]，さらに，「製造業を生き返らせるためには，政府は何よりもまず，製造業と直接競合している NFPE を民営化すべきである。……もし NFPE を民営化することができないのであれば，（せめて）実力のないものは閉鎖すべきである」（括弧内は，引用者による）と述べた[22]。

　NFPE に対して民営化圧力が強まる一方で，1985 年以降，海運，航空，電信電話，道路建設などの領域において実施されていた政府事業の民営化も，DAP をはじめとする，民営化政策の恩恵を受けないグループからの非難にさらされていた。

## 2-2　民営化と規制緩和に対する UMNO 内部からの批判

　民営化政策は，民営化される企業を管理する能力を持ったブミプトラ企業家を創出することにより，NEP の目的達成に寄与するものと期待されていた（Gomez and Jomo 1999, 79-81）。しかし，ジョモが述べるように，民営化は同時に，華人企業家の不満の原因であった，マレー人官僚による NEP の「行き過ぎた実施」を制限，修正するという意義をも持っていた（Jomo 1990, 211）。つまり，民営化は，マレー人とその他のブミプトラに対する分配機能を果たしていた国営・公営企業に対する厳しい制限でもあった（Gomez and Jomo 1999, 80）。これに加え，1980 年代半ば以降，外国人と非ブミプトラの投資条件が緩和され，

---

21) *NST*, May 22, 1987.
22) *NST*, July 10, 1987. これと同時に提出された全国商工会議所（The National Chamber of Commerce and Industry: NCCI）からの覚書も，政府によるビジネス活動への介入が，投資家の信頼に消極的な影響を与えるとしている。

政府プロジェクトの実施においても，外資が参入するようになっていた[23]。

このような変化に対して，1980年代半ば以降の一連の経済政策の転換がマレー人の経済的利益を害していると主張する者が，UMNO内部から現れた。その中でも，1985年にマハティール首相との対立が元で副首相を辞したとされるムサ・ヒタム元副首相は，民営化概念の下，巨額の開発資金を投じて巨大プロジェクトを行うという首相主導の経済政策のために国家財政が浪費される一方で，農村部の開発が無視されていると糾弾した[24]。この他にも1987年の総会では，巨大プロジェクトが雇用創出効果を持たないこと，プロジェクトの契約が大企業や外資の支配を受けた企業に対して与えられる一方で，中小のブミプトラ企業が何らの恩恵にも浴していないことを非難する党員の発言が相次いでいる[25]。このような不満は，ブミプトラ企業家からも発せられていた[26]。UMNO党員らは，BMFスキャンダル，マミンコ社による損害，ダイム財務相とビジネス界の癒着関係と不正蓄財など，当時報道されていた汚職や経済運営の失敗に非難の矛先を向け，既存の経済政策の変更を迫るようになった[27]。

経済政策をめぐるこのような対立は，このときまでに，UMNO内部の派閥抗争にまで発展していた。同党は，マハティール首相とガファー副首相らに与するグループ（「チームA」）と，政権とそれが実施する巨大プロジェクトに不満を持つグループ（「チームB」）とに分裂しており，後者は，公営企業を通じた中小マレー人企業家に対する分配という伝統的な手法をより選好していたと言われている (Khoo 1992; Shamsul 1988)。1980年代半ば以降，政府開発支出が縮小し，民営化が進められ，国営・公営企業を通じた分配に依存していたブミプトラ中小企業家が困難に直面する一方で，BMFやUEMに関係する報道によってマ

---

23) たとえば，UEMによる南北ハイウェイプロジェクトにも，イギリス，日本，フランス資本が参加している。

24) *Star*, March 14, 1987; *NST*, April 23, 1987.

25) *NST*, April 27, 1987.

26) ブミプトラ企業家は，国内の中小企業に対して政府プロジェクトを発注するよう要請している。たとえば，ブミプトラ建設業者組合 (Bumiputera Building Contractors Association) は，多くのブミプトラ建設業者が1985年以来プロジェクトを受注しておらず，クランタン州の調査では85％の建設業者が稼動していないと発表し，建設業者に発行する許可証の制限を政府に要請しさえしている (*NST*, February 25, 1987)。しかし，これに対してマハティール首相は，ブミプトラ企業家の自立や自由企業体制の必要を強調し，政府は彼らに対して直接的な援助を行うつもりはないと明言していた (*NST*, March 25, 1987)。

27) *FEER*, October 2, 1986, p. 47.

ハティール首相とダイム財務相に率いられる政権中枢部の汚職やクローニイズムが暴露されたことで、この二つの派閥の対立が決定的になった。

1987年4月に行われたUMNO総会では、党総裁と副総裁の座をめぐり、マハティール首相とガファー副首相に対して、ラザレイ、ムサがそれぞれ立候補し、これに敗れた後者が閣僚ポストを辞した。この対立は、総会における選挙では決着せず、Bチームに与したUMNO党員11名が、総会で投票した支部の中に結社登録を行っていなかったものがあったとして、クアラルンプール高裁に選挙結果の無効を訴えるという展開を見せた[28]。

## 3——民族の権利をめぐる議論への発展

以上のように、非ブミプトラを中心とする経済団体や野党はNFPEを中心とする政府の経済介入を批判し、さらなる民営化を要求した。他方でUMNO内グループは、民営化が農村部や中小のブミプトラ企業家を利していないことを指摘し、これに反対した。しかし、1986年以降の状況は、経済政策への不支持が表明されたことにとどまらない。ちょうど1990年のNEPの終了期限が迫っていたことと相俟って、経済政策をめぐる対立は、民族間の対立、さらには、民族の権利をめぐる論争へと発展していく。

### 3-1 NEPの継続と民族間の分配の是非をめぐって

政党や経済団体は、1970年に計画されたNEPの期限が1990年に迫っていたことを受けて、NEPの総評と1990年以降の経済政策のあり方をめぐる議論を始めた。口火を切ったのは、非ブミプトラ団体であった。たとえば、ACCCIMは1986年に、NEPが延長されるべきではないと決議している[29]。グラカンのリム・ケンヤク(Lim Keng Yaik)党首は、ブミプトラによる30%の資本所有を目標とした資本再編目標が成功し、十分な資金や機会を有した「マ

---

[28] クアラルンプール高裁は、1988年2月、結社法にもとづき、同法令で定められた登録を行っていない30支部があったことから、党大会開催当時、UMNOは違法団体であったとした。これに対応するために、首相は、「新UMNO」を結成、登録した。

[29] 『南洋商報』1986年9月11日。

レー人の富裕層，中間層」が登場したとしたうえで，彼らに欠けているものは競争の中でのみ獲得することができる企業家精神だけであるとして，より自由な競争が行われるべきであると主張した。また，同党首は，免許交付や奨学金の割り当て，土地の留保についても，すべてのマレーシア人に対して業績にもとづき分配されるべきであるとさえ論じている[30]。

MCA もまた，1986 年以降，NEP の実施に関する報告書を作成するなど，1990 年以降の経済政策への影響力獲得を目指して行動した。同党指導者は，NEP の総評として，多数の貧しい華人が犠牲になったとしたうえで，新たなマレーシア統合計画 (Malaysia Unity Plan) を策定し，すべてのマレーシア人の教育，政治，公共サービスにおける参加を目標とすべきこと，また経済セクターにおいても，ブミプトラのみならず，すべてのマレーシア人の参加の割合が設定され，かつ公正に監視されるべきことを主張した[31]。同党は特に，社会再編目標に関して，ブミプトラ企業家が登場した一方で，公共セクターにおける非ブミプトラの就業割合が拡大していないことを問題とした[32]。

以上の主張と同時に MCA は，「多民族国家における民主主義とは，多数者の支配のみならず，少数者の権利と利益の保護も意味する」として，華人の要求が政策に反映されるべきであると論じた[33]。同党のこのような発言は，1986 年選挙において議席数が減少したことを受け，MCA 内の一会派が党指導部の中道的な姿勢を批判し[34]，非ブミプトラを移民と呼ぶことを禁止するよう扇動法を改正する決議を行ったことから[35]，政党としても，少数派たる華人の権利と利益の保護者として自らを定位する必要に迫られたためである。

これに対して，UMNO メンバーは NEP の続行を求めた。UMNO 指導層の中には，ブミプトラの株式保有率は目標の 30%にははるかに遠く，NEP の成果はまだ十分ではないという根拠でもって NEP の続行を説得しようとする者や[36]，「マレー人が政治力と経済力とを同時に持つことを懸念している」といっ

---

30) *NST*, June 7, 1987.
31) *NST*, July 2, 1987.
32) *NST*, June 29, 1987.
33) *NST*, July 2, 1987.
34) *Star*, November 16, 1986. 1986 年に行われた選挙で，UMNO の獲得議席が前回の 70 議席から 83 議席に増加したのに対し，MCA のそれは前回の 24 議席から 17 議席に減少した。
35) *Star*, November 5, 1987.
36) たとえば，マハティール首相，ガファー副首相。*NST*, February 23, 1987.

たトーンでNEPに関する華人政党の主張を牽制する者もあった[37]。

　そもそも，1970年にNCCにおいてNEPの原則が合意され，その法的根拠となる1971年憲法改正を可決したとき，NEPとマレー人およびその他のブミプトラの特別の地位を定めた153条の実施は，経済成長の文脈で行われるために，いかなる者も剥奪感を持つことはないという前提で合意がなされた。しかし，既述のとおり，1980年代後半のマレーシアはこの前提を満たすことができず，ブミプトラ，非ブミプトラを問わず，すべてのマレーシア人に不満を抱かせる結果となり，民族間の分配の問題が，苛烈な論争を引き起こしたのである。

## 3-2　華語学校問題から大量逮捕へ

　このような文脈で，1986年10月に起きた華語小学校の人事をめぐる対立は，マレーシアの民族関係に大きな影響をもたらした。そもそも，この問題の基礎にあったのは，華語学校などの国民型学校を，マレー語を教授語とする国民学校に転換させる権限を教育相に対して与える教育法21条2項であった[38]。この問題が生じる以前の1986年1月から3月にかけ，MCAと華語学校関係者がマハティール首相に対してこの規定の改正を要求した結果として，首相は同規定の見直しを約束し[39]，1986年10月にはアンワル教育相を中心に見直し作業が始まった。しかし，この作業はすぐにUMNOや一部のマレー人団体の反対に遭い，難航していた[40]。

---

37) アブドゥッラー・アハマド・バダウィ議員の発言。*NST*, February 8, 1987.
38) 21条2項は，「大臣は，国民型小学校が国民小学校に改組されるに適していると確信すれば，いかなるときでも当該学校が国民学校に（改組するよう）命令することができる」とした条文である（括弧内は，引用者による）。実際には，同規定の実施例は，保護者からの要請を受けてクランタン州のタミル語学校を改組した事例のみであったが，条文の存在は，非マレー語学校関係者の不安のもととなっていた（*NST*, March 14, 1986）。
39) *NST*, March 3, 14, April 5, 1986. このときに首相に対して提出されたMCAの覚書は，教育法改正の他にも，セレモニーや行事において，制限や許可なしに獅子舞を行うことも要求している。
40) UMNO内で教育問題を担当していたイブラヒム・サアト（Ibrahim Saat）は，改正の際にはマレー人の利益を考慮に入れるべきであると述べている。また，UMNOの一支部は改正に反対する決議を行っている（*NST*, January 16, 19, 1987）。さらに，当時，教育省が中学校で華語を選択科目とするカリキュラム変更を行っていたことに対しても，UMNOやマレーシア半島マレー人学生連合（Peninsular Malaysia Federation of Malays Students）が反対の意を表明した（*NST*, January 8, 1987）。

このように21条2項の改正の見通しが立たない状況で，1986年10月，教育省は，華語小学校に華語教育を受けていない華人教員を役員として配置した。教育省はポストを埋めるのに十分な応募がなかったことを上記人事の理由としたが，MCA，グラカン，DAP，華人教育団体（華語学校教師組合（United Chinese School Teachers' Association: UCSTAM）と華語学校理事組合（UCSCAM））はこれに納得せず，共同行動委員会を組織し，集会を行い，期日までに上記人事を撤回しなければ，華語学校で授業ボイコットを行うと発表した。

　与党であるMCAがDAPとともに集会を行ったことがBNの流儀に反するとして激高したUMNOの一部メンバーは，これに対抗するための大規模集会の組織を決定した[41]。内閣が問題解決のための委員会を設置したことをきっかけに[42]，閣僚間の話し合いで問題を解決することを選択したMCAの主導でボイコットは中止されたが，民族的感情の高揚は収まらず，一部の華語小学校でボイコットが強行された[43]。

　これに対して，UMNO青年部は対抗的集会を開催し，UMNOも，「マレー人の地位に多くの人々が異議を唱えている」という事態に鑑みて，「マレー人の統一」をテーマとしたより大規模な集会を企画した[44]。この直後，マレー人兵士による発砲事件が起きたことをきっかけに，暴動が起こるのではないかという噂が広がった[45]。

　内務省と警察は，「危険なレベルに達していた民族間の緊張を緩和する」という理由で[46]，10月27日に，ISAを発動し，UMNO，MCA，グラカン，DAP，PASの各党員，華人教育団体，アリランやCAPなどのNGO活動家，マスコミ関係者，宗教団体指導者など106人を逮捕したうえで，すべての集会と，四つの新聞の発行を禁止した。

---

41) *FEER*, October 29, 1987, p. 16, 21.
42) 委員会は，アンワル・イブラヒム教育相（UMNO），サミ・ヴェリュ公共事業相（MIC），リム・ケンヤク第一次産業相（グラカン），リー・キムサイ（Lee Kim Sai）労働相（MCA）に，UMNO内でもMCAに対する批判の急先鋒であったナジブ・ラザク（Najib Abdul Razak）青年・スポーツ相／UMNO青年部部長から成る。
43) *NST*, October 16, 1987.
44) *Ibid*.
45) *Star*, October 17, 1987.
46) *NST*, October 29, 1987.

## 3-3 大量逮捕に関する政府の公式見解

オペラシ・ララン (Operasi Larang) と称されたこの大量逮捕の6ヵ月後に，内務省は，「治安維持のために (Towards Preserving National Security)」と題する白書を発行し，逮捕の背景とその正当性を説明した。白書によれば，当局が106人を逮捕したのは，「状況が危機的な段階に達し，大きな暴動につながる可能性があったため」であった。そのような状況をもたらしたのは，(1) 言語政策やNEPの実施に対する様々なグループの不満，(2) 華人によるブミプトラの地位に対する異議申し立て，(3) 新聞による世論の煽動である。

第一に，「真に統一したマレーシア国民を創出するという目的で」，1969年5月13日の暴動を契機として実施されてきた「社会・経済的発展，教育，言語，文化に関する新しい政策と戦略」の「実施過程」において，「民族間の不均衡を縮小するためには，すべてのコミュニティによって発展の機会が共有されねばならないということを受け入れたがらない者」，他方で「実質的な援助と便宜を与えられ，発展を達成しながら，自身の地位に不満を持っている者」，さらに，「自身のアイデンティティや文化的遺産が失われることを恐れる者」が登場し，「国民統合へ向けた努力を混乱」させるような仕方で反応した。「これらの事項が憲法によって保障され，また政府の政策形成においても敬意を払われ，適切に考慮されているというのにである」(Malaysia 1988, 1-2)。

第二に，白書によれば，このような不満は，華人団体，宗教団体，共産主義者により利用されてきたが，その中でも，文化，言語，教育問題の分野で，華人の間に反マレー人，反政府感情を植えつけるよう運動してきたDAP，さらに，「過激な圧力団体」であるUCSCAM，UCSTAMなどの華語学校関係者，そして，DAPに「遅れをとるまい」としたMCAなどの華人団体が，「ブミプトラ」の地位に疑義を挟むような発言をしたこと，華語学校の人事問題に関して集会を行ったことがUMNO青年部の応酬を誘った (Malaysia 1988, 6-17)[47]。

第三に白書は，新聞が「読者に影響を与え，政府に対して要求を行うために利用されうる」ことにも言及する。実際に，「スター，ワタン，星州日報が，

---

[47) また，宗教団体としては，ムスリムに対してキリスト教への改宗を勧めたニグレクト・ピープルズ・ワーカーズ (Neglected People's Workers)，この問題を利用し集会を行ったPAS，武力によるイスラム国家の樹立をめざすイスラム異端グループが挙げられる。これに加えて，マラヤ共産党を中心とする共産主義勢力の活動についての記述もある。

民族的な感情を煽り，ある民族グループや組織のリーダーを他の民族グループや組織のリーダーと闘わせるニュース，見解，記事」を発表し，「教育，言語，宗教，各民族の権利を含むセンシティヴ・イシューを，新聞の所有者，経営者の政治的利益になるように……意図的に投影」することで，「安全と公共の秩序を害するような状況をもたらすことに関与」した (Malaysia 1988 31-32)。

　以上の三点に加えて，逮捕直後のマハティール首相兼内相による説明においては，議会少数派やNGOのような社会団体が，新聞や裁判所を利用して影響力を行使するようになったことが指摘されている。首相は次のように論じる。「一部の人にとって重要なことは，マレー人の政府への支持を低下させることである。そのために，華人の感情をかきたて，あるいは，マレー人ばかりでなく政府が悪いと言う」。英字新聞スターは[48]，「発行部数を伸ばそうとし，『マレー人の政府』と彼らが呼ぶところのものを批判した」。これに加えて，アリランやCAPなどのNGOがやはり政府を攻撃し，DAPを応援した。議会における少数派であるDAPは，これらのNGOを利用し，また，裁判所さえも利用し，政府を非難した。「マレー人はこれらの事柄を観察し，彼らは攻撃されていると感じ」，「華人に対抗するためのマレー人の集会を行おうとした」ために，政府はこれを止めなければならなかった[49]。

　以上のようなNEPやブミプトラの地位をめぐる論争，出版による論争の激化，裁判所や出版を通じた「少数派」による政府への異議申し立ては，既述の二つの裁判と経済政策をめぐる論争とともに，1987年印刷機・出版物法（修正）法案上程の背景となった。

## 4 ── 1987年印刷機・出版物法（修正）法案

　1987年印刷機・出版物法（修正）法案は，大量逮捕から一ヵ月後に国会に上程され，即時成立した。以下に，法案の内容を検討する。

---

48) スター紙は，MCAの持ち株会社であるHua Renが所有していた。
49) *Asia Week*, November 10, 1987, pp. 25-28.

## 4-1 法案の内容

主要な内容は次のとおりである。

### (1) 3条5項：免許の「更新」概念の削除

出版・印刷免許の「更新」に関する条文が削除され，免許の所有者は毎年新しい免許を申請しなければならないことが明記された。

### (2) 7条1項の改正：好ましからざる出版物

7条1項が改正され，出版物の印刷，販売，輸入，流通あるいは所有を，大臣が絶対的裁量によって禁止する理由として，出版物が「世論に不安を喚起しかねない事項」を含むことが追加された[50]。

### (3) 新しい8A条の挿入：虚偽報道の出版の禁止

ある出版物において「故意に」虚偽の報道が行われた場合，それに関わった印刷業者，出版社，編集者，著者は印刷機・出版物法違反となり，3年以下の懲役か2万リンギ以下の罰金，あるいはその双方を科せられるとする新しい8A条が挿入された。同規定2項は，「故意に」という語を，「出版に先立って，被告が報道の真実性を立証するための適切な手段をとったということを示す証拠の不在（in default of evidence）」と定義する。同3項では，立件は検事総長によってのみ行われることが定められた。

### (4) 9条1項の修正／新しい9A条の挿入：好ましからざる出版物の輸入拒否

大臣は，「彼が，公共の秩序，道徳，安全保障を害すると思われる，もしくは，世論に不安を喚起しかねない，法に反している，または，公共の利益，もしく

---

50) 条文は次のとおり。「ある出版物が，あらゆる方法で公共の秩序，道徳，安全を損なうもしくは損ないかねない，世論に不安を喚起しかねない，法に反するもしくは反しかねない，または公共の利益あるいは国益を害するもしくは害しかねない記事，風刺画，写真，報告，メモ，手記，音声，音楽，声明，またはその他の事項を含んでいると大臣が確信すれば，大臣は絶対的裁量によって，官報で公知される命令を通じて，完全に，または条件付で，当該出版物もしくは関係出版者による将来の出版物の印刷，輸入，生産，複製，出版，販売，発行，配布，配給，所有を禁止することができる」。

は，国益を害すると思われる記事，風刺画，写真，報道，メモ，手記，音声，音楽，声明，もしくは，その他の事項を含んでいると確信する出版物のマレーシアへの輸入を拒否，もしくは，配達の停止，または，発送人への返送ができる」とした改正9条1項が定められた。改正前の同規定は，以上の権限を政府高官にも付与していた。それと同時に，新しい9A条が，権限を有した高官に対して，上のような出版物を発見した場合に，大臣の決定を待つ間，暫定的に配送を停止することができると定めた。

(5) 13条の改正，新しい13A条，13B条の挿入：大臣の権限は確定的である／意見が反映される権利の排除（Exclusion of right to be heard）

新しい13A条は，「大臣による，免許もしくは許可証の交付拒否，取り消し，または停止の決定は最終的であり，いかなる理由であれ，裁判所で問題とされるものではない」と定める。13B条は，「本規定の下で与えられる免許もしくは許可証の申請，取り消し，または停止に関しては，いかなる者も意見が反映される権利を与えられない」と規定する。また，これに伴い，従来の13条に定められていた「意見が反映される権利」が削除された。

## 4-2 法案のインプリケーション

以上の法案のインプリケーションとして，(1) 出版の自由に対する行政権限の拡大，(2) 行政決定に対する司法の介入の否定という二点を指摘することができる。

まず，3条5項（免許の更新）と7条1項（好ましからざる出版物の禁止）の改正，8A条（虚偽報道の出版の禁止）と9A条（政府高官による出版物の輸入の暫定的停止）の挿入が，出版の自由に対する行政の権限拡大をもたらした。これらの改正の帰結として，出版者は，出版許可証剥奪や出版禁止等の措置を避けようと思えば，「世論に不安を喚起しかねない」と大臣が判断するようなタイプの報道を避け，さらには内部告発など情報源を秘匿とする必要のあるタイプのニュース報道を自粛せざるをえない。修正法案の直接的な契機となった *AWSJ* は，「さる情報筋」による内部情報にもとづいて，政府高官の汚職を報道してきたが，改正は特に，この類の報道に対する抑止力となりうる。

第二に，13A条と13B条において，大臣による許可証の取り消し等の決定

が裁判所で問題とされえないこと、さらに、免許や許可証を取り消された者に対しては「意見が反映される権利」が与えられないとされたことが重要である。これにより、大臣による出版許可の交付、取り消し権限は、絶対的なものとなった。

それでは、法案をめぐる政府、与野党、その他の社会団体の意図はどのようなものだったのか。

## 4-3 法案に対する態度 (1) ―― 政府

法案上程に際して、マハティール首相兼内相とメガト副内相は、次のように各規定の意義を説明した。

第一に、好ましからざる出版と虚偽報道について定めた7条1項の改正と8A条の挿入について、首相は次のように論ずる。新聞の中に「無責任で不健全な意見を展開するもの」や、虚偽報道を行うものがあり、これらは国家の治安や経済に対して悪影響を与える。「特に複合国家 (negara majmuk) においては、政府は、不健全な問題が提起されないように監視する責任を持つ」のであり、「いくつかの民族から成る国家の安定と発展」のために、「我々の安定を脅かす可能性のあるグループの自由を多少規制する必要がある」[51]。

「世論に不安を喚起しかねない」報道としては、「民族感情を煽るような報道」が例示された。副内相は、オペラシ・ラランを参照しながら、「この法がなかったことで、一ヵ月前にひどい民族対立を惹き起こしかねなかった」としている[52]。ただし同相は、「世論に不安を喚起しかねない」報道は、決定を下す前に、「内務省により詳細にわたり検討されることを保障する」として[53]、同規定が政府高官による汚職を隠ぺいするためのものではないかという疑念（DAPの項で後述）を払拭しようと努めた。

第二に、出版物の輸入に関する改正については、「この改正により、印刷物の発行者と輸入者は、わが国にとってよいことは何かを明確に知ることがで

---

51) PRPDR, Disember 3, 1987, Perdana Menteri (Mahathir Mohamad), pp. 41, 52-53.
52) Ibid., Megat Junid Megat Ayob, p. 152. 副首相はこのほかにも、「世論に不安を喚起しかねない」報道として、たとえば「新村においてDAPが、新経済政策が華人を殺すなどと述べる」といった「でっちあげ」を一例として挙げている (Ibid., p. 157)。
53) Ibid., p. 158.

き，また（法を遵守することによって）彼ら自身を保護することもできる」（括弧内は，引用者による）とされた[54]。

　第三に，免許や許可証の交付，取り消し，停止に関する大臣の決定を確定的とした 13A 条，13B 条挿入の必要性については，次の二つの意図が示された。第一に，マレーシアの既存法や伝統に立脚し，民主的過程を経て成立した明文規定が，コモン・ローや自然権といった不文法の下位におかれるのを避けることである。首相は次のように論じる。「政府の権限……が，成文法において明確にされ」，「誰からも誤った解釈をされえない法を制定する」必要がある。そのような立法は，複雑で，また「民主的」な次のような過程を経て行われる[55]。まず，既存法に加えて「伝統や古い法に先導」された法務局の立法官によって草案が起草された後，関連省庁やその他政府機関がこれを検討する。これに続き，草案を「国民（*rakyat*）の視点から検討する」ために「国民によって選ばれ」た閣議が議論を持つ。その後，下院において与野党の批判が仰がれるが，その際，法案が修正されることや撤回されることがある。下院での可決を待って上院が「鋭い批判」を行い法案が可決した後に，国王による承認を仰ぐことになる。このように法案は，「一人や二人，あるいは選出された代表の勝手で恣意的に制定することはできない」[56]。にもかかわらず，「このような困難を経て立法され承認された法が，無視されてしまったのなら，立法に何の意味があるのだろうか」[57]。実際に，マレーシアの法廷では，「立法者の目的が明らかであるにもかかわらず，法の解釈者が，成文法をコモン・ローや自然権といった「非常に一般的な不文法と代替してしまう」ことが起こっている[58]。しかしながら，そもそも英国のコモン・ローは，「マレーシアのマレー人とその他の民族の慣習法とは適合しえないもの」である。しかも，判事がコモン・ローを参照するとしても，被告が参照元を知らないということが起こりうる[59]。また，「自然的正義」の概念も，マレーシアでは「自然であるとはみなされない」[60]。

---

54) *Ibid.*, Perdana Menteri (Mahathir Mohamad), p. 52.
55) *Ibid.*, pp. 43–46, 52.
56) *Ibid.*, pp. 44–46.
57) *Ibid.*, p. 46.
58) *Ibid.*, p. 47.
59) *Ibid.*, pp. 48–49.
60) *Ibid.*, p. 50.

首相は，このことが，政府の運営を困難にしているという認識を持っている。首相は言う。「政府は，成文法の規定によって統治し，処分を下す。このことは，政府が好き勝手に，また制限なしに行動するのではないということを保障する。いいかえれば，政府は，市民（*rakyat*）と同様，法に従属しているのである」[61]。しかし，「法が，各事例において解釈者の好きなように（*sesuka hati*）解釈されてしまう」ために，「政府のあらゆる決定が……挑戦を受け，恣意的に拒否」されるという事態が生じており，「政府は自身が法に従って行動しているのか否かが分からなくなっている」[62]。以上の理由から，マレーシアは不文法にもとづく判決を避けるべきであり，「誰からも誤った解釈をされえない法を制定する」ことが必要だというのが，13A 条，13B 条に関する首相の第一の主張であった[63]。

　13A 条と 13B 条を挿入する第二の意図は，行政権を確立することである。首相は司法の役割について次のように述べる。「誰でも政府を起訴することができるならば，政府は何らの決定もできない。決定の一つ一つが挑戦を受け，拒否される可能性があるからである。これでは，政府はもはや行政機関ではない。別の機関がこの任務を担ってしまっている」[64]。しかも，行政の行為の正当性に関する裁判で決定を行う判事は中立ではありえない。「判事の決定は合理的な考慮によってではなく」，「特定の価値と信念」に影響された立場に拠って行われる。この改正が行われたのは，「国民（*rakyat*）を代表する政府，国家行政が，二，三人の人間の裁量にしたがって解釈されてしまうことが，非常に危険である」ためである[65]。

　以上より，改正における政府の意図は次の三点にまとめることができる。第一に，経済発展を実現し，民族対立を避けるために，出版が規制されなければならない。第二に，マレーシア人による「民主的」過程を経た法による支配を確立することによって，議会立法にもとづいた政府の決定や行為が裁判所を通じて挑戦されることがないよう保障する必要がある。最後に，前節三項で論じた，裁判や報道を通じて議会内の少数派や議会外主体が分不相応な影響力を持

---

61) *Ibid.*, p. 44.
62) *Ibid.*, p. 47.
63) *Ibid.*, p. 52.
64) *Ibid.*, p. 50.
65) *Ibid.*, p. 51.

つ可能性を避ける意図を加えることができよう。

## 4-4　法案に対する態度 (2) —— DAP

　DAP 議員は，法案を「新聞の口をふさぎ，民主的な自由を制限しようとするための手段」であり[66]，「萎縮した新聞を作ることと，すべての出版物と新聞を官報とすることを目的とし」，「出版と言論の自由を妨げるもの」と評価し[67]，次のように批判した。

　第一に，3 条 5 項の改正による免許の「更新」概念の削除は，出版物が「BN 政府の利益を損なうような」報道をしないことを保障するための手段である[68]。第二に，DAP 議員は 7 条 1 項の改正について，「世論に不安を喚起しかねない」とする語が「主観的であり，また定義が広く，権限のある者により濫用されてしまう」可能性があると指摘し，「政府が，自身の欲する情報以外の情報への市民のアクセスを全く否定しようと望んでいるのでなければ，明らかに不必要なオーバー・リアクションである」と述べる[69]。特に，同党議員は，南北ハイウェイや民営化の下でのその他のプロジェクトに関わる不祥事が，「世論に不安を喚起しかねない」という理由で公表されなくなってしまう事態を懸念していた[70]。

　第三に，虚偽報道について定めた 8A 条について，DAP 議員は，これらの規定により，「内相は，出版者の運命を決定する絶対的な権力を持つ」として，「偏見を持った大臣が出版社に対峙した場合，非常に危険である」としている[71]。

　第四に，輸入出版物に関する 9 条と，9A 条に関しては，*FEER*，*AWSJ*，*Asia Week* といった外国の雑誌や新聞を対象としたものであるとして，「政府は，マレーシア人が国内のマス・メディアのみならず，外国の出版物における政府にとって『好ましくない』報道にアクセスすることを禁止するよう『二重に確かめている』」と主張した[72]。

---

66)　*Ibid.*, Chen Man Hin, p. 70.
67)　*Ibid.*, Liew Ah Kim, pp. 114-115.
68)　*Ibid.*, Lee Lam Thye, p. 56.
69)　*Ibid.*, pp. 56-57.
70)　*Ibid.*, p. 59.
71)　*Ibid.*, Liew Ah Kim, p. 114.
72)　*Ibid.*, Lee Lam Thye, pp. 60-61.

最後にDAP議員は，大臣の決定が最終的であるとした13A条と13B条を「『独裁的』な改正」と評して次のように述べる。「この改正の提案は明らかに，内相に対して大きすぎる権限を与えている。この改正が成立すれば，彼は検事に，判事に，そして執行者になる。なぜなら彼のみが，すべての出版物の運命を決定することができ，公正を求める余地はないからである」[73]。

敷衍すれば，DAPは，第一に，法案が，政府のまったくの主観，恣意によって，汚職や不祥事についての国内外メディアによる報道と情報の伝達を阻害するようになること，第二に，出版の自由に関する行政決定に対して，裁判所を通じてこれに異議を唱える市民の権利を否定するという点から，法案に反対した。

## 4-5 法案に対する態度（3）── 与党UMNOとMCA

### UMNO

UMNO議員は，経済開発の必要，NEPの保護，司法に対する行政の優位といった根拠に基づき，次のように論じた。

第一に，経済開発のためには，出版の自由の規制によって政治の安定が創出されねばならない。UMNO議員によれば，「不況期にある発展途上国において」，「外国の投資家を呼び込む一つの要因」として，「平和で安定した国家」が実現されねばならない[74]。にもかかわらず，スター紙が「民族主義的な論調を持った報道」をするなど，「人々が自由に発言したことによって危機が生じ」[75]，その結果として，「投資家はこの国に投資するのを恐れた」。そのために「失業などの経済的問題が生じた」のである[76]。さらに，「公共の平和を阻害するほどに自由主義的な印刷法」があれば，「国家は混沌となるであろう」[77]。このような状況を避け，「国民が調和の中で暮らすことができ，また，1969年に起きたような民族対立がなくなるよう」[78]，「世論に不安を喚起しかねない」報道を規制する改正が成立しなければならない。

---

73) Ibid., pp. 62-63.
74) Ibid., Sidin Mat Piah, p. 83, 86.
75) Ibid., Shahidan Kassim, p. 120.
76) Ibid., Mohd. Tamrin Abdul Ghafar, pp. 131-132.
77) Ibid., Abdul Hadi Derani, p. 112.
78) Ibid., Mohd. Tamrin Abdul Ghafar, pp. 134-135.

第二に，改正は，華人によるNEPに関する議論とその報道を制限する。たとえばある議員は，MCAが，自分たちが1986年選挙で「議席を減らしたのは……，NEPやその実施のためである」と述べたことが，「悪意を持っているか，ある者と同じ魂胆（nawaitu）の……新聞」によって誇張されたために，先の緊張が生じたと述べている[79]。

　第三に，外国の出版物の輸入を制御する大臣の権限について定めた9A条に関連して，外国の出版物に対する批判が寄せられた。議員らは次のように述べる。「外国の報道や新聞も，自身の利益」や，「国家の利益」を有しているのだということに留意すべきである[80]。「発展を望む人間として，……外国の意見を聞かねばならないということは正しい。だが我々はくずかごではない。我々にもアイデンティティがあり……何がわが国を利するのかを選択しなければならない」[81]。

　第四に，大臣の決定が司法によって問題とされえないとした規定については，次の二点の根拠に基づき，支持が表明された。第一の根拠は，大臣は民主的過程により任命，監視されるのだから，「大臣に与えられた権限は絶対」であってしかるべきであるというものである。「大臣は選挙過程を経て……，選挙において多数を得た政党により任命」されるのであり，「国民は選挙を通じて首相，大臣，副大臣を監視する権力」を持っている[82]。さらに，選挙間においても，「もし本法が誤用されたのであれば……我々はこの議会で話し合うことができる」（括弧内は，引用者による）[83]。第二の根拠は，開発プロジェクトに関して一々裁判所が関与することは適切でないというものである。ある議員は述べる。「入札委員会の決定」や「議員のプロジェクト」に関して，裁判所で争うことができ，その決定を待たねばならないとしたら，「我々は目的を達成することができるのか」[84]。

　以上の主張は，UMNO議員の政治観に裏打ちされている。同党議員は次のように述べる。民主主義においては，「多数派の正義」をこそ重視すべきであり，「少数派の意見を聞くならば，法もルールもなくなってしまう」。少数派が「本

---

79) *Ibid*., Hashim Safin, pp. 74-75.
80) *Ibid*., Abdul Hadi Derani, p. 113.
81) *Ibid*., Sidin Mat Piah, p. 84.
82) *Ibid*., Hashim Safin, p. 76.
83) *Ibid*., Shahidan Kassim, p. 125.
84) *Ibid*., p. 122.

当に民主主義の過程に従おうとするのであれば……，選挙戦を戦い，自身の政策を説明すべきである」<sup>85)</sup>。「国民によって多数を与えられた者が数人の判事の決定に従う」というのは，UMNO 議員にとって受け入れられないものであった<sup>86)</sup>。

また，経済開発が自由に優先すべき旨も強調された。「我々は言論の自由について考える」よりも，「経済の問題，失業の問題，賃金上げを要求する公務員の問題，年金の問題を考える」べきであるというのが UMNO 議員の主張であった<sup>87)</sup>。経済開発を個人の権利に優先させるこのような立場からは，報道は「権利」の問題としてではなく，経済開発のための「責任」の問題として扱われる。UMNO 議員は次のように述べる。「発展途上国において，記者は無責任なニュースを撒き散らすのではなく，責任を持っているということを忘れてはならない」<sup>88)</sup>。「すべての報道は，対立を惹き起こすためではなく，開発のためになされる」べきなのである<sup>89)</sup>。

以上のように UMNO 議員は，多数派至上主義，開発至上主義ともいうべき基本理念に基づき，政治的安定，経済開発，開発政策の円滑な実施を実現するために，国民の支持を得た行政が国内外の出版に介入すべきことと，行政が司法に優先すべきことを主張した。また，彼らにとって法案が，NEP 批判を回避するためのものであったことも重要である。

### MCA

MCA 議員は，虚偽の報道の抑制，経済の安定化，明文規定による行政の制限の三点に言及しながら，法案を支持した。

まず同党は，1987 年の UMNO と MCA の対立を引き起こした三つの報道に参照しながら，虚偽報道に関する 8A 条を「適切な規定」と評価する<sup>90)</sup>。たとえば，ある MCA 閣僚が，「『私は，NEP は支持するが，同政策の不適切な実施（misimplementation）には反対する』と述べた」にもかかわらず，「悪意を持った人物が，政治的利益のために，当該大臣の言明を NEP（そのもの）に対する

---

85) *Ibid.*, Hashim Safin, p. 75, 82.
86) *Ibid.*, p. 77.
87) *Ibid.*, Shahidan Kassim, p. 126.
88) *Ibid.*, Sidin Mat Piah, p. 86.
89) *Ibid.*, Shahidan Kassim, p. 127.
90) *Ibid.*, Chua Jui Meng, p. 144.

反対であると解釈」（括弧内は，引用者による）し，さらにこれが，「ある新聞や雑誌」によって引用された[91]。二つ目の事例は，華語小学校の役員をめぐる論争の中で，MCA がアンワル教育相を更迭するよう要求したという事実無根の報道が行われたことである。最後の事例は，あるマレー語新聞が「MCA は華語を国語にしようとしている」とする見出しの記事を発表したことである。同党によれば，このような事態に対処するためには，虚偽報道を行った者が罰せられる必要がある[92]。

　第二に，MCA 議員は，大臣の決定が確定的であり，意見が反映される権利は認められないとする規定にも，暫定的な処置としてではあるが，賛成した。同党は，「他方の側にも聞け（*audi alteram partem*）」という自然的正義の原則を非常に重視しているものの，「国家を安定化させ，経済を優先しようとしている」今，「この権利が過小評価されることに賛成する」と表明した[93]。また同党は，「議会が法によって大臣に対して絶対的な権限を与えているのであれば，我々は裁判所がこれに従うことを希望する」としている[94]。

　ただし，MCA の政治制度に関するアイデアは，経済成長のためであれば，また，議会の多数に支持されるのであれば，政治的自由や司法の権限が制限されてもよいという UMNO のそれとは異なる。同党議員は，上の規定に関して，(1)「大臣は立法の範囲内の権限によって決定しなければならない」，(2)「決定が良心にもとづいて行われなければならない」という二つの条件を主張し，さらに，「経済が回復し，国家の安定が確固たるものとなった時には，関係大臣がこの規定を撤回し，『他方の側にも聞け』の原則を再び重視することを希望する」と述べ，これがあくまでも暫定的な規定であるべきことを主張した[95]。

　最後に，MCA にとっては，同法は行政に対して独裁的な権限を与えるもの

---

91) *Ibid.*, p. 143.
92) *Ibid.*, pp. 142–144.
93) *Ibid.*, p. 142. MCA 議員は次のように述べている。「我々は現在，世界的な株価暴落に直面しており，わが国の将来に不安がある……。世界は 30 年代のような『大恐慌』に突入しているのだろうか。我々は確信を持つことができない。そのために，わが国における政治的環境を安定化させることが重要なのである」（*Ibid.*, pp. 139–140）。また，リン MCA 党首も，議会外で法案について説明を行った際に，政府と国民が「投資環境を改善し，生産性を高め，失業を抑える」という主要な課題に集中するためにも，報道を通じた政治活動のレベルを抑えるべきであると述べている（*NST*, December 5, 1987）。
94) PRPDR, Disember 3, 1987, Chua Jui Meng, p. 139.
95) *Ibid.*, pp. 141–142.

というよりは，「政府の権限が何なのかということをはっきりさせる」ためのものであった[96]。たとえば，8A 条の検事総長のみが違反者を起訴する権限を持つとした規定を支持していることから，同党が大臣のまったくの独断による出版の制御を求めていたわけではなく，行政による出版の自由への介入に際して，適切な手続きが経られることを希求していたことがわかる。

MCA が法案を支持した理由は，次の三点にまとめることができる。第一に，同党が虚偽報道により損害を被ったという事実である。特にマレー系の政治家や新聞による誇張や歪曲が自党の利益を損なっているという認識があり，改正はこのような行為を制限するものと考えられた。第二に，同党は，成文法によって内相の行動を制限することにも意義を見出していた。第三に，経済状況の安定化のための有効な暫定的手段として，「意見が反映される権利」の停止が支持された。

## 4-6　法案に対する態度（4）── 与党グラカンと UMNO「チーム B」

UMNO と MCA が法案に対する積極的な支持を表明したのに対し，与党内には法案見直しを求める声もあった。

グラカン議員は，短いスピーチの中で，「複数の民族，宗教を持つ社会において，内相は，公共の安全と国益に対して重い責任を持っている」として法案への一定の理解を示しながらも，「司法機関は立法府による立法が憲法と適合しているかを審査し，また，行政による法の執行が我々の法と適合的であるかどうかを審査する責任を持っている」と述べ，13A 条，13B 条の見直しを政府に促した[97]。

また，大規模プロジェクトやそれに関連する閣僚の汚職を問題としていた UMNO 内の「チーム B」に与していた議員は，次の三点の批判を展開した。第一に，「世論に不安を喚起しかねない」という語は「あまりにも広い含意」を有しているために，BMF のような不祥事がそのようにみなされる可能性があり，「真実のニュースを公表する言論の自由を制限することになる」[98]。第二に，「虚偽報道」について定めた 8A 条が被告に報道の真実性を示す証拠を提示する責

---

96) *Ibid.*, p. 137.
97) *Ibid.*, Goh Cheng Teik, pp. 135–136.
98) *Ibid.*, Radzi Sheikh Ahamad, p. 106.

任を課していることによって，記者はもはや情報源を秘匿とすることができず，内部告発にもとづく報道が制約され，「国民は権力の逸脱，濫用，権力者の行い……について知る由もなくなる」[99]。第三に，13A 条，13B 条が「裁判所の権限を縮小するための試みであることは明らか」であり，この改正を再考すべきである[100]。

　MCA と UMNO 以外の与党は，野党と同様，法案が政府の汚職や不祥事を隠匿するという帰結をもたらすこと，そして，司法権を否定することに難色を示した。しかし，最終的には法案に反対する与党議員はなく，法案は，採決の結果，賛成 63 名，反対 15 名で可決された[101]。

## 4-7　政党以外の主体の反応

　政党以外の主体としては，華人企業家が，民族対立と経済停滞という当時の状況に鑑みて，当面の出版の自由の制限に賛成したといわれている[102]。

　他方で，弁護士協会と記者組合 NUJ は法案に反対した。これらの団体は，13A 条，13B 条における意見が反映される権利を削除する改正が，自然的正義の基本的なルールに反しているという点，7 条の改正によって政府にとって都合の悪い情報の報道が禁止される可能性があるという点，8A 条については情報源の公開が義務付けられるために，内部告発にもとづく報道を行うことができないといった各点から法案を批判した[103]。しかし，10 月の大量逮捕の中で，アリランや CAP など，これまで自由を制限する法案に対して反対を表明してきた結社の代表や，これらの結社と歩調をそろえて運動してきたリム DAP 党首が拘禁中であったことから，弁護士協会や NUJ の反論は，組織化された運動として影響力を持ちえなかった。

---

99) *Ibid.*, p. 111.
100) *Ibid.*, p. 108.
101) 反対したのは，DAP 議員のみ。チーム B の議員と PAS 議員は棄権した。
102) マイケル・ヨー氏へのインタヴュー。2006 年 11 月 28 日，於クアラルンプール。
103) *FEER*, December 10, 1987, pp. 15–16.

## 5 ――印刷機・出版物法はどのように運用されたか

　結局，1987年印刷機・出版物（修正）法は，政府と一部の与党の意図の交錯の帰結として成立したものであり，法案に対して異なる態度を有する野党や社会団体が交渉過程に参加し，妥協が生じ，規定が明確化し，共通の理解が醸成されるという，前章までに論じたような広範な協議の過程を欠いていた。このような立法をめぐる政治過程の特徴から，1987年に改正された印刷機・出版物法の各規定は，それ以前の立法に比して，頻繁かつ恣意的に運用されたということができる。

　まず，好ましからざる出版物の禁止について定めた7条については，「人々，特に，ムスリムに混乱をもたらし，彼らの思考を乱す」としてチェラマーの録音テープが禁止された例がある[104]。

　虚偽報道に関する8A条は，複数の適用事例がある。1990年，サバ州の野党PBSが所有するボルネオ・メール（*Borneo Mail*）紙の編集長が，サバの独立運動に関係した神父がISAの下逮捕されたとする「事実無根の」記事を掲載したとして，有罪判決を受けた[105]。その後同編集長は，上の規定が出版の自由を定めた憲法10条に反しているとしてその合憲性を争う裁判を起こしたが，最高裁判所は，これが憲法10条2項に照らして合憲であるとしている[106]。

　1995年には，DAP書記長であるリム・グアンエン（Lim Guan Eng）が，性的暴行の被害者が一時的に警察署に保護されたことに関して，「被害者が投獄される（*Mangsa Dipenjerakan*）」とするタイトルのパンフレットを配布したとして逮捕，起訴され，1996年に有罪判決を受けた[107]。また，1995年に不法移民の収容キャンプに関するレポート（"Abuse, Torture, and Dehumanised Treatment of Migrant Workers at Detention Camp"）を公表した人権団体テナガニタ（Tenaganita）のディレクターは，「悪意を持って収容キャンプにおける移民労働者に対する

---

104) *Star*, September 13, 1998. このほかにも，同規定は頻繁に適用されている。2006年に，ムハンマドの風刺画を掲載したとして三紙の出版免許が停止されたのも，この規定によるものだった（*Star*, February 10, 15, 26, 2006）。
105) *Star*, July 17, August 16, 1990; *NST*, June 27, 1991.
106) *NST*, July 16, 1991, August 27, 1993.
107) *Star*, February 22, 1995, January 30, 1996. その後リムは，結社法9A条等の規定により，1999年8月の釈放後5年間の政治活動を禁止された（*Star*, August 30, 2004）。

処遇を公表した」として，8A条のもと逮捕，起訴された[108]。さらに，1997年には，警察が虚偽報道の疑いで *NST* や *Asiaweek* を捜査した[109]。アジア通貨危機後の1998年には，警察が，国内銀行の脆弱性など，国家と地域の経済状況を悪化させるような噂を広めるものを，ISA, 扇動法，そして出版法8A条によって取り締まると警告している[110]。

　免許の交付，剥奪，停止等に関する大臣の決定を不服とした裁判も起こされたが，大臣の決定が覆されることはなかった。たとえば，1990年にアリランによるマレー語のニューズレターの発行を禁じた内務省決定の取り消しを求めた裁判や[111]，DAPの機関紙「ロケット（Rocket）」のマレー語バージョンは党員にのみ配布されるべきとする内務省の決定について，同党が無効化を求めた裁判を挙げることができる[112]。

　各事例の法的妥当性を議論することは筆者の能力を超えている。だが，頻繁かつ多様な適用のために，同法が「特定の集団を抑圧するために利用されている」[113]，という印象を持たれたことは指摘できる。権威主義的制御ともいうべき上のような同法の運用は，出版の自由化要求の高まりをもたらした[114]。

　ただし，自由化の見通しは今のところ明瞭ではない。1999年に約600人の記者がアブドゥッラー内相（当時）に対し，報道の自主規制を促す一年期限の免許交付と強大な大臣権限を問題として，印刷機・出版物法の撤回を求める覚書を提出したことを契機に，内相，情報相，記者，人権団体の間で，報道の自由を規律する制度の改革が，議論されるようになった[115]。しかし，出版法の撤廃や情報公開法の制定，独立的なメディア評議会の設立を求めるNUJや弁護士協会と，既存の出版法の枠組みの中で報道のあり方を秩序化するメディア

---

108) *Star*, April 8, 9, 1999, October 17, 2003. ただし，2008年に無罪判決（http://www.malaysiakini.com/news/93729）。

109) *Star*, July 4, October 1, 3, 1997. 虚偽報道の疑いを受けた記事の内容は，家庭内暴力法を受けた女性の保護（*NST*），汚職対策局（Anti-Corruption Agency）上級官吏（senior official）の収賄容疑での逮捕（*NST*），外国大使邸宅への住居侵入（*Asiaweek*）で，いずれも起訴はされなかった。

110) *Star*, January 22, 1998.

111) *NST*, January 5, 1990.

112) *Star*, November 2, 1991, January 1, 1992.

113) マレーシア人権委員会の見方。*Star*, September 14, 2001.

114) NUJは，1992年，94年には同法の「改正」を（*NST*, October 4, 1992, May 4, 1994），1999年以降になると，同法の「撤廃」を要求するようになった（*Star*, May 4, 1999, September 10, 2000）。

115) *Star*, May 4, 1999, April 12, 2000.

評議会の設立を目指す政府の立場の差は大きく，未だに双方が合意するような評議会の設立にはいたっていない[116]。2003年のアブドゥッラー内閣成立後，報道の自由度が拡大したという評価がある一方で[117]，政府内には，民族的争点における報道の自由の制限を求める意見に加え，宗教問題に関する出版の自由は出版法や扇動法によって制限されるべきであるとする意見があるというのが現状である[118]。

## 6 —— 1987年印刷機・出版物法（修正）法案をめぐる政治過程

1986年から87年にかけて，政府の経済政策と開発行政の是非をめぐる議論が起こり，これと同時並行で民族毎の分配や民族の権利が争点となった。これらの問題は，裁判所を通じた異議申し立てや，国内外の出版物による世論喚起を経て，論争化していく。さらに，華語小学校における人事問題を契機として，各民族を代表する与野党間の対立が激化し，ISAによる大量逮捕が行われた後，1987年印刷機・出版物法（修正）法案が国会に上程された。また，法案のもう一つの直接的な契機として，マレーシア政府の汚職や公営企業の経営不振を報道していた *AWSJ* に対する内務省決定をめぐる裁判において，行政法の普遍的原則を主張して行政命令を無効とした司法と行政が対立したことも指摘されよう。

上記法案は，出版許可や出版，出版物の輸入の禁止等における大臣の権限を拡大し，また，そのような行政行為に対する司法のチェックを周到に排除するものだった。同法の成立過程と運用過程について，次の二点を指摘したい。

第一に，立法をめぐる政治過程は，前章までの事例とは異なり，必ずしも広範な協議により特徴付けられるものではなかった。法案に対しては，次の異な

---

[116] *Star*, September 10, 2000, May 13, 2001, May 4, 2002, August 18, 23, 2002, September 2, 2002, November 9, 2005.
[117] *Star*, May 7, 2006.
[118] たとえばライス・ヤティム（Rais Yatim）文化，芸術，遺産相は，*Sarawak Tribune* 紙によるムハンマド風刺画掲載を受けて，宗教，信条，文化を攻撃したりけなしたりする冗談が破滅的な帰結をもたらすと述べ，扇動法，国内治安法，印刷機・出版物法の必要性を説いている（*Star*, February 9, 2006）。また，ザイヌディン・マイディン（Zainuddin Maidin）情報相も，国教としてのイスラムの地位に異議を唱えるような記事やインタヴューを掲載する国内紙があると指摘し，印刷機・出版物法や扇動法の必要性を主張している（*Star*, March 1, July 29, August 8, 2006）。

る態度を有したグループが存在した。

(1) 政府，UMNO —— 経済開発，多数者の意志

　政府とUMNOの態度は，経済開発を名目とした権利の制限と，議会と行政の司法に対する優位の二点において共通する。彼らは，政府の経済運営や閣僚の不祥事，NEPに関連する報道を問題とし，出版の自由の制限による円滑な開発政策の実施を目指した。特にUMNOは，NEPに対する批判を封じるためにも同法を必要とした。また政府とUMNOは，国民の多数の支持を得た議会とそれに責任を持つ行政の行為とが，司法に優越すべきであるとする議論，そして，経済開発の円滑化のために行政が司法に優越すべきとする議論も展開した。

(2) MCA，華人企業家 —— 暫定的な権利の制限，政府と多数派民族の制限

　MCAと華人企業家は，法案の支持という点で上記主体と立場を同じくするが，その態度を精査すると，次の二点において異なる。第一に，これらの主体は，経済開発を出版の自由に優先させたが，それは，あくまでも暫定的措置としてであった。

　第二に，MCAは，出版法による政府や多数派民族の制御を意図していた。MCAが法案に込めた一つの意図は，明文でもって政府の権限をはっきりさせるということであった。明文化は，政府の権限を明確にするのみならず，その限界を示し，手続きに従わせることも意味する。同時に同党は，NEPや教育政策に関する華人の不満がマレー人政治家やマレー語紙によって歪曲され，自党の立場が悪くなる事態を避けることも目指していた。

(3) 野党，弁護士協会，NUJ，「チームB」 —— 自由主義の主張

　DAPや弁護士協会は，公営企業の腐敗や政府高官の不祥事に関する報道を禁止しようとする政府の意図を，法案の中に読み取った。このような見方は，適用対象となりやすいNUJや，汚職を批判していたDAPだけでなく，政府の経済政策に不満を持っていたUMNO「チームB」も共有していた。彼らから見れば，新たに成立した法は，マハティール首相兼内相に対して，彼が好まないような報道を行った出版者や記者を罰し，免許交付を拒否し，免許を剥奪する権限を与えるうえに，このような決定を彼以外の誰によっても異議を唱えられ

えないものにするという，全くの恣意による統治を実現する以外の何物でもなかった。そのため，これらの主体は，出版の自由や司法審査の確立を主張し，法案に反対したのである。

　(3) のグループの反対にもかかわらず，法案に反対する主体は，ISA による大量逮捕後という状況から，政府に対して修正を迫るだけの勢力を形成しえず，社会においてはほとんど論争のない状態で法案が成立した。結局，1987 年印刷機・出版物法（修正）法は，行政権限と多数派による統治を確立しようとする政府，これに加えて出版を通じた NEP 批判を抑えようとする UMNO, マレー人との舌戦を避けると同時に，明文化によって政府に一定の枠をはめようとした MCA の意図の交錯によって成立したものであるといえよう。他方で，自由主義を掲げるグループや政府に対して強い懐疑を有したグループの利益が反映されることはなかった。

　第二に，1987 年印刷機・出版物法をめぐって広範な主体を含む交渉が持たれなかったことから，法をめぐる協議的過程を通じた条文の修正，明確化，限定，共通理解の醸成が行われず，同法は頻繁かつ恣意的に適用されているという印象を与えている。いいかえれば，同法は政府による解釈や運用を十分に拘束するものとならなかった。

　ここで，以上の知見と本書の政治制度の見方との整合性が当然に問題となるが，この点について論じる前に，1988 年憲法（修正）法案を検討したい。

## 7 ── 1988 年憲法（修正）法案をめぐる政治

　*AWSJ* と UEM の二つの裁判は，1988 年憲法（修正）法案上程の契機ともなった。

## 7-1　法案の内容

同法案は，七項目の改正を含むが，本書の関心にとって重要なのは，連邦の司法権について定めた 121 条である[119]。

### 121 条 —— 連邦の司法権

司法の地位を定めた 121 条は，もともと次のような規定だった。

(1) 連邦の司法権は，管轄と地位を有した二つの高等裁判所，すなわち，
  (a) マラヤ高等裁判所として知られ，クアラルンプールに主たる登記所 (principal registry) を有するマラヤ諸州 (the States of Malaya) のそれ，
  (b) サバ・サラワク高等裁判所として知られ，サバ州とサラワク州において国王が定める場所に登記所を有する，サバ州，サラワク州のそれ，そして，連邦法によって定められる下級裁判所に，賦与される (shall be vested in)。

この規定は，1988 年改正によって次のように書き換えられた。

(1) 対等の管轄と地位を有した二つの高等裁判所，すなわち，
  (a) マラヤ高等裁判所として知られ，クアラルンプールに主たる登記所を有するマラヤ諸州のそれ，
  (b) サバ・サラワク高等裁判所として知られ，サバ州とサラワク州において国王が定める場所に登記所を有する，サバ州，サラワク州のそれ，そして，連邦法によって定められる下級裁判所がある (There shall be)。高等裁判所と下級裁判所は，連邦法によって，またはその下で与えられ

---

[119] このほか，(1) 連邦の権限について定めた第 IV 部 83 条，84 条，85 条について，連邦政府は，連邦のために保留された土地とそれに伴う権益の占有，監視，または経営を，連邦政府が定める期間と条件の下に，連邦の用途以外の用途で個人に譲渡しうるとする主旨の改正，(2) 連邦の司法権について定めた 121 条に，シャリーア法廷の管轄の下に置かれた事項について高等裁判所が管轄を持たないことを定めた 1A 項が挿入された。
　シャリーア法廷は，ムスリムの身分法と宗教上の罪について，当事者がムスリムである場合にのみ，裁判を扱う。近年，121 条 1A 項の改正が，11 条に定められる信教の自由を侵害していると主張されるようになっている。特に，イスラムの棄教者がシャリーア法廷で裁かれることに対して，これが信教の自由を侵害しているという意見がある。

る管轄と権限を有する。

## 7-2 法案に対する態度（1）── 政府

　首相によれば，改正の目的は，司法，行政，立法の間に「明確な境界をひく」ことであり[120]，「各権力の管轄を決定するというだけの通常の，小さい問題」にすぎない[121]。

　法案の背景として，首相は次の事情に言及した。

　第一に，司法が「行政事項とされている事柄」に干渉し，行政権を侵害しているために，「国家の行政は脅かされ，弱体化」し，「弱い行政が国内の安定と平和を保障することができない」という事態に陥りかねない[122]。

　この発言は，UEMと政府の契約に対する差止め命令を指していると考えられる。首相は次のように説明する。1956年政府訴訟勅令によって，政府に対する訴訟においては，裁判所が差止め命令を出すことができないことが定められているにもかかわらず，実際には差止め命令が出た。これは裁判所による「既存法からの逸脱」であり，「政府を……法に従った行動までもが違法になるのかどうかも分からなくなるほどに混乱させた」。このように「判事が正当な明文を気にかけることなく判決を出すことができるとしたら，我々は自身が何かをなしたときの，将来の帰結が分からなくなる」[123]。このことは特に，「常に法に従って機能している」政府にとって重大な問題を惹き起こす[124]。改正は，このような状況を避けることによって，「行政の円滑化」をもたらすものとされた[125]。

　ガファー副首相もまた，憲法改正を支持し，次のように述べた。彼によれば，政府は常に法的拘束の中で行動してきたが，技術的問題を取り上げ政府の行為を糾弾する者がいることや，それについて判事の意見が分かれることを考えれ

---

120) *PRPDR*, Mac 17, 1988, Perdana Menteri (Mahathir Mohamad), p. 42.
121) *Ibid.*, Mac 18, 1988, Perdana Menteri, p. 67.
122) *Ibid.*, Mac 17, 1988, p. 42.
123) *Ibid.*, Mac 18, 1988, p. 79
124) *Ibid.*, p. 81.
125) *Ibid.*, pp. 82-83.

ば[126]，法が具体的で明確である必要がある[127]。

　第二に，首相は，司法による立法権の侵害が起こっていると論ずる。これまでに裁判所は，「議会により立法された法の目的と意図には拘束されないという決定」を行い[128]，「自身で立法を行い，法を施行」することによって[129]，立法権を侵害した。このことは，第一に議会立法を周辺化しているということ，第二に裁判所が拠って立つコモン・ローや自然的正義といった概念がマレーシアにはなじまないということから，受け入れられないという。首相いわく，そもそも国民は，「政府を構成し，立法を行うために彼らの代表を任命し」，「ある政党に対して憲法を改正する権限を与えるために……議員を選ぶ」。このために，「国民の代表によりつくられた法は尊重されねばならない」のであり，これを「軽視するものは誰でも非道である」。そして，裁判官でさえも，「自分達は国民よりも優秀であるといって国民の希望を妨害する権限はもたない」のである[130]。

　第三に，首相は，裁判所がコモン・ローや自然的正義を重視する一方で，マレーシアの成文法を無視していると批判する。このことにより，「裁判所が，公知でないばかりか……時には弁護士さえも知らないような外国の判例を考慮して決定」するという事態が起こり，国民と政府が，「法的観点から何が誤りで何が誤りでないかを明確に知る」ことができないのみならず，裁判所が「同じ背景を持った二つの裁判について，異なる判決を下す」ということが起こっている[131]。また，首相は，ヨーロッパやアメリカで事実上の同性婚が認められていることや，重大な殺人を犯した者に対しても死刑が科されないといった状況を挙げて，次のように述べる。「イギリスや西側諸国の文化や文明は明らかに，マレーシアの複数民族，複数宗教の社会における文化と文明とは異なる」。「この妙な文化とマレーシアの文化との間に共通点などあるか？　このような価値が我々の宗教と一致するか？　我々は彼らの生活の価値や個人の自由に関する概念の解釈に従わねばならないのか」[132]。

---

126) UEM 裁判における判決を指す。
127) *NST*, April 5, 1988.
128) *PRPDR*., Mac 17, 1988, pp. 42-44.
129) *Ibid.*, p. 59.
130) *Ibid.*, p. 47.
131) *Ibid.*, pp. 42-43. UEM 裁判のこと。
132) *Ibid.*, pp. 44-46. このほかにも，裁判官の資質が問題とされている。首相は次のように述べる。

以上のように，首相は，裁判において，マレーシア国外の法が参照され，行政権や立法権が侵害されていると主張し，国民の多数によって決定されたルールが，政府を規律する唯一のルールとなるべきことを主張した。また，前述の大量逮捕に関する首相の意見（第三節第三項）もあわせて検討すると，議会多数派により制定される国内法が尊重されるべきであるというこのような統治論の裏に，市民が裁判を通じて行政行為に異議を唱え，司法がこれを認めるといった，UEM や *AWSJ* をめぐる裁判のような，予測不可能な事態を避ける意図があったことも指摘できるだろう。

## 7-3　法案に対する態度（2）── 野党 DAP，PAS，その他の社会団体

　これに対し，野党は首相の説明に真っ向から反論した。彼らから見れば，憲法改正の動機は，野党が裁判を通じて政府に異議を唱え，政府の行為を挫く判決が出る可能性を避けることであり，その帰結は，行政や立法による権利侵害の救済者としての司法の役割を消滅させ，行政の支配を確立することに他ならなかった。

　DAP 議員は，政府による憲法改正の動機が，いくつかの裁判において，「与党を満足させない判決」が出たことにあると考えている[133]。特に，UEM をめぐる裁判で，クアラルンプール高裁がリム DAP 党首の当事者適格を認めたことが，改正の直接的な動機につながっていると考えた DAP 議員は，「議会制民主主義を実践する国家においては，与党と野党の間で利益や権利をめぐって」裁判が起こるのは常道であるにもかかわらず[134]，現在の政府は「政府を批判するものは，政府の敵」とみなし，憲法改正を行ったと非難する[135]。

　DAP 議員によれば，121 条から「連邦の司法権」という言葉を削除する改正は，「明らかにわが国における高等裁判所の権限を消滅させる試み」であ

---

「裁判官が過失を犯さない，あるいは悪意を持たないというわけではない」（*Ibid.*, p. 51）。さらに，司法に携わる者の中に，野党に与している者がいる。これに鑑みれば，裁判官の裁量よりも，「議会制民主主義における国民の期待にしたがって成立した成文法に固執するほうが，より公正」であり，「当該の事例に関する国家の法が存在しない場合を除いて，裁判官の裁量は国家の法に従属する」べきである（*Ibid.*, pp. 51–52）。

133）*Ibid.*, Mac 18, 1988, Eng Seng Chai, p. 38.
134）*Ibid.*, p. 35.
135）*Ibid.*, p. 43.

る[136]。「行政は神ではなく，過ちを犯す」のであり，「司法の役割は，政府による権力の濫用から個人を保護することである」[137]。にもかかわらず，この改正は，「行政による権力の誤用や越権に対して裁判所が異議を唱えることを制限することを目的」としている[138]。これにより，「権力分立原則と法の至高性が破壊」され[139]，「法の支配が失われ，人の支配にとって代わられてしまった」[140]。

さらにDAP議員は，首相による自然的正義に対する批判に対して反論を加える。彼らは，首相が自然的正義を批判する際に援用した事例につき，これらの例が「歪曲」されているばかりか，的外れであるとさえ指摘したうえで，自然的正義とは，「法の下の平等」や「意見が反映される権利（right to be heard）」を意味しているのであり，これらは，民族や国家の別にかかわらぬ普遍的な手続きの原則であると述べた[141]。

PAS議員もまた，政府が裁判所から不利な判決を言い渡されたことが改正の動機であるとしている[142]。同党議員は次のように論ずる。「政府に対して『はい』と言えば，政府は喜ぶ」。法案は明らかに政府のためのものであり，「我々が議会制民主主義としてあがめているもの」は，「議会制独裁」に堕してしまった[143]。

以上の二野党のほか，弁護士協会とアリランが，市民の権利と自由への行政による介入に対抗する救済手段が失われてしまうとして法案に反対した[144]。

議会内少数派と議会外勢力や法律家は，議会多数派や行政の行為に対して少数派の権利を保障するための重要な異議申し立てのチャネルとしての司法を重視していた。司法の地位を連邦法に従属させることにより，国内法とそれにもとづいた行政行為の優位を実現しようとした政府の意図に由来する憲法改正は，彼らにとっては，自身の救済の機会の否定にほかならなかった。そのため，これらの勢力は，司法の独立や自然的正義といった概念を擁護し，憲法改正に

---

136) *Ibid.*, March 17, 1988, Lee Lam Thye, p. 67.
137) *Ibid.*, Sim Kwang Yang, p. 135.
138) *Ibid.*, Lee Lam Thye, p. 67.
139) *Ibid*, p. 62.
140) *Ibid.*, March 18, 1988, Eng Seng Chai, p. 42.
141) *Ibid*, March 17, 1988, Gooi Hock Seng, pp. 108-109; Sim Kwang Yang, pp. 131-132.
142) *Ibid.*, March 17, 1988, Nik Abdullah Arshad, p. 87A.
143) *Ibid.*, pp. 91-93.
144) *FEER*, March 31, 1988, pp. 15-16.

反対したのである。

## 7-4　法案に対する態度 (3) ── 与党連合内の各政党

　121条の改正は，BN各党からも歓迎はされなかった。たとえばMCA議員は，次のように述べる。「憲法は国内のすべての権力の作用を均衡させている。イスラムとその他の宗教の間の均衡，ブミプトラの特別の権利と，それと均衡する他の民族の正当な権利，マレーシア語（国語）の地位とその他の言語，そして連邦の権利と州の権利。これ以外にも，行政，立法，司法の権力と利益の均衡も存在している。……このような状況のために，我々は，変化する世界において議会制民主主義を実行し続ける国家として存立することが可能なのである」（括弧内は，引用者による）[145]。

　しかし，マレーシアにおいて実行されてきたこのような均衡に反し，憲法改正は，「議会が，裁判所の管轄を規定する権限を有する」とするものであり[146]，その「インプリケーションは非常に大きい」[147]。MCA議員は，これが「第三の政府機関である司法が，行政と立法の下に置かれるということを意味する」のではないかと問うている[148]。とはいえ，MCA議員は，結論として，憲法第9附則が，議会に対して，全ての裁判所の管轄と権限に関する立法を行う権限を与えており，「この文言と法案第8項（121条の改正）の文言とはほぼ同一である」（括弧内は，引用者による）という技術的な理由を挙げ，法案を支持している[149]。

　UMNO議員もまた，法案に賛成票を投じながらも，次のように論じて，慎重な姿勢を示した。「どうやら我々は間接的に裁判所の運営を掌握するようで

---

145) *PRPDR*, Mac 17, 1988, Chua Jui Meng, pp. 78-79.
146) *Ibid.*, p. 81.
147) *Ibid.*, p. 82.
148) *Ibid.*, p. 84.
149) *Ibid.* MCA議員はこのほかに，シャリーア法廷に関する改正が，非ムスリムの権利に何らの影響も与えないということを明らかにすべきであるとも述べた（*Ibid.*, p. 72）。これに対して首相は，法案は「一人や二人の人間によって国会に提出され，立法されるのではない。これはすでに，様々な民族と宗教から成る閣僚によって念入りに議論されている」のであり，閣僚が，「非ムスリムの権利に関する憲法規定を後背に押しやることはできないと考えている」ことは自明なのだから，わざわざこの問題を提起すべきではないと回答した（*Ibid.*, Mac 18, 1988, Perdana Menteri, pp. 70-71）。

ある」。そうだとすれば，「現在あるような権力分立の原理のあり方に大きな影響をもたらす」。改正のこのような効果に鑑みれば，「DAP が黙っているとは思わないし，PAS もそうである」。また，「外国の新聞も，この国には権力分立が存在しないというような解釈をし，騒ぎ立てる」だろうし，「外国人投資家」もこの議論に加わることになるかもしれない。このような状況を避けるべく，全ての者が改正の意義を理解することができるよう，「説明とより注意深い検討が加えられる必要がある」[150]。

その他，サバとサラワクの BN 議員も慎重論を提起した。たとえば，ある議員は 121 条の改正について，「私は，自身が BN のチケットの下で選出された与党の支持者であるということを知っているし，議会の慣習も，私が政府を支持すべきであるということもわかっている」としながらも，121 条の改正が「司法と立法のシステムにもたらす効果について検討する」ために，「国民，判事，弁護士，法律家や学者の意見を得ることができるよう，特別委員会に付されることを提案する」としている[151]。

## 7-5　1988 年憲法（修正）法の効果

このように，与野党からの強い反対や慎重論に遭いながら成立した 1988 年憲法（修正）法案であったが，高等裁判所の司法権に関する文言を削除したことの効果は必ずしも明らかではない。改正によって司法権がどのように変わったかについていまだに判決が出ていないことから (Abdul Hamid 1994, 100)，改正の効果を観察することは困難である。法学者も，同改正について，一見裁判

---

[150] *Ibid.*, Mac 17, 1988, Ibrahim Ali, pp. 99–101.
[151] *Ibid.*, Mutang Tagal, pp. 56–57. サバ州とサラワク州における BN の構成政党である PBS と SNAP 議員の発言は，85 条，86 条の改正，すなわち連邦と州の土地をめぐる問題と，121 条の改正によるボルネオ高等裁判所および二州の現地法廷 (Native Court) の地位の問題に集中した。土地の問題については，SNAP 議員が，連邦はサラワクの住民以外にも土地を売却しうるのかという問題を提起している (*Ibid.*, March 18, 1988, Peter Tinggom Anak Kamarau, p. 59)。これに対し首相は，連邦による土地売却は，サラワク州によって選出された者のみに限定されると答えている (*Ibid.*, Peredana Menteri, p. 66)。また，ボルネオ裁判所については，スピーチを行った両州の議員全てが，ボルネオ高等裁判所や，二州のブミプトラの慣習にもとづいた現地法廷が連邦法の下に置かれることを問題視したが，これに対して首相は，これらの法廷は存続するし，「必要であればこれらの権利が消滅しないよう改正を行う」とした (*Ibid.*, Joseph Pairin Kitingan, p. 49; Mutang Tagal, pp. 53–55; Peter Tinggom Anak Kamarau, pp. 61–63; Perdana Menteri, p. 67)。

所の権限を奪ったように見えるが,「明確な効果」を持つか否かは「疑わしい」とし (Harding 1996, 134),「司法の公式な『格下げ』ではなく」, マレーシアの司法が将来厳密な司法権の独立を目指すことに対して牽制したものと理解すべきであると論じている (Lee 2004, 243)。

同改正は, 立法府と行政府の司法に対する優越を「宣言」するという象徴的な意義を持つにとどまり, 実質的に政治体制の性質を変えるものではなかった。この原因として, 条文の抽象性, 同国の司法制度への強い信頼に加えて, 多様な主体間での協議を背景とした合意とそれゆえの拘束的性格により特徴付けられる 1986 年以前の立法とは異なり, 121 条改正が協議的過程を経ずに成立したことから, そもそも実質的な効果を持ち得なかったということもできるのではないか。

## 8 ── 小括 ── 自由の制限と非競争的決定過程の確立へ

### 8-1　1988 年憲法 (修正) 法案 ── 自由主義制度の根幹への「象徴的」攻撃

巨額の公共投資と NEP 目標達成の命運をかけた民営化プロジェクトについて, DAP が裁判所を通じて異議を唱え, 裁判所が英国の判例にもとづき判決を下したこと, また, 政府の経済運営の失敗やダイム財務相にまつわる汚職疑惑を報道してきた *AWSJ* の記者に対する裁判において,「意見が反映される権利」という行政法の一般原則を参照しながら, 裁判所が内務省の決定を覆したことが, 首相と一部閣僚による憲法 (修正) 法案上程の直接的な動機となった。

1988 年憲法 (修正) 法をめぐる政治過程は, 1987 年出版物・印刷機法 (修正) 法のそれと比べても, はるかに単純だった。政府によって言明された改正の意図は, 国民により選出される議会多数派によって制定される明文規定をコモン・ローや普遍的原則に優越させることにより,「既存の法からの逸脱」状態を修正することであった。しかし与野党は, このような意図に賛同せず, 法案が人々を行政の恣意という偶然性の中に放り込むものととらえた。法案は, 議会少数派の目には「法の支配から人の支配」への移行をもたらすものにしか映らなかったし, 与党議員でさえ, 警戒感を顕にした。

## 8-2　なぜ協議・相互主義的制度から逸脱したのか

　以上に見たように，印刷機・出版物法（修正）法は，政府，UMNO，MCAの意図をそれぞれ反映したものとなったが，NGO，記者，野党は，立法をめぐる過程の埒外に置かれた。その帰結として，同法は政府を拘束するものとはなりえなかった。さらに，憲法（修正）法は，首相と一部閣僚の意志が排他的に実現したものであった。

　とはいえ，前章までに検討した立法の拘束的な性格は，1988年以後も継続しており，頻繁かつ恣意的とも見える運用が観察できるのは，印刷機・出版物法のみであり，むしろこれが例外をなしているといえる。また，1988年憲法（修正）法の成立過程は，全くの恣意が支配するところとなったが，結局改正は，自由主義制度は議会多数派により制定される連邦法に従属すべきとする行政側の思想の表明にとどまり，政治体制の性質を実質的に変更するものではなかった。その意味では，二つの立法は，協議・相互主義的制度からの逸脱事例とみなすことができるだろう。

　しかし，このような政治制度構築のあり方が，一部の勢力の間に，制度に対する不信を植えつけ，1990年代以降の政治が，自由化や民主化などの政治制度改革をアジェンダとするようになったという意味において，やはり無視することのできないものである。それでは，なぜこのような逸脱が起きたのか。

　二つの理由を指摘することができる。まず，拘束性の淵源となる協議的過程が持たれる前提である，政府と社会の相互依存関係が見えにくい状況があった。それは，大量逮捕直後のため，野党やNGO活動家による反対運動が起こらなかったこと，さらに，選挙日程が迫っておらず，政府が自身の権力の脆弱性を感じる特段の契機がなかったことによっている。また，民族間の緊張の高まりとそれを抑制するためのISAの適用直後という，いわば例外的状況の中で立法が行われたために，通常であれば重視される手続きが，政府によって軽視されたと考えることもできる。

　このような逸脱の結果として，自由化や民主化を掲げた運動が拡大したことは既に述べたとおりである。だが，自由にもとづく異議申し立てを抑えることを意図した1988年憲法（修正）法の成立とほぼ同時並行で，国内の主要なグループが参加する国家経済諮問評議会（NECC）の設立が検討され，その約一年後に

これが成立した。自由主義制度への制限を志向した一連の営為の一方で，議会少数派や少数派民族をも含めた多様なグループが政策に対して影響力を行使する機会が拡大したのがこの時期の大きな特徴である。いいかえれば，一連の立法によって出版をはじめとする競争的な過程を通じて影響力を行使しようとする作法が抑えられる一方で，次章で論ずるような，協議会が確立することになったのである。

　次章では，NECCの設立とその運営に焦点を当てることにより，マレーシア政治を理解するうえでの協議・相互主義的制度という見方の有効性をあらためて主張すると同時に，本書で論じた大量逮捕から二つの立法にかけての過程の再解釈を試みる。

# 第7章

## 国家経済諮問評議会の成立
―― 長期経済計画の協議的な決め方の制度化 ――

前章までに見たように，1970年代以降，個人の政治的権利は議会立法によって漸進的に制限された。今日のマレーシア政治を規律している主な制度は，こうして，1980年代末までに完成した。これとほぼ同時並行で，議会内多数派・少数派，多数派民族，少数派民族，経営者，労働者，NGO，研究者などの代表から構成される国家経済諮問評議会（NECC）が設立された。

前章で論じた通り，1980年代末，経済政策をめぐり，出版による批判や裁判所を通じた異議申し立てが起こり，民族間の対立と政府による大量逮捕に帰結した。これに続いて，政府が出版と司法を通じた影響力行使の制限を意図した法改正を行ったことは，既述のとおりである。かくして忌避された自由競争に代わる利益表明の場として成立したのが，NECCであった。

本章では，マレーシアにおいてNECCを典型とする協議会が慣行となっていることを示した後，NECCの設立過程，運営，合意形成，そして経済政策への影響を明らかにする。

## 1 ―― マレーシアにおける協議会の軌跡

政府，与野党とその他の団体から成る協議的な枠組みは，マレーシア政治の一つの大きな特徴をなす。たとえば，毎年予算編成前に行われる経済団体，労働組合，研究組織，NGOと省庁との協議は，1974年に始まり，それ以来，参加団体を着実に増やしながら，現在に至るまで慣行となっている（Navaratnam

2005, 162-163)。

　年次予算協議の他にも，アド・ホックな協議会が作られてきた。1986 年には，政府と民間セクターから成る産業諮問委員会 (Industry Advisory Council) の助言を受けて，投資停滞の元凶とされた ICA が改正された。第四章で論じた 1980 年代前半における政府と華人経済団体との対立にもかかわらず，民間セクターによる経済成長を主張したマハティール政権と，自らの投資活動に対する規制緩和を目指した華人を中心とする民間セクターの双方による提案によって成立したのが同委員会であった。当時，UMNO 議員を中心として ICA 改正に対する反対があったにもかかわらず，諮問委員会は，ともすれば民族間の対立を惹き起こしかねない同法の改正を可能にしたという点において評価できる。さらにこの時期，「マレーシア株式会社構想」の進展に伴い，民間セクターと政府との協議が頻繁に行われ，民営化に際しても民間セクターの意見が反映されたといわれている[1]。

　その後，1989 年には，省庁，経済団体，労働組合，NGO，民族代表など，様々な利益を代表するメンバーが一堂に会し，長期経済計画について議論する NECC が設立される。さらに，1999 年には NECCII が召集され，長期経済計画への提言を行った。2005 年に UMNO 青年部がブミプトラへの優先的分配のさらなる必要を強調し，「NEP の復活」が懸念された際には，華人企業家や非ブミプトラ政党が NECCIII の開催を要請していることからも[2]，経済政策の領域における協議会が慣行化したといえるだろう。

　経済分野以外にも，1986 年以降，教育法改正をめぐる協議会の設立が模索された結果，1990 年に学校関係者，政党，政府，研究者，主要 NGO をメンバーとする教育法諮問委員会が設立され[3]，1995 年には，長きにわたり論争的であり，1987 年には民族間の緊張の原因となった 21 条 2 項が改正された。

　このように，経済や教育など，重大な対立に帰結しうる政策分野において，

---

1) マハティール元首相 (2007 年 2 月 8 日，於クアラルンプール)，マイケル・ヨー氏 (2006 年 11 月 28 日，於クアラルンプール)，ラモン・ナヴァラトナム氏 (2006 年 9 月 26 日，於プタリン・ジャヤ) へのインタヴューによる。ACCCIM は，1978 年の華人経済会議 (第 4 章参照) 以降，華人コミュニティからの要請を受け，マハティール首相が多数の協議会を開催していると積極的に評価している (ACCCIM 1992, 222-223)。

2) グラカン (http://www.gerakan.org.my/news/2005-31july-GerakanToProposeMapenIIIToEnsure-.htm)，マイケル・ヨー氏 (http://www.asli.com.my/DOCUMENTS/MAPEN.pdf) の発言。

3) *Star*, August 3, 5, 10, 16, 22, 23, 28, 30, September 4, 10, 12, 14, 1990.

多様な個人や団体が参加する協議的枠組みを介した決定が制度化した背景として，(1) 多様化する利益の政治過程への包摂，(2) 政府や少数派による協議的決め方の選好，(3) 協議的過程の学習という三つ要因を指摘することができる。

まず，政治的権利を制限する法をめぐる政治過程における協議，さらには，その帰結としての制限的立法の結果として，多様化する利益が政治過程に包摂されたことが重要である。たとえば，1971 年の憲法改正では，独立時には存在しなかった野党が，そして，1983 年結社法改正では，新興の NGO が，固有の利益を有する正当な政治主体として政治社会に受け入れられることになった。野党や一部の自由民主主義を奉じる NGO が，政府との対立関係にもかかわらず NECC や教育法諮問委員会に呼ばれたのは，このような過程の中で，彼らが無視することのできない勢力として認識されるようになったためといえるだろう。

第二に，次節で詳述するが，自由競争が政治社会に対決をもたらすことを危惧した政府，自由競争では弱い立場になってしまう少数派民族，さらには，既存の制度では十分な政治的利益表明の機会を持ちえない社会団体が，多数決を典型とする自由競争よりも協議を好んだことが指摘できる。第三に，立法をめぐる協議的な過程の中で，多様な主体が協議的なものの決め方を学習したことも指摘されよう。

## *2* ── NECC の成立過程 ── 大量逮捕と二つの立法の再解釈の提示

NECC につながるアイデアは，MCA，グラカン，ACCCIM が，1987 年頃から提起していた[4]。これらの団体は，マレー人が主導する政府が非マレー人に相談することなしに NEP の続行あるいは修正を一方的に決定してしまうのではないかという不安を持っていた[5]。そこで，これらの主体は，数の原理ではなく説得と妥協によって決定を行う協議会を設立することで，少数派民族の代表である彼らの地位が経済政策策定過程において不利に作用する可能性を回避

---

4) MCA 総会における決議（*Star*, May 13, 1987），ACCCIM 年次総会における決議（『南洋商報』1987 年 9 月 12 日，1988 年 11 月 26 日），グラカン年次総会における決議（*Star*, November 27, 1988）。NECC 設立前後の政治過程については，中村（2006）も参照。

5) MCA による発言。『南洋商報』1987 年 6 月 30 日。

しようとしたのである。

　憲法改正法案が上程される1ヵ月前，この要求に応えるように，ガファー副首相が，1990年以降の経済政策策定のための官民協議の場としてのNECC設立を示唆した[6]。さらに政府は，1988年12月には，政党，商工会議所，消費者団体，企業，大学教員，労働組合，教師，NGOが招集されること，メンバー構成は，ブミプトラと非ブミプトラを同数とすること，そして，同評議会がNEPの成果と失敗を検討したうえで新たな経済政策について話し合い，そこで合意された政策が1990年以降の国家経済政策の基礎となることを約束した[7]。その後NECCは，1989年1月に開会し，投票ではなく話し合いによる合意形成をめざし，1990年8月にかけて14回の会合を持った。

　政府が非ブミプトラ政党や華人企業家からの要求に応えてNECCを開催した理由は，1987年の大量逮捕からNECCまでの歴史を再検討することで明らかになる。NECCの構成を見ると，1987年オペラシ・ラランの際に逮捕された野党や華語学校関係者，アリランなどの人権NGOの代表者が含まれていることがわかる（本章末の別添表を参照のこと）。この事実にまで目を向けると，1987年10月の大量逮捕と二つの立法が，単にDAPや華語学校団体，人権NGO，マハティール首相の政敵の抑圧を目的として行われたとする，前章で論じた既存研究の説明の有効性に疑問が生じる。

　これに代わる本書の解釈は次のとおりである。1980年代後半以降，出版や裁判所を通じて政府の経済政策や教育政策を批判するという競争的手法が拡大していた。その帰結が，1987年の民族間対立，政府開発プロジェクトの停止，そして，司法と政府の対立であった。政府は，収拾がつきそうもない状況を，いったん大量逮捕によって強制終了したうえで，政治的影響力の追求のために出版と裁判所が利用されないよう，二つの議会立法によって様々な政治勢力の行動に箍をはめた。自由にもとづく競争を制限する制度ができあがったところで，政府は対立の根源の一つでもあったNEPに代わる長期経済計画について話し合うNECCを設立した。つまり，大量逮捕から憲法改正にいたる過程は，協議による決定方法の確立へ向けた布石であったと見ることができる。

　このように，NECCは，言論，集会，出版の自由にもとづいた競争的な手法を抑え，その代わりに交渉や妥協にもとづく決定の仕組みを確立しようとし

---

6)『東南アジア月報』1988年2月7日。

7) *NST,* December 19, 20, 1988.

た政府と，前述したような少数派民族の利益を代表する主体の意図との交錯の結果として成立した。これに加え，政府にとっては，新たな経済政策の円滑な実施を裏打ちしうる合意の形成も，NECC設立の目的の一つだった[8]。

　政府や与党，ビジネスコミュニティだけではなく，これ以外の主体にとってもまた，NECCに参加することによる便益があったように見える。というのは，一連の立法によって，好むと好まざると，開放的で競争的な方法による利益表明が高い費用を伴うものとなってしまった一方で，協議会においては，その密室的性格がゆえに自由に意見を表明することができる[9]。さらに，既存の政治過程において十分な利益表明機会を持たなかった労働組合などの議会外主体は，NECCがそのような機会を提供すると考えた[10]。

　敷衍すれば，NECCは，(1) 競争的な政治過程を避けることと，長期経済計画への合意を取り付けることを目指した政府，(2) 数の上では不利な立場であるが政策に影響を与えようとした少数派民族，そして，(3) 議会や政府に代表を持たない社会団体の間での意図の一致の帰結として設立された。

## 3 ── NECC は有効だったか？ ── 包括性，実質的参加，政策決定への影響力

　ただし，ここで，NECCは有効な枠組みだったのかという問いに答えねばならないだろう。協議的枠組みにおいては，異なる利益を持つ主体が互いに議論，交渉，妥協，説得，了解を経て一つの決定にいたる。この決定が政治共同体成員にとって受容可能で執行しうるものとなるためには，少なくとも次の条件が満たされている必要があるだろう。まず，長期経済計画に影響を受けるあらゆる主体に対して参加資格が与えられることである。この点については，前節でも言及したとおり，NECCは包括的な参加によって特徴付けられるといえる。

　しかし，多様な主体の形式的な参加が実現していたとしても，協議のアリー

---

[8] マハティール首相の発言。*Star*, February 10, 1991.
[9] NECC メンバーでもあったマイケル・ヨー氏は，NECCにおいて，メンバーが自由に発言していたと述懐した（同氏へのインタヴューにもとづく）。
[10] たとえば，Cuepacs 会長は，自分達が「経済計画と社会開発の過程から隔離されてきた」としながら，NECC設立を評価している（*NST*, January 19, 1990）。

ナが特定の集団によって支配されたり，彼らによる懐柔の場と化している場合には，最終的な決定への合意は低いレベルにとどまるといえよう[11]。つまり，NECC が特定の主体による支配を受けたのか，それとも，すべての主体に平等な参加の実質的な機会が与えられていたのかが明らかにされねばならない。よって，第二の条件として「実質的参加」を導入する。

　第三に，NECC の「合意」として提出された提案が，政策決定の権限を持つ議会や政府に対して影響力を持つ必要がある。二年間にわたる協議を経て提出した提案が，政策決定にあたり全く省みられることがなければ，NECC の意義はなかったと結論せざるを得ない。

　この点については，異なる見方が存在する。一方には，NECC における様々な団体の提案が，1991 年から 10 年間の経済開発計画の骨格を定めた「第二次長期展望計画 (OPPII)」に，かなりの程度反映されたという評価がある。このような見方は，華人経済団体やマレー人の一部企業家からの非難が相次いでいたブミプトラによる資本所有の数値目標が OPPII において明示されなかったことや，NEP が年限を 20 年としていたのに対して，OPPII が年限を定めず，10 年後に成果を評価すると述べるにとどまったことを強調し，これらが NECC における合意を反映したものであると論ずる (Heng 1997)[12]。他方で，NECC は有効でなかったいう見方がある。この見方は，DAP と華人教育団体が NECC から脱退したこと (後述)，社会再編目標に関して参加者が全体としての合意を形成できなかったこと，経済政策の決定に際して NECC として重要な影響を与えることができなかったことを重視する (Jomo 1994, 49)。

　そこで以下より，(1) NECC がどのくらい実質的参加を実現したのか，(2) NECC の提言が実際の政策決定にどの程度影響したのか，という二つの問いを設定し，NECC の有効性を論じたい。ただし，NECC は国家機密法により保護されており，議事録や提出されたメモランダム等にはアクセスできない。よって本章では，NECC 前後に表明された各主体の政策選好，NECC 最終報告書，OPPII 文書の内容，そして NECC への各主体の評価を比較検討することにより，誰の利益がどのくらい報告書に反映されたのか，そして，報告書の提案がどのくらい実際の政策に採用されたのかを明らかにし，上の問いに答え

---

11) この条件については，Przeworski (1998)，Dryzek (1990, 81-82, 220-221) を参考にした。
12) Heng (1997) は，このような変化が，華人と NEP によって創出されたマレー人企業家の共通の利益によって追求された結果であるとしている。

たい。

## 4 ── NECC は実質的参加を実現したのか

　本節では，NECC に参加した主体を中心としたグループや個人が，1990 年以後の経済政策についてどのような選好を有していたのか，そして NECC 報告書がどのような政策を最終的な「合意」として提示したのかを明らかにする。諸主体の選好は，NECC 前後に公表された声明，出版物，セミナー記録から特定した[13]。

### 4-1　諸主体の選好

　NEP 以降の経済政策をめぐり 1980 年代末に対立があったことにも明らかなように，NECC 設立前後に明らかにされた各主体の政策選好には，相当な違いがあった。選好の分布についてのイメージを得るために，政府介入を X 軸，分配の原理を Y 軸とする座標に，諸主体の選好をプロットしてみよう（図 7-1）。

　まず，政府が分配目的で経済に介入する程度について，次のような意見の差異があった。政府介入の原理を示す X 軸の一方には，自由主義にもとづく成長を重視し，分配目的での介入に重きを置かないグループがあり，他方には，自由主義に懐疑的であり，分配目的で政府が市場に介入する必要を主張するグループがある。前者は，国営・公営企業の民営化，国内外資本の自由化による経済成長，経済成長による自動的な分配作用を期待し，政府介入をできるだけ低く抑えるべきであるとする立場である。これに対して後者は，市場主導の成長がもたらす不均等発展の可能性を強調し，政府に対して労働賃金の保障，国内中小企業の保護，公営・国営企業を通じた社会的弱者の援助を主張する。

　分配の原則を示した Y 軸は，経済的基準による分配と民族間の分配をそれぞれ両端とする。前者の立場は，主に次の二点の主張により特徴付けられる。第一に，NEP 下の貧困撲滅プログラムは，「民族の別を問わない貧困の撲滅」

---

[13] NECC はメンバー以外からの提言も受容したので，メンバー外の団体からの意見も検討の対象に含める（*NST,* January 23, 1989; *Star,* August 16, 1990）。

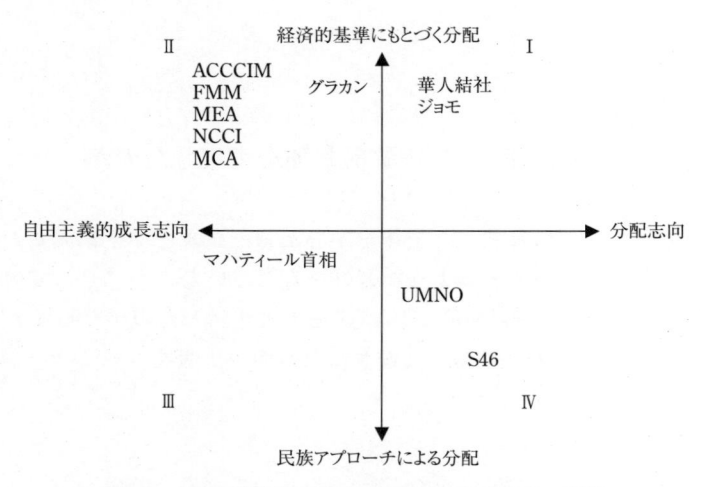

```
              経済的基準にもとづく分配
         Ⅱ         │         Ⅰ
       ACCCIM      │
        FMM    グラカン  華人結社
        MEA        │   ジョモ
        NCCI       │
        MCA        │
                   │
自由主義的成長志向 ←─────────┼─────────→ 分配志向
            マハティール首相
                   │
                 UMNO
                   │
                   │   S46
         Ⅲ         │         Ⅳ
                   │
              民族アプローチによる分配
```

図 7-1　1990 年以後の経済政策をめぐる各主体の選好
(注) 矢印の向きは選好の度合いを示す。

とした文言に反して，ブミプトラの多い農村部への支援に終始した。この反省から，NEP 以後の貧困撲滅政策は経済的基準を用い，本来受益者となってしかるべき都市部貧困層や，非ブミプトラの貧困者にも十分な注意を払うべきである。第二に，資本所有目標のための株式割り当てに典型的な特定の民族への直接的な富の分配は廃し，人材開発の観点からの分配へ移行すべきである[14]。これに対して，民族アプローチは，ブミプトラと非ブミプトラの経済的不均衡を理由として，株式割り当て制を典型としたブミプトラへの優先的分配の継続を主張する。

以下に，個別のグループの主張に接近する。

### (1) 自由主義的成長志向／経済的基準による分配（第Ⅱ象限）

第Ⅱ象限の代表的な主体は，MCA と，ACCCIM, FMM, NCCI, マレーシア経済連合（Malaysia Economic Association: MEA）などの経済団体である。

---

[14] この主張の裏づけは様々であり，次の三つに大別することができる。まず，民族毎の分配が経済成長の要因である競争力の強化につながらないうえに，他の民族に剥奪感を強いるとする議論がある（Kamal and Zainal 1989; Kok, Ling, Fong, Chua and Yeoh 1990）。これとは別に，ブミプトラによる国内資本の 30％所有目標は 1990 年までに達成されるために，これはもはや必要ではないと論ずるものもある（Gerakan 1984）。最後に，各州華人大会堂や華語学校教師組合を中心に，このような分配のあり方が，各民族の上層部を利するに過ぎないとする議論もある（Kua 1990）。

これらの主体は，開放経済における民間セクターの活動によって牽引される急速な経済成長の実現と，これを下支えするための，能力と経済的基準（merit and need）にもとづいた分配のあり方を提案した．具体的には，次の提案が重要である．第一に，民間投資家の心理に負の影響を与えるライセンス付与やICAによる個別企業への過剰な規制（over-regulation）を見直すこと，ブミプトラ資本形成のために作られた公営企業の民営化によって，企業活動を促進し，自由で競争的な環境を整備すべきことである（ACCCIM 1992, 3; Kok, Ling, Fong, Chua and Yeoh 1990, 171-174; Mohd. Ramli 1989）．

　第二に，平等を伴う成長を目標とすべきであるが，平等の実現は，民間製造セクターの成長と生産性向上に伴い企業の富が労働者にもトリックル・ダウンすることによって主に実現すべきであり，最低賃金の設定等は逆効果である[15]．さらに，そもそも，マレーシアにおける賃金上昇は，生産性上昇を上回っており，これを一致させるような賃金を設定することのできる組織が必要である（Mohd. Ramli 1989, 3）．

　第三に，能力や経済的基準にもとづく分配が行われるべきである．たとえば，株価操作や株式割り当て，政府投資機関を通じたブミプトラへの株式分配，社会再編目的での公営企業設立，民営化やその他政府入札における民族別割り当ては，少数派の疎外感をもたらすと同時に効率性や成長への阻害要因となる．政府プロジェクトや民営化プロジェクトの受注は，公開の競争的な過程によって行われるべきであり，ブミプトラ企業家の育成や民族間の格差是正は，彼らの競争力と自助努力を強化し質を高めるような人材開発の観点から行われるべきである[16]．また，NEPのもう一つの目標である貧困の撲滅については，これまでの実施過程で偏向が生じ，マレー人のみが受益者となるケースが多く，都市部，新村，プランテーションにおける非マレー人の貧困問題が軽視されてきたとする主張もあった（Kok, Ling, Fong, Chua and Yeoh 1990, 154-156）．

　MCAやACCCIMなどの経済団体よりも介入志向に近く，第Ⅱ象限と第Ⅰ象限の中間付近に位置するのが，グラカンである．同党は，民営化やICAをはじめとする投資規制の緩和には基本的に賛成し[17]，また，資力調査（means

---

[15) 平等な分配は，経済成長や競争力強化に必然的に付随するという考え方は，NCCI事務局長（secretary general）の主張に明らかである（Mohd. Ramli 1989, 9-10）．
16) MCA（*Star,* April 15, 1991），NCCI（*NST,* August 2, 1988），グラカン（*Star,* June 10, 1990）の主張．
17) グラカン年次党大会におけるリム党首の発言．*Star,* June 10, 1990．

test) にもとづく貧困の撲滅を主張する点において (Gerakan 1984, 158), MCA や ACCCIM 等と立場を同じくしている。しかし同党は，民営化が「貧困者や弱者」の利益を損なう可能性や，HICOM に典型的な外資主導の大規模プロジェクトが国内中小企業に損害を与える可能性を示唆しながら，このような主体への援助や[18],「社会的目的」のために企業の自由な活動に対して一定の制限が課せられるべきことを主張する点において (Gerakan 1984, 161), MCA や ACCCIM とは異なる。

### (2) 自由主義的成長志向／民族間の分配（第Ⅲ象限）

第Ⅲ象限を代表するのは，マハティール首相である。彼の経済政策は1991年2月末に行われたスピーチに端的に示されている[19]。第Ⅱ象限の各主体と同様，マハティール首相は，輸出主導型産業の成長のために，投資の規制緩和と自由化の必要を強調する。首相は，幼稚産業保護の観点からの反対論があることを認識しながらも，過剰な保護は成長の妨げになるとして，政府の主な役割をインフラ整備，技術開発，人材開発に集中させるべきとしている。また彼は，小さな政府を実現するために民営化を加速する必要を繰り返し強調している。

分配の原理についてマハティール首相は，NEP の目標は達成されておらず，ブミプトラによる株式資本所有の割合が20％にとどまったとして[20]，民族間の不均衡是正目標が継続して追求されるべきであると論じている[21]。他方で首相は，自由主義志向の経済政策と矛盾しないように，新たな経済政策においては，この目標が株式の割り当て等による富の直接的な分配によってではなく，国家経済の競争性拡大と成長に貢献するようなブミプトラ企業家に対する支援

---

18) *NST,* November 27, 1988; Gerakan (1984, 159) など。この主張の一つの背景として，外資流入に伴って，ペナンの中小企業による土地と労働者の獲得に困難が生じていたという，同党の支持基盤である PCCC の主張があると考えられる (*Star,* April 2, 1990)。

ちなみに，MCA や経済団体も中小企業について言及してはいるものの，強調点は税金控除による R&D インセンティヴなど自助努力の奨励にとどまっており，これらの企業のために，他の企業の活動が規制されるべきであるとする議論ではない (ACCCIM 1992, 3-4, Kok, Ling, Fong, Chua and Yeoh 1990, 198-202)。

19) "The Way Forward" (http://www.smpke.jpm.my/vision/htm).

20) *NST,* January 20, 1989.

21) *Star,* June 7, 1990.

によって実現されるべきこと[22]，そしてこの目標がいずれは廃止されるべきことを主張した[23]。

つまりマハティール首相は，自由主義による経済成長を志向し，これと齟齬を起こさないように，民族間の分配が能力主義を基礎として行われることを目指したといえる。

### (3) 分配志向/民族間の分配 (第IV象限)

第IV象限の典型は，1987年にUMNOから分離したグループから成る46年精神党 (Semangat '46: S46) のラザレイ党首である。彼は，ブミプトラによる30％資本所有目標と貧困の撲滅というNEPの二つの分配目標が達成されておらず，これらが引き続き課題とされるべきであると述べる。この二つの目標実現の失敗をもたらしたのは，彼によれば，外資規制緩和と，輸出主導型発展を支えてきたリンギ安であるという[24]。

S46に対し，UMNOは第III象限にやや近いところにプロットされる。同党の公式の立場は，国内外投資の促進，民営化，緊縮財政の継続の支持である[25]。しかし，実際には，同党の中に，ブミプトラ従業員の雇用状況に応じた操業ライセンスの付与，民営化プロジェクトのブミプトラへの優先的割り当て[26]，さらにはブミプトラによる株式保有率目標の30％から人口比（約60％）への引き上げを求める声もあった[27]。いいかえれば，UMNOの草の根レベルは，ブミプトラの経済的地位向上を目的とした政府による市場への介入を希求していたといえる。

---

22) このことはたとえば，NEPの思想が，国家の富の30％をブミプトラに与えるということではなく，経営者と企業家の30％が能力を持ったブミプトラにより占められるべきであるという意味であったとする首相の発言 (*Star*, August 23, 1990) や，「ある企業が100％ブミプトラ資本だからという理由で，プロジェクトを運営する能力もないのに開発プロジェクトを与えるというのは，ブミプトラを助けるという我々の目的に対する侮辱である」とする発言 (*Star*, October 29, 1988) に明らかである。

23) *Star*, June 10, 1990. 実際，マハティール首相は，NEP期に定められた数値目標の達成に対して，柔軟な姿勢を持っていた。このことは，非マレー人や外国資本による投資の増加を，雇用拡大という理由で正当化したことにも現れている (*NST*, January 20, 1989)。

24) *NST*, July 27, 1989, February 5, 1990.

25) UMNO総会における決議。*Star*, October 28, 1988.

26) *Star*, June 22, 1991.

27) UMNO青年部による決議，各支部による要求。*Ibid.*

(4) 分配志向／経済的基準による分配（第Ⅰ象限）

　第Ⅰ象限に入るのは，華人結社と経済学者ジョモの主張である。彼らに共通するのは，第一に，1980年代後半以降の自由主義志向の経済改革とそれにもとづく成長が必ずしも経済格差の是正や福祉の拡大にはつながらないという主張である。たとえば彼らは，民営化が政府の非効率を改善するかぎりにおいて支持するが，実際にはこれが民間企業による独占の強化に帰結しており，消費者，労働者，貧困者に負の影響を与えるなど，公共の利益を損なっていると論ずる (Kua 1990, 61; Jomo 1989, 106–107; Jomo 1994, 69)。また彼らは，外資の流入についても慎重論を展開する。たとえば華人結社は，ICAをはじめとする投資規制の緩和へ向けた動きを歓迎しながらも，HICOMに典型的な外資主導の大規模プロジェクトが中小企業に恩恵を与えていないと述べ (Kua 1990, 60)，ジョモは，外資導入よりも民族資本の育成を主張する (Jomo 1989, 108–109)。

　第二に，労働者の福祉への言及も彼らの主張の特徴をなしている。たとえば華人結社は，労働者の福祉，適当な法定最低賃金の設定，団結権等の「民主的権利」の保護を強調する (Kua 1990, 57–58, 75)。また，この点に関するジョモの議論は，自由主義志向グループと対照的である。ジョモによれば，国内市場が小さいという理由から，マレーシアは輸出志向型経済発展を目指してきたが，そもそも国内市場の大きさを決定するのは需要の規模である。これを拡大するためには，労働者の権利保護にもとづく労働賃金上昇や農地改革等によって国内消費を増加させればよい (Jomo 1989, 105–106)。労働力の国際的競争力確保のために，生産性に見合った所得水準の設定を主張する自由主義者の議論と，労働者の権利保護と賃金上昇による国内市場の開拓を主張するジョモのそれとは好対照をなしている。

　分配の原理に関しては，民族別の割り当て制は各民族の中上層を利するものにすぎないため，これが撤廃され，資力調査に従った貧困の撲滅が行われるべきことが主張された (Kua 1990, 33, 51–53)。

　NEP後の経済政策に関して表明された以上の異なる選好は，どのようにNECCにおける「合意」につながったのだろうか。次にNECCの最終報告書を検討することでこれを明らかにしたい。

## 4-2 NECC報告書

　NECCは，設立から2年あまりを経た1991年2月に，全会一致で最終報告書を採択した[28]。本項では，NECCの総意として政府に提出された報告書 (*Laporan Majlis Perundingan Negara*, "*Dasar Ekonomi untuk Pembangunan Negara (DEPAN)*": 『NECC報告書：国家開発のための経済政策』) の内容と，各主体のNECCに対する評価をまとめることで，同評議会が誰のどのような意図を反映したのか検討する。

　結論から述べれば，報告書は，自由主義にもとづく成長志向／経済的基準にもとづく分配を原則としながらも，民族，階級間格差を是正する目的での政府介入を認めており，自由主義グループの主張を基礎としながら，その他のグループの主張を部分的に受け入れた妥協的合成物という性格を有していた。たとえば，政府介入に関しては，自由主義経済の促進と小さな政府を前提としたうえで，これと抵触しない限りにおいて，貧困撲滅政策や，労働者の福祉の保障といった分配目的での介入が提案されている。民族間，地域間の格差是正のための介入も，暫定的に，または経済的状況に見合う限りにおいて認める。他方，分配の原理については，能力と経済的基準を基本原則とし，特に貧困の撲滅が強調されるべきであり，民族アプローチも暫定的に認めるが，後者が採られる場合にも，株式保有の再編のような富の分配によってではなく，人材開発の観点から分配が行われるべきであるとされた。

　以下に詳しく論じる。

### 政府介入の原理

　報告書はまず，民間セクターによって牽引される急速な経済成長にもとづいて機会と富の分配が行われるという原則を強調する。これを可能にするためには，1980年代以降の政策，すなわち，公共支出の削減，国内外投資の規制緩和，そして民営化を継続すべきであり[29]，政府は，差別がある場合や人材開発以外の目的では「必ずしも（民族間，セクター間，地域間の）不均衡の是正のために介入しなくてもよい」とされ，さらに，「後進的なグループのために不均衡

---

28) *Star*, February 7, 1991.
29) *Laporan Majlis Perundingan Ekonomi Negara*, "*Dasar Ekonomi untuk Pembangunan Negara (DEPAN)*," Kuala Lumpur: Percetakan Negara, 1991, section 391, 399. (以下，*DEPAN*）

を正す試みの中で，（政府は）その他の者の成長を妨げるべきでない」（括弧内は，引用者による）と提案されている[30]。

　政府介入に関する自由主義的原則の一方で，次の二点の重要な折衷的表現を見出すことができる。第一に，「不均衡を是正するために」「立法」的手段が講じられるべきであるが，「不均衡是正は，個別の企業に対する資本や雇用目標を通じた強制は意味しない」（傍点は，引用者による）[31]。ここでの個別企業に対する強制に関する記述は，ICAに典型的なNEPの社会再編目標が，個別企業に対してではなく，セクター毎に行われるべきであるとしたMCAの要求と一致している[32]。これは，ICA下でのブミプトラ企業への保護を残そうとするUMNOと，このような規制をあくまでも暫定的なものと明確に位置付けると同時に，個別企業への影響をできるだけ小さくしようとしたMCAをはじめとする第II象限のグループとの妥協の産物だったと推測できる。

　第二に，労働者に関しては，労働法が「再検討」されること，労働者の利益を護るために労働組合（kesatuan sekerja）が奨励されるべきことを述べた箇所に加えて[33]，1995年までに最低賃金を設定する政策の「可能性を検討すべき」という提言を見出すことができる[34]。しかし，それに続く部分では，政労使の三者協力が「基本方針（dasar awam）」となるべきであるとされていることから[35]，以上の記述は，労働者の権利を主張した第I象限のグループと，賃金上昇と労使紛争の可能性を低く抑えようとする第II象限に属する経済団体の間の折衷案と見ることができる。

　　分配の原理

　分配の原理について，報告書は次のように論じている。NEPの二つの目的は達成されておらず，「民族，階層，セクター，地域」間の格差がある[36]。このような格差に対して，1990年以降は，その時々の経済状況を考慮しながら，

---

30) *Ibid.*, s. 316.
31) *Ibid.*, s. 324, 581.
32) *Star*, May 11, 1987.
33) *DEPAN*, s. 376, 377.
34) *Ibid.*, s. 779.
35) *Ibid.*, s. 377.
36) *Ibid.*, s. 298.

機会の平等の実現を目的として[37]，能力と業績（merit and achievement）にもとづいた分配と，民族の別を問わない貧困の撲滅に典型的な経済的基準にもとづいた分配が行われるべきである[38]。ただし，ブミプトラのような「社会，歴史的要因により遅れているグループについては，能力と経済的基準にもとづいたアプローチは適用されえないかもしれない」[39]。とはいえ，「民族アプローチは，不均衡が克服され次第なくすべき」であるし[40]，また，NEP期に重視されたような富の分配の概念にしても，株式再編に典型的な「所有」から，人材育成に典型的な「持続的に所得を得ることのできる能力」へと理解を転換する必要がある[41]。

以上の記述からは，分配の原則は，あくまでも経済的基準にしたがうべきであり，暫定的に民族アプローチを容認するが，株式の割り当てや資本規制に典型的なNEP期の直接的な富の分配のあり方から脱却すべきことが提唱されていることがわかる。

個別の案件

このほかにも，個別の案件として，多様なグループの主張が盛り込まれていることも指摘できる。たとえば，MICによるインド人の経済，社会的活動における公正なシェアの要求[42]，華人結社が提起したマレー半島部の先住民族オラン・アスリの社会・経済的地位の問題[43]，MCAや華人結社が要求する公共セクターにおける非ブミプトラの雇用拡大[44]，MCAによる放送大学（Open University）の設立や，民間の教育セクターへの参入提言のほか[45]，ビジネス団

---

37) *Ibid.*, s. 300, 303.
38) *Ibid.*, s. 286, 303.
39) *Ibid.*, s. 303. 当該文章には「ブミプトラ」という語は含まれていないが，この後に，ブミプトラの経済的劣位は一次産業の就業割合が多いためであるという「構造的」要因への言及があるので，「社会，歴史的要因により遅れているグループ」としてブミプトラが含まれていると考えてよいだろう（*Ibid.*, s. 307）。
40) *Ibid.*
41) *Ibid.*, s. 390.
42) MICによるインド人の経済，社会，教育，文化的活動における公正なシェアの要求（*Star*, June 10, 1990）は，インド人の経済的地位向上をうたう文言（*Ibid.* s. 251, 310, 320）として盛り込まれた。
43) Kua (1990, 54); *DEPAN*, s. 285.
44) Kok, Ling, Fong, Chua and Yeoh (1990, 174); Kua (1990, 50); *DEPAN*, s. 311, 318, 319.
45) MCAは，人材開発と非ブミプトラへの教育機会の拡大のために放送大学等の設立と民間大学の設立による高等教育機会の拡充を主張した（*Star*, July 29, 1990; *DEPAN*, s. 728, 720-726）。

体や非ブミプトラ団体のほとんどが要求した経済政策の実施過程に独立の監視機構を設ける提案が報告書に反映されている[46]。

## 5 —— NECC 報告書は OPPII にどれくらい反映されたのか

それでは，NECC の提言は，どのくらい実際の政策決定に影響力を持ちえたのか。

新たな経済政策作成の過程では，諮問機関である NECC の提言が適切に盛り込まれるのか否かが焦点となった。NECC が最終報告書の検討を開始した 1990 年 8 月には，NECC から DAP と華人教育団体が撤退したことを理由に，首相が同評議会の提言を受け入れることができないと述べたことをうけ，PAS などの野党に加え，前検事総長アハマド・ノーディン，経済学者のジョモらが NECC から脱退した[47]。さらに，NECC が最終合意を提出した後，政府機関とビジネスセクターと官僚から成る協議機関であるマレーシア・ビジネス・カウンシルで，首相が長期政策目標「ヴィジョン 2020 (Vision 2020)」を発表すると，NECC による提言を重視すべきであるという MCA 閣僚と，これに注意を払う必要はないとする UMNO 閣僚の立場が食い違うという事態が生じる[48]。

しかし，結局閣議は，「NECC の考え方」と提言を受け入れることに合意し[49]，NEP に代わって策定された国民開発政策（NDP）のうち，1991 年か

---

46) 監視機関の設立を主張した主体は次のとおり。ACCCIM (*NST,* December 20, 1988), PCCC (*NST,* December 22, 1988), MCA (Kok, Ling, Fong, Chua and Yeoh 1990, 162–165), MIER (Kamal and Zainal 1989, 12), 華人結社 (Kua 1990, 68)。

47) *NST,* August 22, 1990; *Star,* August 23, 29, 30, 1990.

48) アンワル財務相が，新しい経済政策は NEP と本質的には変わらず，「ヴィジョン 2020」の強調点を部分的に組み込むだけであると述べたのに対して (*Star,* April 12, 1991), MCA のフォン・チャン・オン (Fon Chan Onn) 副教育相は，NECC の提言を「公正に」利用するべきであると反論している (*Star,* April 15, 1991)。

49) *Star,* May 17, 23, 1991. *OPPII* にも，その策定に際して「政府は NECC も含めた多様なグループの意見と提案を考慮した」と明記されている (*OPPII,* s. 1.02.)。NECC のメンバーでもあったジョモは，NECC の最終報告書が *OPPII* 公表のたった数ヵ月前に公表されたという理由から，また報告書の完成前に「ヴィジョン 2020」が公表され，報告書の内容に影響した可能性があることから，NECC の提言が *OPPII* の策定に大きく影響したとは言い切れないと述べている。しかしその一方で彼は，NECC の提言と *OPPII* がそのレトリックにおいて一致しているとも論じ，NECC の第一草稿が関係者に読まれていたことをその原因としている (Jomo 1994, 49)。

ら2001年までの10年間の計画を定めたOPPIIが，閣議における承認を経て1991年5月に下院に提出された。

## 5-1　OPPIIはどのような内容だったのか

それでは，OPPIIの内容はどのようなものだったか。次のようにまとめることができる。

第一に，政府介入については，1990年代以降も，民間主導の輸出志向型発展が追求され，原則として規制緩和，自由化，民営化が継続する文脈で，市場が解決しえない貧困の撲滅と民族間の格差是正の分野において，財政負担をかけない範囲で分配が行われる。ただし，いずれの分野も，NEP期のような直接的な富の分配よりは自助努力の涵養を目的とし，政府による介入は縮小する。

第二に，分配の原理については，民族の別を問わない貧困の撲滅と民族間の格差是正が目標とされるが，前者よりも後者が強調される。ただし，数値目標と目標達成期限を明記せず，柔軟な政策実施が企図されることに加え，能力主義に準じた分配による民族間の格差是正が目指された点において，NEPとは異なる。以下に詳しく見てみる。

### 政府介入の原理

まずOPPIIは，平等を伴う成長を原則とし，輸出志向の製造業によって牽引される年平均7％の経済成長を目標とする[50]。OPPIIは，平等を実現するための条件である持続的な経済発展のために，1980年代半ば以降の国内外投資の規制緩和が継続されることを明らかにしている。具体的には，牽引セクターである製造業，旅行業における外資規制緩和が継続すること，さらに輸出振興のための国内投資に関するガイドラインの緩和に加え，国内産業による生産が可能な分野以外での外資参入規制が緩和されることが明記されている[51]。

また，財政負担の軽減の必要に加え[52]，自由主義的市場システムの発展を促進するために「いくつかの戦略的産業を除いて，政府は民間セクターと直接

---

50) *OPPII*, s. 1.4.
51) *Ibid.*, s. 1.59, 1.76, 4.64.
52) *Ibid.*, s. 1.65

的に競合する生産活動への関与を縮小する」必要があるとし[53]，民営化を継続する旨も明言された。

政府による介入は，「分配目的と生活水準の改善」，具体的には，「医療，教育，安全保障，経済的機会の分配など，市場が効果的に機能することができない分野」に集中するとされている[54]。この中で，貧困の撲滅と民族間の格差是正のためのライセンス制度が継続すること，民営化プログラムの割り当てが行われることが明らかにされている[55]。

さらに報告書は，労働政策について，労組と経営者間の団体協約が「不況や企業の収益性が高まった際の調整」を許さず，賃金が生産性や収益性に対して硬直的になる傾向にあると指摘したうえで，輸出競争力を保つために賃金上昇と生産性を連関させる賃金システムが枢要であるとし[56]，労働者の権利保障や最低賃金を導入する可能性には言及していない。

### 分配の原理

分配の原理について，OPPIIは，貧困の撲滅と社会再編というNEPの二大目標が継続して追求されることを明らかにする。まず民族の別を問わない貧困の撲滅については，インフラ整備，雇用創出に加え，教育，訓練によって，貧困者が生産性の低いの伝統的セクターから近代セクターに移行することを可能にするための「自助努力にもとづいた貧困の撲滅」が重視されている[57]。また，産業構造の変化にしたがってNEP期に重視された農村部に対する政府介入を縮小することが明記される一方で[58]，都市部の貧困対策が拡大するとされている[59]。ただし，全体としてみれば「貧困問題はそれほど深刻ではないので」，この問題解決のための公共セクターは「大幅に縮小する」[60]。

民族間の経済格差を是正することを目標とした社会再編政策は，次の点でNEP期からの論理の転換が見られる。OPPIIは，雇用パターンと資本所有の

---

53) *Ibid.,* s. 3.41.
54) *Ibid.,* s. 1.92, 3.63.
55) *Ibid.,* s. 1.52, 1.61, 4.63.
56) *Ibid.,* s. 1.79, 6.32.
57) *Ibid.,* s. 4.30, 4.31, 4.36−4.47.
58) *Ibid.,* s. 4.31.
59) *Ibid.,* s. 4.45, 4.47.
60) *Ibid.,* s. 4.40.

各側面における民族間の格差がいまだにあることに鑑みて，これが是正されるまでライセンスや割り当て制が必要であると述べる一方で，そのような措置が能力と経験を持つブミプトラにのみ適用されることが明らかにされている[61]。雇用パターンの再編については，人材育成による，専門職，技術職，管理職におけるブミプトラ参加率の増加が目標とされるが，民間セクターが雇用再編に参加することを「奨励する」とされるにとどまった[62]。

また，株式保有再編については，NEP の実施の結果，国内株式の 20％強をブミプトラが所有するようになったとして，「目標には届かなかったものの，かなり増加した」と評価したうえで，ブミプトラによる 30％の株式保有という建前は堅持しながらも，NEP 期に「株式保有の数値目標達成が強調されすぎた」ことの反省から，OPPII 期には具体的な数値目標は設定せずに，継続して富を創造することのできるブミプトラ企業家（Bumiputra Business and Industrial Community）の創出を主目的とすることが明記され[63]，また，期限も設定されなかった[64]。さらに，具体的な方法としても，「財政負担をかけない範囲で」国営企業や信託機関がブミプトラに代わり株式取得を行うこと[65]，民営化プロジェクトの一部がブミプトラに割り当てられることが明らかにされている[66]。

### 個別の案件

以上の点のほかに，オラン・アスリ，サバ，サラワクの先住民族が分配政策の対象として注目されるべきこと，人材育成のための高等教育需要の拡大に鑑みて放送大学（Open University）が設立されるべきこと[67]，民間セクターが教育産業に参入すべきこと[68]，そして，非ブミプトラの公共セクターにおける中・高レベルのポストへの就職状況を改善するべきことなどが盛り込まれた[69]。

---

61) *Ibid.,* s. 1.52, 4.53.
62) *Ibid.,* s. 1.57, 4.57.
63) *Ibid.,* s. 4.33, 4.60.
64) OPPII 上程時のマハティール首相によるスピーチ。*Star,* June 18, 1991.
65) OPPII, s. 1.64, 4.61.
66) *Ibid.,* s. 1.61, 4.63.
67) *Ibid.,* s. 1.88.
68) *Ibid.,* s. 7.11, 7.12.
69) *Ibid.,* s. 4.59.

## 5-2 OPPIIはどのくらいNECCの提言を反映したのか

　以上から，NECC報告書とOPPIIの相違点が明らかになった。まず，政府介入について，自由主義経済の進展による成長の追求という大きな方向において両者は合致している。ただし，次の二点において違いが認められる。第一に，労働者の福祉を向上させるという議論はOPPIIには見当たらない。第二に，民族間の格差是正のための規制が，暫定的に，そして経済状況に応じて行われるべきであるとしたNECC報告書に対して，OPPIIは，能力主義を原則としながらも，規制や割り当てを典型とした手法による民族間の分配が継続することを明言している。

　次に，分配の原理に関しては，NECC報告書が貧困問題を民族間の分配に優先させるべきとしたのに対して，OPPIIは貧困の撲滅への支出を減らすとする一方で，社会再編目標が継続すると明記していることからも，後者に強調点があることがわかる。ただし，能力主義的論理を組み込み，数値目標の柔軟な追求を定め，株式保有の再編に典型的な資本の直接的分配から，人材開発へとその原理を転換させたことは重要である。

　このほか，NECCが提起した個別の案件から，第Ⅰ象限と第Ⅱ象限のグループが主張した，オラン・アスリへの保護，放送大学の設立や民間の教育セクターへの参入，公共セクターにおける非ブミプトラの雇用状況の改善が組み込まれている。

　このように見ると，OPPIIは，NECC提案のうち，特に自由主義の成長論理を受け入れ，これと齟齬を起こさないような形でブミプトラに対する優先的分配の継続を明記したとまとめることができる。また，第Ⅰ象限と第Ⅱ象限のグループの主張が部分的に受け入れられた[70]。ただし，第Ⅰ象限の諸主体が主張したような労働者の福祉についての言及はなかった（図7-2）。

## 5-3 NECCとOPPIIはどのように評価されたのか

　それでは，マレーシアの人々は，NECCとOPPIIをどのように評価したのだろうか。

---

70) ただし，経済政策実施過程に対する独立の審査機関の設立は，受け入れられなかった。このことが，実施過程における歪曲の一つの原因になっている。

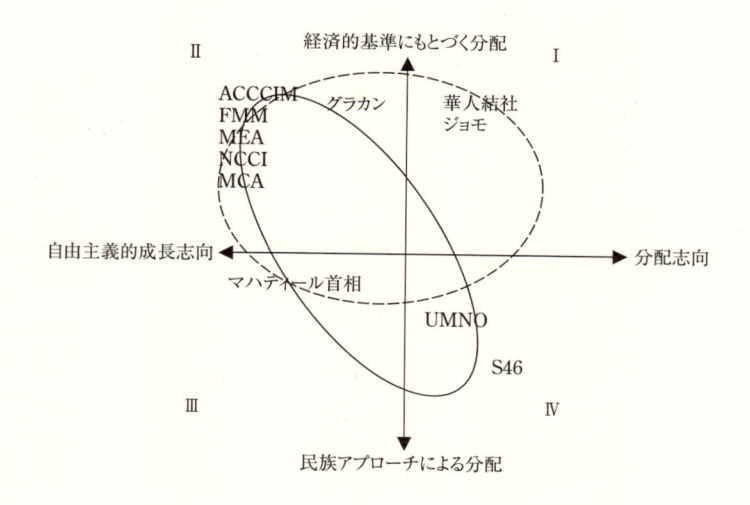

```
                Ⅱ      経済的基準にもとづく分配
                          ↑                Ⅰ
              ACCCIM
              FMM    グラカン    華人結社
              MEA                ジョモ
              NCCI
              MCA

  自由主義的成長志向 ←                        → 分配志向
                 マハティール首相
                              UMNO

                              S46
                Ⅲ                          Ⅳ
                          ↓
                   民族アプローチによる分配
```

――――――  NECC最終レポート
―――――  OPPⅡ

図7-2　各主体の選好/NECC/OPPⅡのイメージ

　まず，FMM，グラカン，MCAなど，自由主義志向のビジネスコミュニティと与党が，OPPⅡを称揚した。彼らはまず，規制緩和と自由化の継続，民間主導の経済成長，国家の経済介入の縮小を歓迎した。また，分配政策に関しては，ブミプトラによる30％の株式所有目標の実現について10年間の具体的な数値目標が設定されなかったこと，そして自助努力の奨励が強調されている点が評価されている。貧困の撲滅については，OPPⅡが新村や都市部の貧困問題を認識したことが評価された。

　このほかにも，放送大学の設置，公共セクターにおける非ブミプトラ雇用の拡大といった個別の政策への賛意が表明された[71]。もっとも，独立の監視機関が設置されるべきとするNECC提言が盛り込まれなかったことに対する不満は残ったが[72]，概してOPPⅡがNECCの提言，さらには自分達の意見の多

---

71) *Star*, June 18, 19, 20, 1991; MCA (1991).
72) たとえば，グラカン，MCA，ACCCIMがこの点について不満を表明している。*Star*, June 19, 1991; MCA (1991); Yeoh (1992).

第7章　国家経済諮問評議会の成立 | 263

くを採用したという評価が大勢であった[73]。

また，民族間の分配のための政府介入を求めていたUMNOは，OPPIIをNEPの継続ととらえ，特に，ブミプトラ・ビジネスコミュニティ育成目標を支持している[74]。

他方，社会再編目標を頓挫させるとして自由化に難色を示していたS46グループは，OPPIIをビジネスコミュニティのための計画にすぎないと一蹴した[75]。さらに厳しい非難は，自由主義経済の問題点を指摘し，経済的基準にもとづいた分配を主張してきた第Ⅰ象限のグループから提起されている。彼らはまず，NECCの決め方に異議を唱え（Kua 1990, 3）[76]，報告書が一貫性に欠け，修辞的であり，みせかけの表面的な合意と妥協を反映していると主張する（Jomo 1994, 30）。ジョモはさらに，新しい政策が，独立の監視機関の設置による説明責任の向上というNECC報告書の核心を反映せずに，個別の懸案に対して「リップサービス」をするにとどまっていると批判した（Jomo 1994, 49-50, 58）。

## 6 ── NECC の有効性

以上のように，NECCとそれに続くOPPIIに対する評価は，ビジネスコミュニティや与党など，自身の利益を政策に反映させることができたと感じる勢力と，その機会を奪われてしまったと感じる（あるいは自らその機会を放棄した）勢力とで大きく分かれた。それでは，NECCははたして実質的な参加を実現し，政策決定に影響力を持ちえたのだろうか。

まず，NECCとしての提言と，これにもとづいたとされるOPPIIを，NECCに参加した全ての主体による完全な合意と考えるのは無理があろう。すでに述べたように，マレー人与党，華人与党，経済団体が新たな政策を高く評価する一方で，一部のNGO，野党や経済学者は，政府，議会多数派による協議過程の操作や，政府によるNECCの軽視を理由としてここから脱退してしまった。

---

73) FMM, MCAがその旨表明している。*Star*, June 20, 1991; MCA (1991).
74) *Star*, June 22, 1991.
75) *Star*, June 19, 1991.
76) 華人結社は，委員会において反対論が記録されなかったなどの手続き上の問題点を指摘する。

また，最終的な提言や政策の内容を見ても，経済団体や議会多数派の主張がより強く反映されていることは，はっきりしている。

　以上の知見にもとづき，本書はNECCの有効性について次のように結論したい。

　まず，ビジネスコミュニティと各民族を代表する与党は，協議，交渉を通じた合意形成に成功し，また，この合意が政策決定にかなりの程度の影響力を持った。これらの団体に焦点を絞れば，NECCは次の二点において有効に機能する協議的制度であったといえる。第一に，少数派が自身の利益を政策に反映させる有効なチャネルとして機能した。このことは，華人与党や経済団体の反応にも明らかであろう[77]。第二に，1987年の時点では出版や集会を経て民族対立へと発展してしまった長期経済計画をめぐる議論が，NECCにおける協議を経ることによって，このような対立を見ることなしに一つの政策へと収斂した。

　しかし，NGOや野党は，NECCが与党によって操作され，また政府によって軽視されていると考えた。いいかえれば，同評議会は与党やビジネスコミュニティにとってのみ真に協議的な枠組みとして機能しえたと評価された。ただし，既述のとおり，NGOや野党も参加する協議的枠組みがNECC以降も継続して設立されていることを考えると，諮問機能を有した協議的枠組みそのものは，マレーシアの諸勢力によって一般的に受け入れられてきたということもできるのではないか。

## 7──小括 ── 政治的自由の制限と協議会の制度化

　前章で検討したような自由主義制度への根本的な修正が試みられる一方，1980年代は，経済政策決定過程における協議が拡大した時期でもあった。その典型であるNECCは，個人の自由にもとづく競争的な政治過程の現出を抑えようとする政府，数の力による決定から自らの権利や利益を守るために協議的な仕組みを希求した少数派民族を代表する経済団体や与党，そして，これまで利益代表の機会が限定されていた議会外団体の意図の一致として成立したも

---

[77] 特にMCAは，OPPIIを，独立時の民族間の「社会契約」，1971年憲法制定時のそれに続く，第三の「社会契約」であると理解した（Chua 1991, 1）。

のであり，自由主義的制度に代わる利益表明のチャネルを提供することになる。

NECCは形式的には包括的な参加資格を提供し，その提案はすべてではないものの，長期経済政策に反映された。同評議会は，特に与党とビジネスコミュニティにとっては，利益表明機会の保障と対立の回避という点において有効に機能した。他方，NGOや野党が合意形成過程に十分に参加できなかったことから，NECCの実質的な参加の包括性は低くなった。ただし，この後も協議的枠組みは設立され続けており，そのような発展も含めて考えると，NECCは協議的なものの決め方の制度化の一つの重要な契機となったということもできる。

かくしてマレーシアは，自由主義制度を修正し，個人の政治的権利を制限しながらも，少数派も含めた主体が協議を通じて政策に影響を与えうるチャネルを制度化し，自由競争に由来する対立を避けながら主要な主体間での合意にもとづき決定を行う仕組みを確立したのである[78]。

---

78) もちろん，そもそも協議会の開催やメンバー選出の最終決定は政府が行うため，常にこの機会が保障されているわけではないという問題点もある。さらに，経済政策に関していえば，政策の実施を監視する仕組みは今のところなく，政策形成過程での合意が，実施過程で破棄されてしまう可能性もある。

## 終章

## 結　論
――協議・相互主義的制度から見たマレーシア――

**協議・相互主義的制度から見たマレーシア**
　民主的制度に則った自由の制限によって特徴付けられるマレーシアの政治制度は，どのように成立し，どのような制度的内容を有するのか。また，そのような制度を核とする政治体制は，どのように持続的たりうるのか。そして，その限界や問題点は何か。
　以上の問いに答えるべく，本書は，政治的権利を制限する法の内容，立法をめぐる政治過程，適用，そしてそれにより現出した政治的利益表明のパターンを明らかにした。
　結論として，次の三点を主張したい。
　第一に，政治的権利を制限する法は，多様な主体間での協議を経て，異なる意図の交錯の帰結として成立した。1971年憲法（修正）法や1987年印刷機・出版物法（修正）法をめぐる過程は，多数派民族と少数派民族による議論，交渉，取引の末の籠のはめ合いだった。1983年結社法（修正）法は，NGOや経済団体の政治参加を制限しようとした政府と議会多数派，自身の利益表明機会の保障を目指した社会団体，さらには多元的過程の創出をめざした議会少数派と一部の社会団体との間での協議の結果として成立した。
　1986年国家機密法（修正）法をめぐっては，政府が開発行政に関する情報へのアクセスを制限しようとしたのに対し，自身の利益にとって死活的重要性を持つ情報へのアクセスの保障を目指した議会多数派が，政府の権限を限定しようと運動した。また，社会団体や議会少数派は，恣意的な法の適用の対象となることの回避と行政の透明化を目的として，情報公開法の制定を目指した。こ

れらの団体による反論の一部は法案に反映され，市民の知る権利が制限されるとともに，政府の権限も限定，明確化されることになった。

　政府や議会多数派，多数派民族は，時として多数者による決定を主張し，自らが欲するような個人の権利の制限を進めようとしたが，この試みは多くの場合，その他の主体の反対意見によって挫折した。1988年憲法（修正）法案は政府による一方的な立法であったものの，それが実質的な効果を持ち得なかったという意味において，やはり政府の意思は挫折したと評価すべきだろう。

　第二に，政府や多数派民族，議会多数派も含めたすべての主体が，かくして成立した法に拘束された。これは，政治体制内部での立場の違いのために政治制度に対して多様な選好を有する多様な主体が，少しでも自分の権利や権限を拡大しようと互いに意見を主張し，議論し，妥協するという協議的な過程で，各主体の権利や政府の権限が明確化され，また，法律についての共通了解が醸成されたことによっている。

　また，協議を経て成立する「合意」としての法は，一方の合意当事者による合意からの逸脱が，他方の逸脱をも帰結するという期待を生じせしめる。そのため，いずれの側も法から逸脱するインセンティヴを持たず，政治制度が遵守される。このような「相互主義」の基礎となっているのは，話し合いや取引を経て法が成立するという成立過程と，多様な主体の相互依存状況である。たとえば，議会多数派や政府は，社会団体や少数派を制御する権力を持つ一方で，その権力は，少数派や社会団体を含む有権者の意思に由来している。このことは，結社法や国家機密法の事例において，選挙上の考慮によって政府が法案を撤回した事例にも示されている。また，政府や多数派民族は，少数派民族に対して数の上での優位を持っているものの，経済開発を進めるうえで民間経済における優位をもつ少数派民族の協力を必要としていた。さらに，制度上の制約から憲法改正に必要な2/3の過半数を国会において確保するためにも彼らとの共同が必要である。このような相互依存状況が，「相互主義」の基盤を形成しているため，一度決めた合意は，なかなか破られにくいのである。

　他方で，このような相互依存状況が当事者にとって明らかではなく，政府と多数派民族与党と少数派民族与党のみが了解し，そのほかの主体の意見を反映せずに成立した，つまり，合意形成の基盤が非常に限定的であった1987年印刷機・出版物法（修正）法は，恣意的な解釈と頻繁な適用によって特徴付けられるものとなった。

第三に，政治的自由が制限される一方で，マレーシアの政治体制が主要な主体の参加を排除せず，また，少数派民族や議会少数派，さらには，議会外主体の選好が集合的な決定に反映されるような，協議的な決定の仕組みを有していることが重要である。このことは，次の三つの理由によっている。

　まず，政治的権利を制限する立法をめぐる過程において，多数派のみならず，少数派民族，議会外主体，議会少数派が自らの権利を守るために運動した結果として，彼らの参加が保障された。このことは，1981年結社法（修正）法と1983年法を比較したときに明らかである。議会多数派は，議会外主体であるNGOの参加を限定しようとしたが，これに対して自らの参加を死守しようとするNGOが，立法をめぐる過程において法案への反対を表明した結果として，彼らの参加 —— もちろん，結社登録制度や大臣の命令権限に典型的なように，自由とはいえないが —— が保障されることとなった。

　次に，政治的権利を制限する法が，異なる主体間での恐怖心のレベルを下げ，互いを正当な主体とみなす素地を作ったことが重要である。たとえば，1969年の暴動以前には，多数派民族たるマレー人が少数派民族の非マレー人の市民権を問題とし，他方で非マレー人の一部はマレー人の特別の地位に異議を唱えていた。1971年憲法（修正）法が，民族的出自に由来する権利に関する各規定を問題とする自由を禁止したことで，マレー人，非マレー人双方が，互いを共同体の正当なるメンバーとして受け入れることが可能となった。1983年結社法もまたしかりである。新興主体であったNGOが従うべきルールや，彼らの活動に行政が介入する権限を定めた立法が，議会多数派のNGOに対する警戒心を下げ，新しい主体の包摂につながった。

　包括的参加が実現した第三の要因として，自由競争にもとづく決定の代わりに，協議的な決定方式が根付いたことが重要である。1972年に成立したBN，1985年の産業諮問委員会を典型とした1980年代の政府―ビジネス間の協議的枠組み，そして1989年に設立されたNECCは，競争的な政治過程がしばしば伴う主体間の対立や，万年少数派の問題を回避し，多様な主体の参加を可能にした。このような過程は，競争的政治過程を抑制しようとした政府，自身の利益表明機会を確保しようとした少数派民族や議会外主体の意図の一致の結果として制度化した。これに加えて，政治的権利を制限する法をめぐる政治過程において，立場の異なる多様な主体が自身の権利を守るために利益を表明し，議論，交渉したことによって，マレーシアの人々が，異質な主体も参加する協議

的政治過程を学習する機会を得たことも，協議的決定方式の制度化にとって重要だった。

　以上のような，(1) 協議的過程を経た政治的権利を制限する法の成立，(2) 協議的過程に由来する政治的権利を制限する法の拘束性，(3) 法の拘束性や協議会により実現する包括的参加によって特徴づけられる協議・相互主義的政治制度は，様々な主体の政治制度への遵守傾向を促し，包括的参加を実現し，また，制度そのものへの参加を低く抑える傾向にある。これが，40年近くにわたるマレーシアの政治体制の持続に関する，本書の説明である。

### より広い文脈から見た協議・相互主義的制度の意義

　協議・相互主義的制度という見方は，マレーシア政治を説明，理解するためのみならず，より一般的な国家建設や国家形成の問題を考えるうえでも，有効性をもちうる。

　冷戦以後の世界では，自由にもとづく競争，典型的には，包括的で競争的な選挙を実現することが是とされてきた。しかし，個人の自由や法の支配などの制度的保障と自由競争を特徴とするこの方法を持続的に実現するためには，実際には多くの条件が必要である。

　たとえば，民主主義の実現と持続にとって国民統合が重要であることが，しばしば指摘されてきた (Rustow 1970; ダール 1981年，第7章)。連合政権方式や，政治的争点の「凍結」，「非政治化」といった政治エリートの協調行動が，下位文化に従って分裂した国家において民主主義を安定化させると論じたコンソシエーショナル・デモクラシーに対して (Lijphart 1969; 1975)，多極社会においては，希少価値をめぐる争いの中で民族的な差異が強調され，社会が不安定化する傾向があり，自由や参加の限定，さらには，民主主義制度そのものの否定に帰結するという見方がある (Rabushka and Shepsle 1972)。実際，旧ユーゴスラヴィア，ブルンジ，ルワンダ，イラクといった国々において，普通選挙の実施を中心とする民主化が暴力を伴う紛争に帰結してしまったことを想起すれば，複数の下位文化を架橋するような上位文化を欠いた国家に自由民主主義を移植することの困難は，明らかである。

　近年の国家建設に関する議論では，自由で競争的な選挙を核とした秩序作りの試みが，このように時として共同体内部の分裂や対立に帰結することが認識され，短期間での自由民主主義の制度化を優先する従来の国家建設に代わり，

法の制定,執行能力や,紛争処理制度の構築を中心とした長期にわたる漸進的国家建設が主張されるようになっている (Paris 2004; Mansfield and Snyder 2007)。

また自由民主主義をめぐる原理レベルの問題,すなわち,自由と参加の原理的対立という近代以降の政治思想の主要なテーマにも注意を促したい。たとえば,自由主義の痛烈な批判者であったシュミットは,本来自由主義の精神にもとづき討論によって法律を作ることを目指す議会制民主主義が,参加の拡大の帰結として,諸利益の対立や妥協の場に成り果てたと論じ,これに代わる方法として,主権者たる国民の発意にもとづく国民投票(「人民投票的民主政」)や,例外状態において立法と法律適用の権限を有し,自由や財産などの基本権を暫定的に侵害しうる特別立法者による状況の打開の道を示してみせた(シュミット 1983 年,2000 年)。他方で,ド・トクヴィルやミルら自由主義の擁護者たちは,19 世紀ヨーロッパにおける人民主権の論理にもとづいた参加要求の拡大に直面し,権力を持った多数者が少数者の意見を抑圧するという「多数者の暴虐」の危険性を指摘し,言論,出版の自由や結社の自由の必要性を説いた(ミル 1971 年;ド・ドクヴィル 1987 年)。

政治共同体がこのような危険を避け,自由民主主義を維持するためには,「特定の事例への適用に際して何の正当化もいらない一般的原理として」自由が受容されるような「教条主義」(ハイエク 1983 年,81 頁),政治家が政府の転覆や混乱への誘因を自ら抑制し,また,異なった意見に対する広い寛容が認められるという「民主主義的自制」(シュムペーター 1995 年,469-472 頁),当該社会における自由主義の「伝統」(Zakaria 1997)といった言葉で語られる価値の内面化が必要であるとされている。ただし,このような価値は所与ではない。むしろ,このような価値の内面化と自由民主主義の制度化は,多くの場合において長期にわたる闘争と学習の帰結なのである。

米ソイデオロギー対立に決着がつく以前の米国政治学においては,政治主体の寛容さや中道志向が自由民主主義実現の条件とされており,自由と参加の両立のためには,政治共同体の成熟が必要であることが認識されていた[1]。とこ

---

1) たとえば,ダール (1981) は,抑圧体制からポリアーキーへと移行する経路として,(1) 自由化が包括性に先行する「競争的寡頭制」,(2) 包括性が自由化に先行する「包括的抑圧体制」,あるいは「準抑圧体制」,(3) 抑圧体制が普通選挙と公的異議申し立ての権利を一気に認める急転,という三つの経路を提示している。ここでは,(2) の類型が,本書の関心に近い。ダールは,政府と反対勢力との間の寛容と相互安全保障こそがポリアーキーの実現を可能にするという命題にもとづき,(2) の経路について,「準抑圧体制は,普通選挙と大衆政治の下で,相互安全保障の

ろが，1980年代後半以降の比較政治体制研究は，自由民主主義的規範の拡大という信念に対する強いコミットメントのあまり，このテーマへの関心を失ってしまったかに見える。しかし，「グレーゾーン」の体制の成立や持続，民主化に続く紛争，権威主義体制の復活や持続といった事例の根本には，政治共同体が，個々人の自由にもとづく競争という原理と，階級，政治的イデオロギー，民族の異なる全ての共同体成員の参加という原理とをうまく両立させることができなかったという事実が横たわっているのではないか。

国民の中に複数の下位文化が並存する一方でこれらを架橋するような上位文化が存在せず，恒久的な多数派と少数派を生むような構造があり，また，自由主義的「自制」が涵養される前に民主主義を実践する必要に迫られた政治共同体は，どのように持続的な政治体制を成立させうるのか。自由民主主義に代わり，政治共同体を維持し，暴力よりも制度的手法による利益表明を人々に選好させるような秩序化の方法として，どのような制度設計がありうるのか。マレーシアの経験には，その限界や欠点も含め，一考に価するものがあるはずである。

## 2008年以降のマレーシア —— 協議・相互主義的制度の限界とその克服へ向けて

もっとも，いかなる政治体制も原理的な矛盾や，社会構造，国際環境，国内社会の規範の変化に起因する改革圧力を免れない。マレーシアにおける自由を制限する政治体制も，長期的に見れば，過渡的なものであったと結論されることになるかもしれない。

2008年の総選挙では，1969年選挙以来初めてBNが下院議席の2/3を獲得できないという事態が起きた。その一年後の2009年3月，総選挙での敗退の責任を取り辞任したアブドゥッラー前首相に代わり，ナジブ・ラザク（Najib Abdul Razak）が第六代首相に就任した。ナジブ政権は，「一つのマレーシア，国民第一，即時実行（One Malaysia, People First, Performance Now）」の標語のもと，国民統合の推進，行政機構の効率化，貧困問題の解消などを優先的課題として掲げ，特にBNの後退をもたらした要因の一つと考えられるブミプトラに対する優遇政策については，これを縮小，撤廃する意思を繰り返し示している。た

---

体系を創出することが難しいので，その自由化に失敗」し，「抑圧体制に変えられてしまう危険がある」と論じている（ダール1981年，43-48頁）。また，中道志向を重視する文献としては，Lipset (1981) を参照。

だし，世界的な経済停滞と BN に対する逆風の中での政権運営は困難を伴っている。実際，首相交代後に行われた補欠選挙でも野党連合 PR への支持は変わらず高い。

　この現象が，政策，政権，政党システム，政治制度，政治体制のどのレベルに対する不満の表れなのかについては，今後の展開と議論を待つ必要があるが，ここでは，投票者の選好や投票行動の問題とは別に，既存制度を支える「合意」が侵食されつつある可能性に言及したい。

　現在，マレーシアの人口のうち，70％以上が 40 歳未満であり，有権者の大半を占めている。1971 年時の「合意」に際して，当事者でないのみならず，生まれてすらいなかった世代にとっては，40 年近くマレーシア政治を律してきた政治制度の正当性は，必ずしも自明ではない。しかも，「NEP の復活」や ASLI レポートをめぐる議論の中で示されたように，マレー人およびその他のブミプトラが経済的に必ずしも後進的ではないという構造上の変化が生じ，人々もそれを感知している。

　1971 年憲法改正を知らない新しい世代がマレーシア社会の主流になりつつあることや，民族間の分配をめぐる事情が変化したことは，同憲法改正を支えた「合意」の正当性への疑念を当然に生じさせる。同じように，1986 年国家機密法や 1987 年印刷機・出版物法が成立する際の重要な要素であった「開発志向国家」は，今日の経済政策においてそれほどの存在感を持っていない。これらの法の正当性もまた，十分に疑いうるものなのではないか。

　つまり，単なる政権や政策への不満よりもより深いところで変化が起きているというのが本書の見方である。とはいえ，マレーシアがどのような変化の軌跡を描くのかについては，今後の展開を見るよりほかない。既存の与党が，応答性を持って個々の不満を吸収し，政策変更によってこれを解消していくかもしれない。あるいは，多様化する有権者の利益に対応するような形で，政党システムの変化が生じるという可能性もある。さらには，政策，政権，政党システムの変化にはとどまらず，政治制度やひいては政治体制の変化に向かっていくことも考えうる。その場合でも，ゆるやかに自由を制限しつつ，参加を拡大するシナリオと，急速に自由化に向かうシナリオがありうる。

　もっとも，既存の法に疑問が向けられているからといって，これを一気に自由化することは危険を伴う。第 2 章第 6 節で論じたとおり，個々人の自由の限界，政府介入の限界がどこに定められるべきか，そしてそれがどのように守ら

れるべきか —— 個々人の自制によってか，あるいは制度によってか —— ということについての明確な合意を伴わない「自由化」は，個人間での権利の否定，個人と政府の予測不能な対立に帰結しうる。そうなれば，政府が「政治の安定」を掲げて個人の自由をさらに制限することもあるだろうし，個人や団体もまた，国家に対してより大きな自由の制限を求めるかもしれない[2]。

　政治共同体の構成員間での対決を避けながら政治制度を変化させることを志向するのであれば，新たな合意にもとづく政治制度が必要である。そのような制度は，政府，与野党，議会内外主体，経済団体，労働組合，多数派民族，少数派民族など，立場の異なる人々の間で協議され，構築され，遵守されるものであり，政治体制の秩序を実現しつつ，多様な人々の参加を可能にするものとなろう。

---

[2] 実際，アブドゥッラー政権期の自由化の文脈での UMNO 政治家による民族問題に関する発言を問題として，DAP が警察に扇動法違反の申し立てをしたという例もある（*Sun*, November 28, 29, 2006）。

別表　NECC メンバー

| ブミプトラ（下院議席数） | 非ブミプトラ（下院議席数） |
|---|---|
| **UMNO (83)** | **MCA (17)** |
| Abdul Kadir Shikh Fadzir | Chew Kam Hoy |
| Abdullah Ahmad | Yong Poh Kon |
| Syed Hamid Syed Jaafar Albar | Tan Peng Khoon |
| Shahrizat Abdul Jalil | Chua Jui Meng |
| Abdullah Ahmad Badawi | Lim Lin Lean |
| Jamaluddin Mohd. Jarjis | Michael Yeoh Oon Kheng |
| Mohd. Tamrin Abdul Ghafar | Tan Yee Kew |
| Mohamed Nazri Abdul Aziz Yeop | Fu Ah Kiow |
| Mazidah Zakaria | David Chua Kok Tee |
| Shahidan Kassim | Lim Fung Chee |
| **USNO (6)** | **MIC (6)** |
| Mohd. Kassim Kamidin | D. P, Vijandran |
| **Prti Pesaka Bumiputera Bersatu (PBB) (8)** | K. S. Nijhar |
| Amar Leonard Linggi Jugah | S. S. Subramanian |
| **Berjaya (0)** | M. Mahalingan, |
| Mohd. Din Jaafar | **グラカン (5)** |
| **Parti Bangsa Dayak Sarawak (PBDS) (4)** | Toh Kin Woon |
| Sidi Munan | Kerk Choo Ting |
| **Sarawak National party (SNAP) (5)** | Soong Siew Hong |
| Peter Tinggom Kamarau | Koh Tsu Koon |
| **Parti Hizbul Muslimin Malaysia (Hamim) (1)** | Wong Poh Kam |
| Abdul Wahab Yunus | **PPP (0)** |
|  | Chin Tong Leong |
| **Parti Bersatu Sabah (PBS) (10)** | **Parti Bersatu Sabah (PBS)** |
| Ahmad Bahrom Abu Bakar Titingan | Yong Teck Lee |
|  | **Sarawak United People's Party (SUPP) (4)** |
|  | Thomas Hii King Hiong |
| **DAP (24)** | **DAP** |
| Ahmad Nor | Tan Seng Giaw |
| **PAS (1)** | Lim Kit Siang |
| Mustafa @ Hassan Ali | P. Patto |
| Khalid Abdul Samad | Lee Lam Thye |
| Seyed Ibrahim Abdul Rahman | |
| Sabri Muhamad | |
| Azizan Abd Razak | |
| **Berjasa (0)** | |
| Hanifa Ahmad | |
| **PSRM (0)** | |
| Abdul Razak Ahmad | |

（与党／野党）

|  | ブミプトラ | 非ブミプトラ |
|---|---|---|
| 経済団体 | Sarawak Bumiputera Entrepreneurs Chamber<br>　Effendi Norwawi | Sabah United Chinese Chamber of Commerce<br>　Alex Khoo Kay Mian |
| | Bumiputera Contractors Association of Malaysia<br>　Abdu Bakar Lajim | Associated Chinese Chamber of Commerce of Sarawak<br>　Teo Siang Ann |
| | Malay Chamber of Commerce and Industry<br>　Syed Abbas Alhabshee<br>　Nawawi Mat Awin<br>　Mohamad Abdullah | Associated Chinese Chamber of Commerce and Industry<br>　Wee Boon Peng<br>　Lim Geok Chan<br>　Ngan Ching Wen |
| | Sabah Bumiputera Chamber of Commerce<br>　Sabdin Ghani | Associated Indian Chamber of Commerce and Industry<br>　J. Ramachandran |
| | Pan Malaysia Lorry Owners Association<br>　Zainab Yang | United Planters Association of Malaysia<br>　Boon Weng Siew |
| | Federation of Malaysian Manufacturers (FMM)<br>　Mohamed Burhanuddin | Housing Developers Association<br>　Mihir Kumar Sen |
| | Malaysian Employers Federation (MEF)<br>　Mohamed Sopiee Sheikh Ibrahim | |
| 金融関連団体 | Association of Banks, Malaysia<br>　Basir Ismail | |
| | Kuala Lumpur Stock Exchange (KLSE)<br>　Nik Mohamed Din Nik Yusoff | |
| | General Isurance Association of Malaysia<br>　Abdul Latiff Hussain | |
| 労働組合 | Malaysian Trades Union Congress (MTUC)<br>　Zainal Rampak | MTUC<br>　V. David |
| | | Cuepacs<br>　Ragunathan a/l Arulanandan |
| その他職業団体 | National Farmers Association<br>　Abdul Rashid Abdul Rahman | |
| | National Fishermen's Association (Nekmat)<br>　Hasan Ismail | |
| | Federation of Malay Petty Traders and Hawkers Associations<br>　Muhidan Mohamed Natar | |
| 学校関連団体 | West Malaysia Malay Teachers Union (KGGMMB)<br>　Nordin Mahmud<br>　Zainal Abidin Ahmad | Federation of Chinese School Teachers Association of Malaysia<br>　Tong Lee Poh |
| | | Federation of Chinese School Board of Governors<br>　Low Sik Thong |

| | ブミプトラ | 非ブミプトラ |
|---|---|---|
| その他社会団体 | **Angkatan Koperasi Kebangsaan Malaysia Berhad (Angkasa)**<br>Ungku Abdul Aziz<br>**Federation of Malaysia Consumer Association (FOMCA)**<br>Mohd. Hamdan Adnan<br>**Malaysian Youth Council (MBM)**<br>Mohd Ali Mohd Rustam | **Bar Council**<br>Margaret Yeo Eng Hong<br>**Selangor Chinese Assembly Hall**<br>Chong King Liong |
| 少数民族を代表する団体 | | **Malaysian Ceylonese Congress (MCC)**<br>V. N. Arumugasamy a/l/ Nadason<br>**Portuguese Settlement Panel**<br>Patrick Lawrence de Silva<br>**National Association of Malaysia Eurasians and others of Mixed Ethnic Origins (Nameo)**<br>Richard F. Dorall<br>**Malaysia Thai Association**<br>Sook Buranakol<br>**Congress of Indian Muslims of Malaysia (KIMMA)**<br>Muhammed Ali Naina Mohd<br>**Malaysia Sikh Association**<br>Gurdial Singh Gill |

| | ブミプトラ | 非ブミプトラ |
|---|---|---|
| 個人（*） | Mokhzani Abdul Rahim（経済学者）<br>Syed Hussein Alatas（社会学者，元グラカン党首）<br>Mohammad Ghazali Shafie（元外相，内相）<br>Abdul Halim Ismail（大学教員）<br>Hashim Abudl Wahab（経済学者）<br>Raja Nong Chik Raja Ishak（元下院議員）<br>Arshad Ayub（ビジネスマン）<br>Nik Abdul Rashid Nik Abdul Majid（法学者）<br>Malek Merican（銀行家）<br>Ahmad Noordin Zakaria（元検事総長）<br>Abdul Khalid Ibrahim（ビジネスマン）<br>Mokhtar Tamin（経済学者）<br>Kamal Salih（経済学者）<br>Radin Soenarno<br>Ismail Said（UMNO 党員）<br>Ainuddin Abdul Wahid<br>Zainal Abidin Abdul Wahid（歴史学者）<br>Sulaiman Alias<br>Mohamed Noordin Sopiee（Institute of Strategic and International Studies 所長）<br>Khatijah Ahmad（ビジネスマン） | 華人<br>　Yeo Beng Poh<br>　Paul Tan（牧師）<br>　Lee Siang Chin（ビジネスマン）<br>　Chua Yee Yen（ビジネスマン）<br>　Thong Yaw Hong（銀行家）<br>　Lim Teck Ghee（社会科学者，環境 NGO・消費者組合活動家）<br>　Fong Chan Onn（経済学者，MCA 党員）<br>　William Cheng Heng Jem（ビジネスマン）<br>　Paul Low Seng Kuan（ビジネスマン）<br>　Martin Khor Kok Peng（環境 NGO 活動家）<br>　P. G. Lim（弁護士）<br>　Kuek Ho Yau<br>　Phua Jin Hock<br>　Chan Hua Eng（NGO 活動家）<br>　Chooi Mun Sou<br>　Paul Chan（経済学者）<br>　Paul Geh<br>　Lim Chee Shin<br>インド人<br>　M. Pathamanathan（大学教員）<br>　T. Mariamuthu（大学教員）<br>　R. Thillainathan（NGO 活動家）<br>　G. K. Rama Iyer（銀行家）<br>　K. R. Somasundram（ビジネスマン，元 MCA 党員）<br>　F. R. Bhupalan（女性 NGO 活動家）<br>　Joe Eravelly<br>　M. Semudram（経済学者）<br>　Apparao<br>その他<br>　Jomo K. Sundaram（経済学者）<br>　Chandra Muzaffar（アリラン） |

出典：DEPAN（1991）にもとづき，筆者作成。
＊個人資格での参加者については，データのある範囲で職業・肩書きを記した。また，これ以外にも，サバ州，サラワク州，オラン・アスリを代表する個人がメンバーとなっている。

# 参照資料・引用文献一覧

[参照資料]
1, 政府刊行物
(1) 白書
The National Operations Council. 1969. *The May 13 Tragedy: A Report*.
Malaysia. 1988. *Towards Preserving National Security*.

(2) 経済計画文書等
Malaysia. 1965. *First Malaysia Plan*.
Malaysia. 1971. *Second Malaysian Plan*.
Malaysia. 1976. *Third Malaysia Plan*.
Malaysia. 1981. *Fourth Malaysia Plan*.
Malaysia. 1986. *Industrial Master Plan*.
Malaysia. 1991. *Sixth Malaysia Plan*.
Malaysia. 1991. *Second Outline Perspective Plan: 1991－2000*.

(3) その他文書
"Vision 2020: The Way Forward."（http://www.smpke.jpm.my/vision/htm）
*Laporan Majlis Perundingan Ekonomi Negara*, "Dasar Ekonomi untuk Pembangunan Negara (DEPAN)", 1991.
Malaysia. 2004. *National Integrity Plan*.

(4) 下院議事録
*Penyata Rasmi Parlimen Dewan Rakyat*.

2, マレーシア国内団体刊行物：セミナー記録，パンフレット，論文ほか
The Associated Chinese Chambers of Commerce and Industry of Malaysia (ACCCIM), *Working Papers for Malaysian Chinese Economic Conference*, 1978.
The Associated Chinese Chambers of Commerce and Industry of Malaysia. 1992. "The Second Malaysian Chinese Economic Congress Statement" in Yeoh ed. [1992].
Centre for Public Policy Studies, Asian Strategy and Leadership Institute. [2006]. *Corporate Equity Distribution: Past Trends and Future Policy*.
Chua Jui Meng, Deputy Minister of International Trade and Industry. 1991. "The Goals and Strategies of the National Development Policy," in MCA [1991].
Freedom of Information Campaign, *No More Secrets*, N. p.: n. p., n. d. (パンフレット)
Kamal Salih and Zainal Anam Yusof. 1989. "Overview of the New Economic Policy and Framework for the Post－1990 Economic Policy," in NCCCIM & MIER [1989].
Kok Wee Kiat, Ling Liong Sik, Fong Chan Onn, Chua Jui Meng, and Michael Yeoh. 1990. *The Malaysian Challenges in the 1990s － Strategies for Growth and Development*, Pelanduk Publications, MCA.
Kua Kia Soong, ed. 1990. *Framework for an Alternative Malaysian Economic Policy*, Kuala Lumpur: The Resource and Research Centre, Selangor Chinese Assembly Hall.

Malaysian Chinese Association (MCA). 1991. *MCA National Seminar on NECC & OPP II*, organized by the MCA Economic Bureau, August 25, 1991, Kuala Lumpur.

Mohd. Ramli Kushairi. 1989. "New Directions for the Post-1990 Economic Policy," in NCCIM &MIER [1989].

National Chamber of Commerce and Industry of Malaysia and Malaysian Institute of Economic Research (NCCCIM & MIER). 1989. *National Conference on Post-1990 Economic Policy: New Directions for Post-1990 Economic Policy*, organized by the National Chamber of Commerce and Industry of Malaysia, 31st July-1st August, 1989, Kuala Lumpur.

Parti Gerakan Rakyat Malaysia (Gerakan). 1984. *NEP Selepas 1990?: The National Economic Policy-1990 and Beyond*, Pulau Pinang: Parti Gerakan Rakyat Malaysia.

Yeoh Poh Seng, ed. 1992. *A Review of the Third Bumiputera Economic Congress Resolutions and Their Implications on Future Policy Formulation*, The Associated Chinese Chambers of Commerce and Industry of Malaysia.

## 3, 新聞, 雑誌

*Asian Wall Street Journal*
*Asiaweek*
*Berita Harian*
*Echo*
*Far Eastern Economic Review*
*Malay Mail*
*New Straits Times*
*Sabah Times*
*Star*
*Straits Echo*
*Straits Times*
*Sun*
*Utusan Malaysia*
*Utusan Melayu*
『南洋商報』

## 4, その他資料

(1) 判例集
*The Malayan Law Journal*

(2) 年報
『アジア動向年報』
『アジアの動向』
『東南アジア月報』

(3) インターネット資料
国際連合統計局ホームページ (http://unstats.un.org/)
Malaysiakini (http://www.malaysiakini.com/)

（4）世論調査
Merdeka Centre. October 2006. *Voter Opinion Survey: Peninsular Malaysia.*

5．インタヴュー
Anwar Ibrahim （元副首相／人民公正党党首）
　　2006 年 10 月 26 日，E-mail による回答
Bon, Edmund （弁護士協会人権委員会委員）
　　2006 年 10 月 27 日，於クアラルンプール
Chua, David （ACCCIM 事務局長）
　　2006 年 9 月 15 日，於クアラルンプール
Goh, Jeffrey （MCA 党員）
　　2006 年 10 月 13 日，於クアラルンプール
Mahathir Mohamad （元首相）
　　2007 年 2 月 8 日，於クアラルンプール
Muzaffar, Chandra （元アリラン会長）
　　2004 年 9 月 23 日，於プタリン・ジャヤ
Navaratam, Ramon. V. （元財務官僚／ ASLI ディレクター）
　　2006 年 9 月 26 日，於プタリン・ジャヤ
Yeoh, Michael （NECC メンバー／ ASLI CEO ）
　　2006 年 11 月 28 日，於クアラルンプール

[引用文献]
**邦語文献**
青木昌彦・金瀅基・奥野（藤原）正寛編（白鳥正喜監訳）　1997　『東アジアの経済発展と政府の役割 ── 比較制度分析アプローチ ── 』　日本経済新聞社。
浅野幸穂　2002　「フィリピン ── 現代史のサイクル再考」　末廣編 [2002]，所収。
浅見靖仁　2002　「タイ ── 開発と民主化のパラドクス」　末廣編 [2002]，所収。
石田章　2001　『マレーシア農業の政治力学』　日本経済評論社。
岩崎育夫編　1993　『開発と政治 ── ASEAN 諸国の開発体制』　アジア経済研究所。
梅澤達雄　1992　『スハルト体制の構造と変容』　アジア経済研究所。
金子芳樹　2001a　『マレーシアの政治とエスニシティ ── 華人政治と国民統合 ── 』　晃洋書房。
金子芳樹　2001b　「マレーシア ── 国家・NGO 関係における二つの二重構造 ── 」　重冨真一編　『アジアの国家と NGO ── 15 カ国の比較研究』　明石書店，所収。
川中豪　2005　「ポスト・エドサ期のフィリピン ── 民主主義の定着と自由主義的経済改革 ── 」　川中豪編　『ポスト・エドサ期のフィリピン』　アジア経済研究所，所収。
川村晃一　2002　「1945 年憲法の政治学 ── 民主化の政治制度に対するインパクト ── 」　佐藤編 [2002]，所収。
木村陸男　1988　「ブミプトラ政策と経済構造の変容」　堀井・萩原編 [1988 年]，所収。
作本直行編　1998　『アジア諸国の民主化と法』　アジア経済研究所。
作本直行　1998　「インドネシアの民主化と法 ── パンチャシラと 1945 年憲法への復帰を中心に ── 」　作本編 [1998]，所収。
佐藤百合編　2002　『民主化時代のインドネシア ── 政治経済変動と制度改革 ── 』　アジア経

済研究所。
佐藤百合　2002a　「インドネシア史における『改革の時代』」佐藤編 [2002]，所収。
佐藤百合　2002b『インドネシア ── 『開発の時代』から『改革の時代へ』』末廣編 [2002]，所収。
シュミット，カール（田中浩・原田武雄訳）1983　『合法性と正当性』未来社。
シュミット，カール（稲葉素之訳）2000　『現代議会主義の精神史的地位』みすず書房。
シュムペーター（中山伊知郎・東畑精一訳）1995　『資本主義・社会主義・民主主義（新装版）』東洋経済新報社。
末廣昭　1998　「発展途上国のダイナミズムと開発志向」東京大学社会科学研究所編　『20世紀システム4　開発主義』東京大学出版会，所収。
末廣昭　2000　『キャッチアップ型工業化論』名古屋大学出版会。
末廣昭編　2002　『岩波講座　東南アジア史　「開発」の時代と「模索」の時代』岩波書店。
末廣昭　2009　『タイ　中進国の模索』岩波書店。
末廣昭・東茂樹　2001　「タイ研究の新潮流と経済政策論」末廣昭・東茂樹編　『タイの経済政策 ── 制度・組織・アクター』アジア経済研究所，所収。
杉村美紀　2000　『マレーシアの教育政策とマイノリティ ── 国民統合政策の中の華人学校 ──』東京大学出版会。
鈴木祐司　1988　『東南アジア危機の構造（新版）』勁草書房。
世界銀行（白鳥正喜監訳）1994　『東アジアの奇跡 ── 経済成長と政府の役割 ──』東洋経済出版社。
左右田直規　2006　「疑似民主主義体制下の権威主義的政治指導 ── マハティール政権期のマレーシア政治 ──」玉田・木村編 [2006]，所収。
武田康裕　2001　『民主化の比較政治 ── 東アジア諸国の体制変動過程 ──』ミネルヴァ書房。
玉田芳史　2003　『民主化の虚像と実像 ── タイ現代政治変動のメカニズム ──』京都大学学術出版会。
玉田芳史　2006　「タイ政治の民主化と改革」玉田・木村編 [2006]，所収。
玉田芳史・木村幹編　2006　『民主化とナショナリズムの現地点』ミネルヴァ書房。
ダール，ロバート（内山秀夫訳）1981　『ポリアーキー』三一書房。
土屋健治　1994　『インドネシア ── 思想の系譜』勁草書房。
デュヴェルジェ，モーリス（田口富久治・田口英治訳）1964　『政治体制』白水社。
ド・トクヴィル，アレクシス（井伊玄太郎訳）1987　『アメリカの民主政治（上）（中）（下）』講談社。
鳥居高　1998　「マハティールによる国王・スルタン制度の再編成」（『アジア経済』第39巻，第5号），19-58頁。
鳥居高　2002　「マレーシア ── 経済成長と種族間平等の追求 ──」末廣編 [2002]，所収。
鳥居高　2006　「マレーシア ── アファーマティブ・アクションと経済発展 ──」片山裕・大西裕編　『アジアの政治経済・入門』有斐閣，所収。
中村正志　2006　「ポスト1990年問題をめぐる政治過程 ── ヴィジョン2020誕生の背景 ──」鳥居高編　『マハティール政権下のマレーシア ── イスラーム『イスラーム先進国』をめざした22年 ──』アジア経済研究所，所収。
ノース，ダグラス・C（松下公視訳）1994　『制度・制度変化・経済成果』晃洋書房。
ハイエク，フリードリッヒ・A（矢島釣次・水吉俊彦訳）1983　『ハイエク全集8　法と立法と自由Ⅰ：ルールと秩序』春秋社。
ハーバマス・ユルゲン（河上倫逸・耳野健二訳）2003　『事実性と妥当性（上・下）』未来社。

萩原宣之　1988　「ブミプトラ政策下の政治過程」　堀井・萩原編［1988年］，所収．
萩原宣之　1989　『マレーシア政治論　複合社会の政治力学』　弘文堂．
原不二夫　2002　「マラヤ連合の頓挫とマラヤ連邦」　池端雪浦他編　『東南アジア史 8　国民国家形成の時代』　岩波書店，所収．
ハンティントン，サミュエル（坪郷實・中道寿一・藪野祐三訳）　1995　『第三の波』　三嶺書房．
東川繁　1993　「マレーシアの開発体制」　岩崎編［1993］，所収．
藤原帰一　1994　「工業化と政治変動」　坂本義和　『世界政治の構造変動 3　発展』　岩波書店．
堀井健三　1998　『マレーシア村落社会とブミプトラ政策』　論創社．
堀井健三・萩原宣之編　1988　『現代マレーシアの社会・経済変容 ── ブミプトラ政策の18年 ── 』　アジア経済研究所，所収．
増原綾子　2004　「インドネシア・スハルト体制初期の大統領と暫定国民協議会」（『アジア経済』第45号第10号），2-23頁．
ミル，J.S（塩尻公明・木村健康訳）　1971　『自由論』　岩波文庫．
村上泰亮　1992　『反古典の政治経済学（上・下）』　中央公論社．
安田信之　1988　「ブミプトラ政策と工業調整法」　堀井健三・萩原宣之編　『現代マレーシアの社会・経済変容 ── ブミプトラ政策の18年 ── 』　アジア経済研究所，所収．
山口定　1989　『政治体制』　東京大学出版会．
山本博之　2006　『脱植民地化とナショナリズム ── 英領北ボルネオにおける民族形成 ── 』　東京大学出版会．
鷲田任邦　2008　「マレーシアの政党・選挙データ：　1955〜2008年」　山本博之編　『「民族の政治」は終わったのか？ ── 2008年マレーシア総選挙の現地報告と分析 ── 』　日本マレーシア研究会，所収．
渡辺利夫　1995　『新世紀アジアの構想』　ちくま新書．

**外国語文献**

Abdul Aziz Bari. 2003. *Malaysian Constitution: A Critical Introduction*, Kuala Lumpur: The Other Press.
Abdul Hamid Omar. 1994. *The Judiciary in Malaysia*, Kuala Lumpur: Asia Pacific Publications.
Abdul Rahman Embong. 2002. *State-led Modernization and the New Middle Class in Malaysia*, New York: Palgrave.
Andaya, Barbara W. and Leonard Y. Andaya. 2001. *A History of Malaysia*, Second ed., Basingstoke: Palgrave.
Anek Laothamatas. 1992. *Business Associations and the New Political Economy of Thailand: From Bureaucratic Polity to Liberal Corporatism*, Westview Press.
Bowie, Alasdair. 1991. *Crossing the Industrial Divide*, New York: Columbia University Press.
Case, William. 1993. "Semi-Democracy in Malaysia: Withstanding the Pressures for Regime Change," *Pacific Affairs*, Vol. 66, No. 2: 183-205.
Case, William. 1996. *Elite and Regimes in Malaysia: Revisiting a Consociational Democracy*, Clayton: Monash ASIA Institute.
Carothers, Thomas. 1997. "Democracy without Illusions," *Foreign Affairs*, Vol. 7, No. 1: 85-99.
Carothers, William. 2002. "The End of the Transition Paradigm," *Journal of Democracy*, Vol. 13, No. 1: 5-21.
Cheah Boon Keang. 2003. *Malaysia: The Making of a Nation*, Singapore: Institute of Southeast Asian Studies.

Collier, David and Steven Levitsky. 1997. "Democracy with Adjectives: Conceptual Innovation in Comparative Research," *World Politics*, Vol. 49, No. 3: 430-451.

Crouch, Harold. 1992. "Authoritarian Trends, the UMNO Split and the Limits to State Power," in Joel S. Kahn and Francis Loh Kok Wah, eds., *Fragmented Vision: Culture and Politics in Contemporary Malaysia*, North Sydney: Asian Studies Association of Australia in Association with ALLEN & UNWIN.

Crouch, Harold. 1996. *Government and Society in Malaysia*, Ithaca: Cornell University Press.

Deyo, Frederic C. ed. 1987. *The Political Economy of the New Asian Industrialism*, Ithaca: Cornell University Press.

Diamond, Larry, Juan J. Linz and Semour Martin Lipset eds. 1989. *Democracy in Developing Countries*, Boulder: Lynne Rienner.

Diamond, Larry. 2002. "Thinking about Hybrid Regimes," *Journal of Democracy*, Vo. 13, No. 2: 21-35.

Dryzek, John S. 1990. *Discursive Democracy: Politics, Policy, and Political Science*, Cambridge; New York: Cambridge University Press.

Elster, John. ed. 1998. *Deliberative Democracy*, Cambridge: Cambridge University Press.

Evans, Peter. 1989. "Predatory, Developmental and Other Apparatuses," *Sociological Forum*, Vol. 4, No. 4: 56-87.

Faaland, Just, J. R. Parkinson and Rais Saniman. 1990. *Growth and Economic Inequality: Malaysia's New Economic Policy*, London; New York: Hurst & Company; St. Martin's Press.

Fernando, Joseph. 2002. *Making of the Malayan Constitution*, [Kuala Lumpur] : MBRAS Monograph, No. 31.

Funston, N. J. 1980. *Malay Politics in Malaysia: A Study of the United Malays National Organisation and Party Islam*, Kuala Lumpur: Heinemann Educational Books.

Gomez, Terence Edmund. 1990. *UMNO's Corporate Investments*, Kuala Lumpur: Forum.

Gomez, Terence Edmund. 1991. *Money Politics in the Barisan Nasional*, Kuala Lumpur: Forum.

Gomez, Edmund and K. S. Jomo 1999. *Malaysia's Political Economy: Politics, Patronage and Profits*, 2nd Edition, Cambridge; New York: Cambridge University Press.

Hall, Peter and John Ikenberry. 1989. *The State*, Milton Keynes: University of Minnesota Press.

Harding, Andrew. 1996. *Law, Government and the Constitution in Malaysia*, Hague: Kluwer Law International.

Harper, T. N. 1999. *The End of Empire and the Making of Malaya*, New York: Cambridge University Press.

Heng Pek Koon. 1997. "The New Economic Policy and the Chinese Community in Peninsular Malaysia," *The Development Economies*, Vol. 35, No. 3: 262-292.

Huntington, Samuel P. 1991. *The Third Wave: Democratization in the Late Twentieth Century*, Norman: University of Oklahoma Press.

Hwang In-Wong. 2003. *Personalized Politics: The Malaysian State under Mahathir*, Singapore: Institute of Southeast Asian Studies.

Ikenberry, John G. 2001. *After Victory: Institutions, Strategic Restraint, and the Rebuilding of Order after Major Wars*, New Jersey: Princeton University Press.

Jesudason, James. 1989. Ethnicity and the Economy: The State, Chinese Business, and Multinationals in Malaysia, Singapore: Oxford University Press.

Jomo, K. S. 1986. *A Question of Class: Capital, the State, and Uneven Development in Malaysia*, Singapore; New York: Oxford University Press.

Jomo, K. S. 1988. "Race, Religion and Repression: 'National Security' and the Insecurity of the Regime," in Committee Against Repression in the Pacific and Asia, *Tangled Web: Dissent, Dterrence and the 27th*

*October 1987 Crackdown*, Kuala Lumpur: Kong Lee Printers.

Jomo, K. S. 1989. *Beyond 1990: Considerations for a New National Development Strategy*, Kuala Lumpur: Institute of Advanced Studies.

Jomo, K. S. 1990. *Growth and Structural Change in the Malaysian Economy*, Basingstoke: Macmillan Press.

Jomo, K. S. 1994. *U-Turn? Malaysian Economic Development Policy after 1990*, Townsville: Centre for East and Southeast Asian Studies, James Cook University of North Queensland.

Khan, Joel S. and Francis Loh Kok Wah, eds. 1992. *Fragmented Vision*, North Sydney: Asian Studies Association of Australia.

Khoo Boo Teik. 1995. *Paradoxes of Mahathirism: An Intellectual Biography of Mahathir Mohamad*, New York: Oxford University Press.

Khoo Boo Teik. 1997. "Democracy and Authoritarianism in Malaysia since 1957: Class, Ethnicity and Changing Capitalism," in Anek Laothamatas ed., *Democratization in Southeast and East Asia*, Singapore: Institute of Southeast Asian Studies.

Khoo Boo Teik. 2001. "The State and the Market in Malaysian Political Economy," in Garry Rodan, Kevin Hewison, and Richard Robinson, *The Political Economy of South-East Asia: Conflicts, Crises, and Change*, 2nd Edition, Melbourne; Oxford: Oxford University Press.

Khoo Kay Jin. 1992. "The Grand Vision: Mahathir and Modernization," in Khan and Loh eds. [1992].

Knight, Jack. 1992. *Institutions and Social Conflict*, New York: Cambridge University Press.

Lai Suat Yan. 2003. "The Women's Movement in Peninsular Malaysia;" in Weiss and Saliha eds. [2003].

Lee, H. P. 1995. *Constitutional Conflicts in Contemporary Malaysia*, Kuala Lumpur: Oxford University Press.

Lee, H. P. 2004. "Competing Conceptions of Rule of Law in Malaysia," in Randall Peerenboom, ed., *Asian Discourses of Rule of Law: Theories and Implementations of Rule of Law in Twelve Asian Countries, France and the U. S*, London; New York: Routledge.

Lee Kam Hing. 1987. "Three Approaches in Peninsular Malaysian Chinese Politics: The MCA, the DAP and the Gerakan," in Zakaria Ahamad, ed., *Government and Politics of Malaysia*, Singapore: Oxford University Press.

Levitsky, Steven and Lucan A. Way. 2002. "The Rise of Competitive Authoritarianism," *Journal of Democracy*, Vol. 13, No. 2: 51–66.

Lijphart, Arend. 1969. "Consociational Democracy," *World Politics*, Vol. 21, No. 2: 207–225.

Lijphart, Arend. 1975. *The Politics of Accommodation: Pluralism and Democracy in the Netherlands*, 2nd Edition, Barkley: University of California Press.

Lijphart, Arend. 1977. *Democracy in Plural Societies: A Comparative Exploration*, New Haven; London: Yale University Press.

Lim Hong Hai. 2003. "The Delineation of Peninsular Electoral Constituencies: Amplifying Malay and UMNO Power," in Francis Loh, Kok Wah and Johan Saravanamuttu, eds., *New Politics in Malaysia*, Singapore: Institute of Southeast Asian Studies.

Lim Mah Hui. 1980. "Ethnic and Class Relations in Malaysia," *Journal of Contemporary Southeast Asia*, Vol. 10, No. 1/2: 130–154.

Linz, Juan J. 2000 *Totalitarian and Authoritarian Regimes: With a Major New Introduction*, Boulder: Lynne Rienner.

Lipset, Semour Martin. 1981. *Political Man: The Social Bases of Politics*, Expanded and Updated Edition, Baltimore: The Johns Hopkins University Press.

Lustic, Ian. 1979. "Stability in Deeply Divided Societies: Consociationalism versus Control," *World Politics*,

Vol. 31, No. 3: 325–344.

Mansfield, Edward D. and Jack Snyder. 2007. *Electing to Fight: Why Emerging Democracies Go to War*, Cambridge: MIT Press.

Martinez, Patricia A. 2003. "Women's Agenda for Change/Women's Candidacy Initiative," in Weiss and Saliha eds. [2003].

Means, Gordon S. 1972. "Special Rights as a Strategy for Development," *Comparative Politics*, Vol. 5, No. 1: 29–61.

Means, Gordon. 1991. *Malaysian Politics: The Second Generation*, Singapore; New York: Oxford University Press.

Means, Gordon. 1996. "Soft Authoritarianism in Malaysia and Singapore," *Journal of Democracy*, Vol. 7, No. 1: 103–117.

Milne, R. S. and Diane K. Mauzy. 1978. *Politics and Government in Malaysia*, Singapore: Federal Publications.

Milne, R. S. and Diane K. Mauzy, 1999. *Malaysian Politics under Mahathir*, New York: Routledge.

Mohamed Salleh Abas (as revealed to K. Das). 1989. *May Day for Justice: the Lord President's Version*, Kuala Lumpur: Magnus Books.

Munro-Kua, Anne. 1996. *Authoritarian Populism in Malaysia*, New York: St. Martin's Press.

Mustafa K, Anwar. 2003. "The Role of Malaysia's Mainstream Press in the 1999 General Election," in Francis Loh, Kok Wah and Johan Saravanamuttu, eds., *New Politics in Malaysia*, Singapore: Institute of Southeast Asian Studies.

Muzaffar, Chandra. 1979. *Protector?: An Analysis of the Concept and Practice of Loyalty in Leader-led Relationship within Malay Society*, Pulau Pinang: Aliran.

Muzaffar, Chandra. 1986. *Freedom in Fetters: An Analysis of the State of Democracy in Malaysia*, Penang: Aliran Kesedaran Negara.

Nagata, Judith. 1976. "The Status of Ethnicity and the Ethnicity of Status: Ethnic and Class Identity in Malaysia and Latin America," *International Journal of Comparative Sociology*, Vol. 17, No. 3/4: 242–260.

Navaratnam, Ramon V. 2005. *My Life and Times: A Memoir*, Subang Jaya: Pelanduk Publications.

O'Donnell, Guillermo and Philippe C. Schmitter. 1986. *Transitions from Authoritarian Rule*, Baltimore: Johns Hopkins University Press.

O'Donnell, Guillermo. 1994. "Delegative Democracy," *Journal of Democracy*, Vol. 5, No. 1: 55–68.

Ottaway, Marina. 2003. *Democracy Challenged*, Washington, D. C.: Carnegie Endowment for International Peace.

Paris, Roland. 2004. *At War's End: Building Peace after Civil Conflict*, Cambridge: Cambridge University Press.

Przeworski, Adam. 1998. "Deliberation and Ideological Domination," in John Elster, ed., *Deliberative Democracy*, Cambridge: Cambridge University Press.

Rabushka, Alvin and Kenneth A. Shepsle. 1972. *Politics in Plural Society, a Theory of Democratic Instability*, Columbus: Charles E. Merill.

Ramakrishna, Sundari. 2003. "The Environmental Movement in Malaysia," in Weiss and Saliha eds. [2003].

Robinson, Mark and Gordon White, eds. 1998. *The Democratic Developmental State*, New York: Oxford University Press.

Robinson, Mark and Gordon White. 1998. "Introduction," in Robinson and White, ed. [1998].

Rustow, Dankwart A. 1970. "Transitions to Democracy," *Comparative Politics*, Vol. 2, 1970: 337–363.

Sadka, Emily. 1968. *The Protected Malay States, 1874–1895*, Kuala Lumpur; Singapore: University of Malaya Press.

Saravanamuttu, Johan. 1991. *Industrialization and the Institutionalization of Authoritarian Political Regimes: The Consequences of NICdom in Malaysia and Singapore*, Occasional Paper Series, PRIME, International Peace Research Institute Meigaku.

Schedler, Andreas. 2002a. "The Menu of Manipulation," *Journal of Democracy*, Vol. 13, No. 2: 36-50.

Schedler, Andreas. 2002b. "The Nested Game of Democratization by Election," *International Political Science Review*, Vol. 23, No. 1: 103-122.

Schedler, Andreas. 2006. "The Logic of Electoral Authoritarianism," in Andreas Shchedler ed., *Electoral Authoritarianism: The Dynamics of Unfree Competition*, Boulder: Lynne Rienner.

Scott, James C. 1968. *Political Ideology in Malaysia: Reality and the Beliefs of an Elite*, Singapore: University of Malaya Press.

Shamsul, A. B. 1988. "The Battle Royal: The UMNO Elections of 1987," *Southeast Asian Affairs*, Singapore: Institute of Southeast Asian Studies.

Singh, Gurmit, K. S. 1984. *Malaysian Societies: Friendly or Political?, Environmental Protection Society Malaysia*, Petaling Jaya: Environmental Protection Society Malaysia, Selangor Graduates Society.

Sirowy, L. and A Inkeles. 1990. "Effect of Democracy on Economic Growth and Inequality: a Review," *Studies in Comparative International Development*, Vol. 25, No. 1: 126-157.

Sklar, Richard L. 1987. "Developmental Democracy," *Comparative Study of Society and History*, Vol. 29, No. 4: 686-714.

Snodgrass, Donald R. 1980. *Inequality and Economic Development in Malaysia*, Kuala Lumpur: Oxford University Press, 1980.

Suehiro, Akira. 2005. "Who Manages and Who Damages the Thai Economy? The Technocracy, the Four Core Agencies System and Dr. Puey's Networks," in Takashi Shiraishi and Patricio N. Abinales eds., *After the Crisis: Hegemony, Technocracy and Governance in Southeast Asia*, Kyoto: Kyoto University Press/ Trans Pacific Press.

Syed Hussein Alatas. 1971. "The Rukunegara and the Return to Democracy in Malaysia," *Pacific Community*, vol. 2, No. 4: 800-808.

Tan Boon Kean and Bishan Singh. 1994. *Uneasy Relations: The State and NGOs in Malaysia*, Monograph 1, The Role of NGOs in Development, Gender and Development Programme, Asian and Pacific Development Centre.

Tan Chee Khoon. 1985. *Malaysia Today: Without Fear or Favour*, Selangor: Pelanduk Publications.

Tan Simon. 1990. "The Rise of Authoritarianism in Malaysia," *Bulletin of Concerned Asian Scholars*, Vol. 22, No. 3: 32-42.

Vasil, R. K. 1972. *The Malaysian General Election of 1969*, Singapore: Oxford University Press.

Vasil, Raji. 1987. *Tan Chee Khoon: an Elder Statesman*, Petaling Jaya: Pelunduk Publications.

Verma, Vindhu. 2002. *Malaysia: State and Civil Society in Transition*, Boulder: Lynne Rienner.

von Vorys, Karl. 1976. *Democracy without Consensus: Communalism and Political Stability in Malaysia*, Kuala Lumpur; Singapore: Princeton University Press.

Weiss, Meredith. 2003. "Malaysian NGO: History, Legal Framework & Characteristics," in Weiss and Saliha eds. [2003].

Weiss, Meredith. 2006. *Protest and Possibilities: Civil Society and Coalitions for Political Change in Malaysia*, Stanford: Stanford University Press.

Weiss, Meredith and Saliha Hassan, eds. 2003. *Social Movements in Malaysia: From Moral Communities to NGOs*, London: Routledge-Curzon.

Woo-Cummings, Meredith, ed. 1999. *The Developmental State*, New York: Cornell University Press.
Zainah Anwar. 1987. *Islamic Revivalism in Malaysia: Dakwah among the Students*, Petaling Jaya: Pelanduk Publications.
Zakaria Ahmad. 1989, "Malaysia: Quasi-Democracy in a Divided Society," in Diamond, Linz and Lipset eds. [1989].
Zakaria, Fareed. 1997. "The Rise of Illiberal Democracy," *Foreign Affairs*, Vol. 76, No. 6: 22–43.

## あとがき

　異なる利益や文化を持つ集団から成る若い共同体が，いかにして暴力に訴えることなく利益や文化的差異を調整し，共同体を秩序化することができるのか。本書は，マレーシアの政治的権利を制限する法に焦点を当て，同国の政治体制に接近することで，一つの秩序化のあり方を提示することを目指した。

　本書は，2008年2月に東京大学大学院総合文化研究科に提出した博士論文を加筆修正したものである。調査，執筆の過程で，なぜこの問いなのか，なぜマレーシアなのかを幾度となく自問した。
　その度に，筆者が中高大学時代を過ごした冷戦後の歴史に思いが及んだ。1991年にソヴィエト連邦が崩壊し，自由民主主義の勝利が宣言された。他方で，旧ユーゴスラビアで自由化と民主化に続いて内戦が起こったのも，シンガポールのリー・クワンユー首相やマレーシアのマハティール首相が，「アジア的価値」を標榜し，個人の権利に対する共同体の利益や経済開発の優先を主張したのも，同じ時代だった。これらの一連の出来事が，個人と共同体，自由と秩序の緊張関係というテーマへの関心を掻き立てた。その中で，「権威主義」や「独裁」とさえ称される一方で，多民族的な社会構造を持ち，しばしば社会の不安定化をもたらす急速な経済発展を経験しつつも，暴力を伴う対決を避け，国民国家として成長を続けるマレーシアに興味を持った。
　大学院に入学し，研究を続けるうちに，マレーシア政治に対する理解は徐々に深まっていった。立場の異なる人々が，ルールを作り，互いの権利や権限に縛りをかけつつも，互いを正当なゲームのプレイヤーとして認め，ルールに従ってゲームをし続ける。アフガニスタンやイラクにおける，「不朽の自由」や「圧政からの解放」を掲げた軍事行動に続く国家建設の顛末を横目で見ながら，マレーシア政治のあり方が，共同体の秩序化を図るうえで一つの有効な方法であるように思えた。
　もちろん，このようなマレーシア理解の適切さについては，読者の判断をあおぎたい。政治体制の問題が，しばしば「民主化」や「自由化」といった切り口

から語られることを考えれば，本書の問題設定そのものが，既存の政治体制研究にとって妥当でないという批判もあるだろうし，一国研究というリサーチ・デザインについても，議論の余地はあるだろう。また，マレーシア研究としての不十分さも指摘されるところかもしれない。これらの欠点を真摯に受け止め，よりよい研究をしていきたいと強く思う。

調査から本書の執筆，出版までに，実に多くの方々にお世話になった。この間に賜ったご指導やご支援があったからこそ，筆者の力不足にもかかわらず，本書の上梓が叶った。この場を借りて，御礼を申し上げたい。

指導教官の山影進先生（東京大学）には，修士課程入学から博士論文提出までご指導いただき，その間，何度も博士論文の草稿を読んでいただいた。コメントで真っ赤になった草稿を前に何度も呆然としたが，先生の厳しくも温かいご指導は，長い論文執筆期間の支えだった。恒川惠市先生（現JICA研究所所長）には，博士論文の副査として指導していただいた。恒川先生の講義やゼミでの刺激的で緊張感のある議論を通じて，政治体制論への興味と理解を深めることができた。同じく副査であった田中明彦先生（東京大学）からは，現象を説明する作法を学んだ。博士論文コロキアムの度に田中先生が提示する沢山の仮説に触れるにつけ，学問の奥深さを思い知らされた。アフリカ研究の遠藤貢先生（東京大学）には，博士論文の審査委員になっていただき，ともすれば狭くなりがちな視野を広げていただいた。もう一人の審査委員であった鳥居高先生（明治大学）には，コロキアムの段階から草稿を読んでいただき，マレーシア研究の先輩として，大変貴重なご意見をいただいた。本書の中心的な資料である下院議事録について教えてくださったのも，鳥居先生だった。

博士論文審査委員の先生方以外にも，多くの方々から草稿へのコメントをいただいた。山本信人先生（慶應義塾大学）からは，コンソシエーショナル・デモクラシーやコーポラティズムといった既存の比較政治学の理論との差別化をするうえで，大変有益なコメントをいただいた。玉田芳史先生（京都大学）は，博士論文の一部を読んでくださり，一国の政治を説明するということがどういうことか教えてくださった。金子芳樹先生（獨協大学）は，本書の第三章の元となる論文の解題セミナーを開いてくださった。金子先生からは，著書や議論を通じて，本書が十分に扱えなかった，独立から1969年までのマレーシア

史の理解を中心に，多くのことを学ばせていただいた。末廣昭先生（東京大学）には，出版に先立ち草稿を読んでいただき，東南アジア諸国との比較の視点をはじめ，多くの有益なコメントをいただいた。本書執筆に際しての末廣先生のコメントで真っ赤になったサイン入り草稿を何度も読み直した。

　マラヤ大学 (Universiti Malaya, 2003年～2004年) とマレーシア国民大学 (Universiti Sains Malaysia, 2006年) に客員研究員として在籍した際にも，多くの先生にご指導を賜った。Francis Loh Kok Wah 先生（マレーシア科学大学，Universiti Sains Malaysia），Johan Saravanamuttu 先生（現東南アジア研究所，Institute of Southeast Asian Studies），Joseph Fernando 先生（マラヤ大学），Khoo Boo Teik 先生（現アジア経済研究所），Shamsul A.B. 先生（マレーシア国民大学）からは，筆者の研究の概要へのコメントだけでなく，インタビューや資料収集においても貴重なアドヴァイスをいただいた。また，マラヤ大学への在籍に際して受け入れ教官となってくださった Edmund Terence Gomez 先生，同じくマレーシア国民大学で便宜を図ってくださった Abdul Rahman Embong 先生にも，お世話になった。

　本書はまた，学会や研究会での発表の際にいただいたご批判や激励の賜物でもある。博士論文と本書の完成までに，International Malaysian Studies Conference (2004 August, Universiti Kebangsaan Malaysia)，比較政治学会研究大会（2005年6月，名古屋大学），東南アジア学会関東例会（2008年1月，上智大学），東南アジア学会研究大会（2008年6月，大阪大学），アジア政経学会研究大会（2009年10月，上智大学），東南アジア学会関西例会（2010年2月，京都大学）などで発表の機会を得，ご批判，ご指導いただいた。また，マレー世界研究会（2005年3月／2008年10月）では，複数回にわたり報告させていただき，マレーシア研究者やインドネシア研究者からご指導いただく機会を得た。マレー世界研究会の先輩方からは，マレーシアの面白さだけではなく，一つの国や地域を研究することの重みを教えていただいた。この他，日本財団研究会（2008年9月），次世代の地域研究研究会（2008年10月），アジア経済研究所タイ立法過程研究会（2010年1月）でも，参加者と刺激的な議論を持つことができた。コメントを下さった方々，研究会を開催してくださった方々に感謝する。

　未刊・公刊のものも含め，本書草稿やその一部をまとめた論文を査読してくださった匿名のレフェリーにも感謝したい。本書の執筆，推敲にあたり，レフェリーのコメントを何度も見直し，十分対応できたとは言えないが，少しで

も改善するよう努めた。

　大学院から現在まで，素晴らしい学兄に恵まれたことも，幸運であった。国際政治，比較政治，国際法，地域研究，歴史学など，様々なディシプリンの学兄と共に学ぶ中で，専門分野に拘泥せず，様々な側面から現象を見ること，人間の共同体に共通した課題に取り組むこと，異なる分野の人にも理解してもらえるような議論を組み立てることを学んだ。なかでも，山影ゼミの先輩・後輩からの，文字通りの忌憚なき意見は，論文の骨組みを作るうえで不可欠だった。また，岡部恭宜さん，多湖淳さん，冨田晃正さん，増永真さん，松尾秀哉さん，溝口修平さん，村上咲さん，湯川拓さん，吉田直未さん，鷲田任邦さんには，博士論文や本書草稿を読んでいただき，それぞれの専門から貴重なご意見をいただいた。特に，溝口さん，吉田さんには，学問的見地からの意見のみならず，文法や体裁に至るまで細やかな助言をいただいた。

　本書の出版にあたっては，平成21年度東京大学学術研究成果刊行助成を受けることができた。選考にあたってくださった二名の匿名レフェリーに感謝申し上げたい。また，1年半に及ぶ現地調査も含めた研究の遂行が可能になったのは，日本学術振興会（科学研究費補助金・特別研究員奨励費「東南アジア諸国の社会福祉政策」（平成14年度〜16年度）／「『半権威主義体制』における政治過程の研究」（平成19年度〜21年度））と日本財団（アジアフェローシップ，2006年）からの財政的支援のおかげである。

　京都大学学術出版会の鈴木哲也さんは，駆け出し研究者の学位論文の出版を引き受けてくださり，出版に向けた道筋を整えてくださった。斎藤至さんは，細やかなサポートと辛抱強さで，度々弱気になる筆者を励まし，また，筆者の不真面目さゆえの校正プロセスの遅れにも冷静に対処してくださった。筆者の力不足のために，出版までの道程は平坦なものではなかったが，両氏とやりとりする中で，出版への決意が強くなっていった。今日，この本があるのは，お二人のご尽力のおかげである。

　紙幅の都合上，お名前を挙げられない方々も沢山いる。これほどまでに多くの方々に支えられた研究の成果としては，本書は欠点が多すぎる感がある。本書で残された課題に取り組み，研究を発展させていくことで，多くの方から賜った学恩に報いたい。

　最後に，本書の執筆中，常に私を励まし，支えてくれた家族，とりわけ，幼

少期に国際関係に関心を持つきっかけを作ってくれた父・鈴木康夫に，心から感謝の意を表する。

2010年2月

鈴 木 絢 女

# 索　　引（事項索引／人名索引）

1. 原則として和文は音による五十音順，欧文項目はアルファベット順とした．
2. ただし適宜階層付けした項目があるので参照されたい．
3. 用語そのものでなく，文脈によってとったものもある．

## 事項索引

**[数字・アルファベット]**
46年精神党（S46）　58, 253, 264
*Asian Wall Street Journal*（*AWSJ*）　163, 202
*Far Eastern Economic Review*（*FEER*）　164

**[ア　行]**
アジア戦略・リーダーシップ研究所（ASLI）　63, 196
アブドゥッラー政権　64, 229 → アブドゥッラー・アハマド・バダウィ
意見が反映される権利（right to be heard）　236, 239
イスラム青年運動（ABIM）　52, 121, 135, 141
インド人商業会議所　80
印刷機・出版物法　3, 54, 64, 199, 200, 273
　　1987年印刷機・出版物法（修正）法　14, 54, 214–217, 267, 268
応答性　18, 27
オペラシ・ララン（Operasi Larang）／大量逮捕（1987年）　54, 213, 246

**[カ　行]**
海峡植民地（Straits Settlements）　42, 55
開発志向国家　20–22, 273
開発独裁論　20–21, 25
下院議員選挙
　　（1969年）　49, 69
　　（1982年）　142
　　（1990年）　58
　　（1999年）　58
　　（2004年）　61
　　（2008年）　65, 272
華語学校理事組合（UCSCA）　135, 201, 212
華語学校教師組合（UCSTAM）　212
華人商業会議所連合（ACCC）／華人商工会議所連合（ACCCIM）　52, 77, 81, 85, 120, 124, 139, 145, 163, 207, 209, 245, 250
華人連絡委員会　86, 108
議員の免責特権（憲法63条，72条）　87, 93, 103, 105
教育法 → 言語
協議　11, 29, 36–39, 113, 157, 229, 240, 267–270
協議会　27, 30, 35, 39, 243–245
協議・相互主義的制度　10–12, 36–39, 240 → 協議，相互主義
共通了解　12, 37
グレーゾーン → 政治体制
警察法　3, 46
経済開発／巨大プロジェクト　13, 53, 192, 203, 208 → ユナイテッド・エンジニアズ・マレーシア
結社法　3, 46, 65, 83, 117
結社法（修正）法案
　　1981年結社法（修正）法　13, 52, 125–128, 267, 269
　　1982年結社法（修正）法案　142
　　1983年結社法（修正）法　13, 145–149, 267
　　政治結社　125, 146, 159
結社登録　117, 144, 155
結社法調整委員会（SACC）／結社会議事務局（SCS）　137, 140–142, 143, 145, 152
権威主義 → 政治体制
言語
　　教育法　47–48, 201, 211, 244
　　憲法152条　87, 88
　　公用目的　88
　　国語法　47
　　マレー語（国語）　3, 44, 47, 82, 85, 88, 110
　　マレー語以外の言語（タミル語，華語）　44, 47, 69, 88, 95–98, 102, 110
憲法
　　独立憲法　3, 43–46, 76

憲法改正（1971 年）　3, 12, 50, 87-89, 245, 267, 269
憲法改正（1988 年）　4, 14, 56, 232, 233, 268
憲法 10 条 2 項　3, 227
憲法 10 条 4 項　3, 50, 87
憲法 121 条　4, 55, 232, 233
憲法 152 条 → 言語
憲法 153 条 → マレー人およびその他のブミプトラの特別の地位とその他のコミュニティの正当な利益
公共セクター労働者組合（Cuepacs）147n, 166, 169
拘束　11, 31n, 34, 36-38, 115, 160, 196, 240, 268
国営企業公社（PERNAS）　85
国語法 → 言語
国内治安法（ISA）　3, 46, 212 → オペラシ・ララン
国民開発政策（NDP）　59, 63, 258
国民公正党（Keadilan）　58, 191
国民戦線（BN）　1, 9, 13, 50, 51, 61, 64, 111, 112n, 115, 117, 133, 180
国民戦線議員クラブ（BBC）　173
国家運営会議（NOC）　71, 82
国家覚醒運動（アリラン）　52, 122, 123, 135, 166, 171, 192, 193, 212, 236, 246
国家機密法（OSA）　3, 53, 65, 161, 162
国家機密法（修正）法案（1986 年）　13, 53, 161, 167, 168, 174, 175, 267
公務上の秘密（附則）　165, 167, 174
公務上の秘密の指定解除（2C 条）/ 情報公開　174, 192
国家経済諮問評議会（NECC）　14, 59, 240, 243-266, 269
国家諮問評議会（NCC）　68, 82-84
コモン・ロー　13, 14, 178, 206, 218, 234
コンソシエーショナル・デモクラシー　22, 23, 23n, 270

[サ 行]
サバ統一党（PBS）　170-173, 185, 192, 227
産業諮問委員会　163, 244, 269
産業調整法（ICA）　51, 53, 119, 124, 163n, 244, 251, 254, 256
最高裁判所　55
自然的正義　13, 203, 218, 234, 236
司法 / 司法権　55, 127, 144, 232 → 憲法改正（1988 年）
司法の介入 / チェック / 審査　56, 127, 136, 146, 149, 168, 174, 181, 187, 190, 216
司法権の独立　56, 57, 65, 200n
市民権（憲法第 III 部）　3, 42-44, 69, 76, 78, 83, 87, 91, 92, 95, 98, 104
市民権証　78
自由主義（政治の）　56
自由民主主義 → 政治体制
準権威主義 → 政治体制
少数派　10, 11, 32, 267-269
　議会少数派　32, 36, 267, 267-269
　少数派民族　10, 11, 32, 36, 100, 245, 265, 267-269
情報公開キャンペーン / 情報公開キャンペーン委員会　171, 188
審議民主主義（または，討議民主主義）　29
新経済政策（NEP）　4, 50-54, 61, 63, 79, 118-120, 124, 209, 222, 223, 245
新経済アジェンダ　65
人権委員会　59
新聞編集者組織（ONE）　166
報道クラブ（NPC）　166
人民公正党（PKR）　65
人民行動党（PAP）　47, 69
人民進歩党（PPP）　50, 69, 93, 101
人民同盟（PR）　65
社会民主党（SDP）　138
枢密院　55, 131
スランゴール華人商業会議所（SCCC）　139
スランゴール大学院生会（SGS）　123, 171
政治制度　28, 30, 31
政治体制　28, 28n
　── の持続性　5, 39
　グレーゾーン / 準権威主義体制　9, 15-17, 19, 25, 31
　権威主義　15n
　自由民主主義 / 民主主義　5, 15-17, 24-27, 270-272
政治的権利を制限する法　30, 35-37
全国ジャーナリスト連合（NUJ）　165, 169, 171, 188, 192, 226, 228
全国商業会議所（UCC）　80, 85
全国情報公開法連合　193n
扇動法　50, 64, 83, 110, 210, 274n
相互主義　11, 12, 38, 268

296　索　引

[タ 行]

大学・大学カレッジ法　3, 50, 137
代替戦線（BA）　58
第二次長期計画（OPPII）　59, 248, 259-264
多数決　29, 112
多数派　10-12, 29, 32, 189, 222, 267-269
　議会多数派　25, 33, 36, 131, 178-180, 236, 267-269
　多数派民族　10, 11, 25, 32, 36, 267-269
テナガニタ　227
統一マレー人国民組織（UMNO）　2, 42, 48, 57, 69, 84, 90, 133, 151, 182, 208, 210, 221, 237, 253, 256, 264
　UMNO青年部　63, 64
　UMNOチームA　208
　UMNOチームB　208, 225
投資委員会（CIC）　79

[ナ 行]

ナショナル・インテグリティ・プラン　61

[ハ 行]

汎マラヤ/マレーシアイスラム党（PAS）　47, 51, 65, 69, 104, 132, 181, 236
非常事態宣言　3
　（1948年）　45
　（1969年）　49, 71
ヒンドラフ　65
ブミプトラ・マレーシア・ファイナンス（BMF）　164
ペナン華人商業会議所（PCCC）　139
ペナン消費者組合（CAP）　122, 135, 201, 212
弁護士協会　75, 138, 166, 168, 171, 173, 188, 226, 228, 236
法の支配（rule of law）　26

[マ 行]

マハティール政権　53, 140, 161, 244 → マハティール・モハマド
マミンコ（Maminco）株式会社　177, 208
マラヤ/マレーシアインド人会議（MIC）　2, 43, 98, 257
マラヤ/マレーシア華人協会（MCA）　2, 43, 44, 70, 79, 85, 94, 124, 169, 183, 201, 210, 213, 223, 230, 237, 245, 250, 263
マラヤ共産党（CPM）　3, 42n, 43, 45, 75
マラヤ連合案　42

マラヤ連邦協定　42, 76
マレーシア株式会社構想　53, 163, 190
マレーシア環境保護協会（EPSM）　122, 123, 164n
マレーシア社会党　155
マレーシア重工業公社（HICOM）　53, 161
マレーシア消費者組合連合（FOMCA）　166, 192
マレーシア人民社会党（PSRM）　138
マレーシア製造業者連合（FMM）　163, 207, 250, 263
マレーシア統合計画　210
マレーシアプラン
　第二次マレーシアプラン　50, 119
　第三次マレーシアプラン　51
マレーシア民政運動党（グラカン）　50, 69, 78, 105, 132, 158, 166, 170, 186, 212, 225, 245, 251, 263
マレーシア労働組合会議（MTUC）　78, 81, 108, 123, 166, 169, 171, 188
マレー人およびその他のブミプトラの特別の地位とその他のコミュニティの正当な利益
　非マレー人/非ブミプトラの正当な利益　44, 77, 108
　マレー人およびその他のブミプトラの特別の地位　3, 42-44, 47, 50, 64, 69, 74-76, 82, 88, 90-94, 97, 102, 104, 126, 269
　——の実施　77, 92, 97, 99
　高等教育機関における優先的割り当て（153条A項）　88, 97, 102, 106, 139
　資本所有における優先的割り当て/資本の30％所有目標/資本再編　51, 61, 63, 124n, 208, 210, 250, 261, 263
マレー人商業会議所連合（AMCC）　84, 189
マレー人/ブミプトラ商工業コミュニティ　119, 261
マレー連合州（FMS）　42, 55
民営化/民営化政策　53, 54, 163, 203, 206-208, 251, 254, 255, 259
民主主義 → 政治体制
民主行動党（DAP）　48, 49, 65, 69, 75, 78, 93, 101, 130, 150, 165, 169, 180, 188, 204, 212, 213, 220, 235, 246, 258
民族間権力不均衡論　22-25
民族暴動（1969年5月13日）/「5月13日暴動」　2, 3, 12, 23, 69

索引　297

[ヤ　行]
ユナイテッド・エンジニアズ・マレーシア（UEM）　203

[ラ　行]
ライド委員会　43, 44, 56
レフォルマシ（改革）　18, 58
連盟党　2, 23, 43, 46, 49, 69, 71
労働党　46

## 人名索引

[ア　行]
アブドゥル・ラーマン・プトラ　71, 72, 74
アブドゥッラー・(アハマド・)バダウィ　9, 61
アンワル・イブラヒム　58, 65, 137, 141, 166
イスマイル・アブドゥル・ラーマン　72, 74

[カ　行]
ガファー・ババ　80, 92, 233
キル・ジョハリ　73n, 80

[サ　行]
サンバンタン，T.　100n
ジョモ，K. S.　254, 258, 264

[タ　行]
タン，T. H.　77n, 81
ダイム・ザイヌディン　163, 202
タン・シウシン　74, 75, 80, 94
タン・チークン　105–107, 112n
チャンドラ・ムザファ　123n

チュア・ジュイメン　184n

[ナ　行]
ナジブ・(アブドゥル・)ラザク　272

[マ　行]
マニカヴァサガム，V.　98
マハティール・モハマド　9, 53, 71, 141, 172, 189, 204n, 208, 217, 233, 252, 258
ムサ・ヒタム　140, 208, 209
モハメド・アスリ・ムダ　104

[ラ　行]
(アブドゥル・)ラザク・フセイン　68, 74, 82, 87
ラザレイ・ハムザ　57, 85, 209
リー，アレックス　86, 108
リー・サンチュン　95
リム・キッシャン　82n, 177, 180, 181n, 204
リム・ケンヤク　170n, 209
リム・チョンユ　105, 106, 112n

**著者紹介**

鈴木絢女（すずき　あやめ）

1977 年　神奈川県生まれ
2000 年　慶應義塾大学法学部卒業
2007 年　東京大学大学院総合文化研究科博士課程修了
2008 年　博士（学術）取得
現在，日本学術振興会特別研究員（PD）

〈民主政治〉の自由と秩序 ―― マレーシア政治体制論の再構築
©Ayame Suzuki 2010

2010 年 3 月 31 日　初版第一刷発行

著　者　　鈴　木　絢　女
発行人　　加　藤　重　樹

発行所　京都大学学術出版会
京都市左京区吉田河原町 15-9
京大会館内（〒606-8305）
電　話（075）761-6182
FAX（075）761-6190
URL　http://www.kyoto-up.or.jp
振　替　01000-8-64677

ISBN 978-4-87698-939-3
Printed in Japan

印刷・製本　㈱クイックス東京
定価はカバーに表示してあります